国家出版基金项目

东北老工业基地
新一轮全面振兴系列丛书

东北老工业基地
新一轮体制机制创新

林木西 和 军 赵德起 等著

中国财经出版传媒集团
经济科学出版社
Economic Science Press

图书在版编目（CIP）数据

东北老工业基地新一轮体制机制创新/林木西等著.
—北京：经济科学出版社，2018.6
（东北老工业基地新一轮全面振兴系列丛书）
ISBN 978 – 7 – 5141 – 9285 – 8

Ⅰ.①东… Ⅱ.①林… Ⅲ.①老工业基地 – 经济体制 – 体制创新 – 研究 – 东北地区　Ⅳ.①F427.3

中国版本图书馆 CIP 数据核字（2018）第 092676 号

责任编辑：于海汛
责任校对：靳玉环
责任印制：李　鹏

东北老工业基地新一轮体制机制创新
林木西　和　军　赵德起　等著
经济科学出版社出版、发行　新华书店经销
社址：北京市海淀区阜成路甲 28 号　邮编：100142
总编部电话：010 – 88191217　发行部电话：010 – 88191522
网址：www.esp.com.cn
电子邮件：esp@esp.com.cn
天猫网店：经济科学出版社旗舰店
网址：http://jjkxcbs.tmall.com
北京季蜂印刷有限公司印装
710×1000　16 开　22.5 印张　290000 字
2018 年 6 月第 1 版　2018 年 6 月第 1 次印刷
ISBN 978 – 7 – 5141 – 9285 – 8　定价：69.00 元
(图书出现印装问题，本社负责调换。电话：010 – 88191510)
(版权所有　侵权必究　举报电话：010 – 88191586
电子邮箱：dbts@esp.com.cn）

总　　序

国家出版基金项目《东北老工业基地新一轮全面振兴系列丛书》是我主编的第四套系列丛书。第一套丛书是《国民经济学系列丛书》，为国家重点学科"国民经济学"标志性成果，入选"十二五"国家重点图书出版物出版规划项目；第二套丛书是《东北老工业基地全面振兴系列丛书》，为国家"211工程"三期重点学科建设项目"东北老工业基地全面振兴"标志性著作，入选"十二五"国家重点图书出版物出版规划项目以及2011年"十二五"国家重点出版规划400种精品项目（社会科学与人文科学155种）；第三套丛书是《辽宁大学应用经济学系列丛书》，为国家"双一流"建设学科"应用经济学"标志性出版物，入选财政部"十三五"规划教材。

长期以来，我与我校的科研团队在东北老工业基地改造与振兴方面做了长期不懈地努力，主要集中体现在以下六个方面：

一是在学科建设方面，确定"十五""211工程"重点学科建设项目为"辽宁城市经济"，"211工程"三期重点学科建设项目为"东北老工业基地全面振兴"，国家"双一流"建设学科确定第一学科方向为"区域经济学、产业经济学与东北振兴"。

二是在平台建设方面，2004年成立的第一批辽宁省普通高等学校人文社科重点研究基地"辽宁大学东北振兴研究中心"；2014年在省教育厅评估总分数排名、学科分类排名、标志性成果排名和标志性成果学科排名等全部四项指标均列全省第一名；

2017年入选中国智库索引（CTTI）、成为国家级智库；成立于2009年的第一批辽宁省社会科学界联合会辽宁经济社会发展研究基地"辽宁区域经济发展研究基地"，2012年量化评估名列全省第一名；分别于2013年和2017年建立的辽宁省2011协同创新中心"东北地区面向东北亚区域开放协同创新中心"、辽宁省研究生创新与交流中心"辽宁省研究生东北振兴研究生创新与交流中心"近年来取得了较好的进展。

三是在服务社会方面，致力于建言立论和智库建设，部分研究成果曾获习近平、李克强和温家宝等党和国家领导人以及省部级主要领导的表扬和批示。先后参与《东北振兴规划》《东北振兴"十二五"规划》《全国老工业基地调整改造规划》专家论证，主持《东北振兴"十三五"规划》两项前期研究重大课题的研究，以及历次省市党代会建议、五年规划、历年《政府工作报告》的起草和决策咨询，其中的一些建议也被地方党委、政府和企业（集团）所采纳。

四是在科学研究方面，"八五"至"十三五"时期，围绕东北地区等老工业基地改造与振兴，连续主持国家社科基金重大或重点项目和教育部哲学社会科学研究重大课题攻关项目；多次主持国家发展和改革委员会东北振兴司招标课题，部分研究成果曾得到有关部门的肯定和表扬，2017年入选项目总数列全国19个承担单位第二、全国高校之首；相关研究成果在《经济研究》《中国工业经济》《数量经济技术经济研究》等期刊发表。

五是在成果获奖方面，《东北老工业基地制度创新》和《东北老工业基地振兴与区域经济创新》曾获高等学校科学研究优秀成果三等奖、辽宁省哲学社会成果一等奖；《东北老工业基地制度创新》入选"中文学术图书引文索引"。

六是在学术交流方面，连续七年举办"辽宁老工业基地全面振兴系列论坛"，业已成为东北振兴学术论坛品牌；与美国哈佛大学、斯坦福大学、英国剑桥大学等世界一流大学开展相关课题

总　序

国际合作，2017年与剑桥大学三一学院联合召开"宋则行经济思想研讨会"和剑桥-辽大"首届创新创业经济论坛"获得圆满成功；受邀参加2017年冬季达沃斯论坛并做分论坛发言。

根据国家出版基金的要求，《东北老工业基地新一轮全面振兴系列丛书》共三部，分别为《东北老工业基地新一轮体制机制创新》《东北老工业基地新一轮产业结构优化》和《东北老工业基地新一轮技术创新》，分别由我和唐晓华教授、王伟光教授担任第一主编。

在本丛书的编写过程中，得到了中国社会科学院副院长高培勇研究员，中央民族大学校长黄泰岩教授，北京大学张圣平教授，山东大学臧旭恒教授、杨蕙馨教授、徐向艺教授、钟耕深教授，中国社会科学院曲永义研究员，光明日报社理论部张雁编辑，北京工商大学盛秀金教授，中国人民大学张培丽副教授等的大力支持和帮助，在此谨致谢忱。对中国财经出版传媒集团副总经理、经济科学出版社党委书记、社长吕萍，经济科学出版社财经分社社长于海汛和编辑宋涛为本套丛书入选国家出版基金和顺利出版所做的努力，表示衷心的感谢！

林木西
2018年6月11日于辽宁大学

前　言

加快东北老工业基地全面振兴，是推进经济结构战略性调整、提高我国产业国际竞争力的战略举措，是促进区域协调发展、打造新经济支撑带的重大任务，是优化调整国有资产布局、更好发挥国有经济主导作用的客观要求，是加强国际及次区域合作、完善我国对外开放战略布局的重要部署，是维护国家粮食安全、打造北方生态安全屏障的有力保障。但东北地区在上轮振兴战略实施10年以后，经济出现下滑，发展形势严峻。实践证明，首轮振兴并未从根本上通过体制机制创新形成东北经济发展的内生动力机制，未能从制度上激发政府、企业和个人经济活动的活力和动力，从而未能形成经济效率提升和结构改善的可持续发展能力。目前，认为东北问题属于体制机制性问题、结构性问题的看法，已成为各界广泛共识。

推动体制机制创新是东北振兴的治本之策和关键所在，而体制机制问题的核心是政府与市场的关系问题，主要是政府管得过多过死，该提供的公共服务缺乏这种"越位"与"缺位"并存问题。而东北结构性问题的突出特征表现在原材料、初级产品为主的行业结构未得到根本改善，产业结构未得到优化，国企冗员负担沉重、经济效益较差，央企对地方经济带动不足等多个方面。

东北老工业基地新一轮体制机制创新

体制机制问题与结构性问题之间存在相互影响、相互支撑的关系,不能抛开其中之一去单独讨论另一个问题。应该看到的是,东北结构性问题的形成是一个历史的结果,与东北工业化过程密切相关。与南方发达地区历史上曾经经历过商业文明的洗礼,近代以来经历过较高程度的市场化,改革开放以来又率先成为对外开放先行区不同,东北地区在历史上经历的商业化过程在广度深度方面都十分有限。近代军阀统治尤其是伪满统治时期更是采取了统治经济方式,市场化时期太过短暂、商业文明发展显著不足。新中国成立后,东北成为最早进入计划经济体制的地区,并且在改革开放建立社会主义市场经济体制后又成为最晚退出计划经济体制的地区。这就使得东北在体制机制方面与南方发达地区呈现出很大的不同。

就经济结构而言,重化工业、资源型产业为特征的东北经济内部结构,与东北工业化历史、战争历史紧密相关。东北的重化工业基础和实力,在解放后对于全国经济稳定和发展曾经发挥过极其巨大的作用。解放初期东北地区重大项目实施对于完善国民装备体系,"出机器、出人才、出经验"对于支援三线建设,平价调拨重要物资资料对于支持其他地区发展等方面都功不可没。但成也萧何败也萧何,在市场经济及经济新常态条件下,重工业比重太高、市场化程度低、政府非必要作用太强及计划经济思维习惯延续等,都成为阻碍东北振兴的"顽疾"。

当前,东北振兴已经到了十分关键和紧要时期:"振兴东北老工业基地已到了滚石上山、爬坡过坎的关键阶段,国家要加大支持力度,东北地区要增强内生发展活力和动力,精准发力,扎实工作,加快老工业基地振兴发展"。但东北的困难和问题非"一日之寒",解决起来也不可能一蹴而就。

"四个着力"是新一轮东北全面振兴的核心:即着力完善体制机制,着力推进结构调整,着力鼓励创新创业,着力保障和改善民生。"着力完善体制机制"是东北振兴治本之策;"着力推

前　言

动结构调整"是东北振兴关键之举；"着力鼓励创新创业"是解决东北振兴决胜之要；"着力保障和改善民生"是东北振兴发展之基。2016年《中共中央　国务院关于全面振兴东北地区等老工业基地的若干意见》中关于"着力完善体制机制"一节中，包含的内容有：加快转变政府职能、进一步推进国资国企改革、大力支持民营经济发展、深入推进重点专项领域改革、主动融入、积极参与"一带一路"建设、对接京津冀等经济区构建区域合作新格局。本项研究选择的五大体制机制创新领域，主要结合上述重点内容建立，但又不尽相同。根据研究重点，本书确立地方政府制度创新（正式制度）、非正式制度创新、企业及市场体制机制创新、推动创新创业的体制机制创新等作为主要研究内容，特别是非正式制度创新，对于东北振兴具有重要的长远意义，是突破东北诸多体制顽疾的深层次制度基础之一，需要进一步深入研究。

从研究层次来看，本书共分为三个层次：一是文献综述与理论分析，主要包括绪论和第一章内容，是整体研究的理论基础。二是关于东北体制机制特殊性分析和两轮东北振兴战略的比较分析，包括第二章、第三章内容，通过东北工业化历史脉络梳理，把握东北经济结构与体制机制特殊性形成的深层次原因。三是五个方面的体制机制创新分析，包括第四章至第八章内容，其中前面两章是正式制度与非正式制度创新分析，后面则是企业、市场和创新创业三个具体领域的制度创新问题分析。

2017年3月，《国务院办公厅关于印发东北地区与东部地区部分省市对口合作工作方案的通知》中明确提出，辽宁省与江苏省、吉林省与浙江省、黑龙江省与广东省建立对口合作关系，意在发挥发达省市的比较优势，扬长避短、扬长克短、扬长补短，实现南北联动、协同发展。本书在研究中也特别注重东三省与对口合作省份的对比分析，以期通过对比研究，明晰相互差距与核心问题所在，并通过合理借鉴，推进东北地区体制机制创新，缩小制度落差，发挥比较优势，最终推动东北老工业基地全面振兴。

本书的完成，是辽宁大学东北振兴研究中心（CTTI 来源智库）在东北新一轮振兴研究方面的一项阶段性成果，希望对于相关理论研究与实践工作起到必要的参考与借鉴作用。同时，也希望得到社会各界的批评与指正，以期共同推进相关研究，为东北振兴做出应有的贡献。

目 录

绪论 ·· 1

    第一节　研究背景与意义 ／ 1

    第二节　文献综述 ／ 12

    第三节　结构安排与研究方法 ／ 52

第一章　东北老工业基地体制机制创新的理论

          分析 ·· 56

    第一节　制度创新基本理论 ／ 56

    第二节　新理念引领体制机制创新 ／ 68

    第三节　东北老工业基地新一轮振兴的相关政策

            分析 ／ 78

第二章　东北工业化历史演进与体制机制特殊性

          分析 ·· 97

    第一节　东北工业化历史演进 ／ 97

    第二节　东北地区体制机制特殊性分析 ／ 112

第三章　两轮东北振兴战略分析 ······································ 131

    第一节　两轮东北振兴战略背景比较 ／ 131

第二节 首轮东北振兴战略实施效果总体评价 / 141

第四章 东北老工业基地地方政府制度创新 ………… 153

第一节 打造国际化营商环境 / 153
第二节 "放管服"改革 / 173
第三节 法治政府、创新政府、廉洁政府、服务型
政府建设 / 182

第五章 东北老工业基地非正式制度创新 …………… 194

第一节 非正式制度与经济发展的理论分析 / 194
第二节 东北经济发展的非正式制度障碍 / 199
第三节 特色文化与经济发展的案例分析 / 209
第四节 非正式制度视角的东北特色文化与产业
发展 / 220

第六章 东北老工业基地企业体制机制创新 ………… 226

第一节 深化国企国资改革 / 226
第二节 推动民企与国企融合发展 / 243
第三节 加快央地融合发展 / 250
第四节 推动重点专项改革 / 260

第七章 东北老工业基地市场体制机制创新 ………… 268

第一节 加快发展要素市场 / 268
第二节 规范发展商品市场 / 292
第三节 积极培育市场中介组织 / 301

第八章 以体制机制创新推动创新创业 ……………… 308

第一节 创新创业的理论分析 / 309
第二节 东北地区创新创业现状分析 / 314

第三节　浙江创新创业经验与启示　/　318
第四节　体制机制创新对策　/　324

参考文献　/　329
后记　/　343

绪　　论

第一节　研究背景与意义

一、现实背景

改革开放以来，我国由传统计划经济转向社会主义市场经济体制，东北地区由于体制改革相对落后，与东部发达地区经济差距不断扩大，特别是 20 世纪 90 年代中后期，东北地区经济发展严重受阻，形成所谓的"东北现象"。2003 年，中共中央、国务院出台《关于实施东北地区等老工业基地振兴战略的若干意见》，开启首轮东北振兴，东北经济开始得到快速发展。然而，从 2013 年起，东北地区 GDP 增速出现断崖式下跌，产生所谓的"新东北现象"。2014 年，国务院出台《关于近期支持东北振兴若干重大政策举措的意见》，开启新一轮东北振兴。

首轮振兴政策实施十年后，东北经济重入寒冬，掉入所谓"振兴—衰落—再振兴"怪圈。对此，社会各界就"新东北现象"产生的原因、振兴战略实施效果、下一步振兴政策重点等方面进行了广泛的探讨，特别是学术界就此问题进行了深入研究，提出了许多有价值的看法和建议。目前，认为东北问题属于体制机制性问题、结构性问题的看法，已成为各界广泛共识。

就政策方向而言，早在2003年《关于实施东北地区等老工业基地振兴战略的若干意见》中，决策层就认识到体制机制创新对于东北振兴的重要性："着力推进体制创新和机制创新，消除不利于经济发展和调整改造的体制性障碍，增强老工业基地调整改造的内在动力，是实现老工业基地振兴的关键和前提"；2012年出台的《东北振兴"十二五"规划》进一步指出："制约东北地区振兴的体制性、机制性、结构性矛盾尚未得到根本解决，发展中不平衡、不协调、不可持续问题依然突出"；2016年4月《中共中央 国务院关于全面振兴东北地区等老工业基地的若干意见》中，更加明确地指出："东北地区经济下行压力增大，部分行业和企业生产经营困难……这些矛盾和问题归根结底是体制机制问题，是产业结构、经济结构问题，解决这些问题归根结底要靠全面深化改革"。学术研究方面，有学者较早就提出要进行国有大中型企业改造及其体制、机制创新（陈才，2003），以产权制度创新和体制机制转换为核心进行国有企业改革（韩保江，2003），近期更多研究者提出将体制机制创新作为东北振兴关键路径（赵昌文，2015；黄群慧、石颖，2016；高国力，2017），最近关于林毅夫《吉林报告》的争议中，对报告最关键的一条质疑，就是其只关注到产业与行业结构而未重视体制机制创新问题，并且质疑者对吉林发展轻纺、电子业的可行性也提出了不同意见。

由此可见，社会各界早已认识到体制机制性、结构性问题是东北经济发展的主要障碍，是形成"东北现象"及"新东北现象"的主要根源。但问题在于，为什么十多年前就提出要消除东北发展的体制性、机制性障碍，但在首轮振兴战略已经实施多年后的今天，依然重提破除东北发展的体制性、机制性障碍？普遍公认的结果也是，东北振兴十多年来，尽管在人均GDP、社保参与率等经济社会指标方面取得了一定进展，但制约经济发展内生动力、活力的体制性、机制性、结构性问题未得到根本改善。之

绪　论

所以产生这一结果，按照合理的逻辑推理：（1）要么是振兴战略虽然认识到体制性、结构性矛盾是东北问题的重要根源，但相应的政策措施并未能契合解决这些问题的要求；（2）要么是有些政策措施尽管符合解决这些问题的方向，但在实际操作中缺乏落实的有效途径，从而降低了政策效力，最终未能突破既定体制机制障碍的约束；（3）要么是尽管在振兴战略中写明了突破体制机制障碍的重要性，但在落实中却未能将该问题作为主要着力点进行突破，例如，重在通过加大投资等途径解决 GDP 增速问题，却相对忽视了对深层次体制机制问题的重视和解决力度，导致体制机制问题成为东北振兴的"顽疾"。

　　实际上，我们认为，上述几方面问题均是客观存在的。例如，2003 年《关于实施东北地区等老工业基地振兴战略的若干意见》中就加快体制创新和机制创新确定了四方面重点任务：加快国有经济战略性调整、继续深化国有企业改革、营造非公有制经济发展的良好环境、进一步转变政府职能，尽管都取得了一定进展，但并未在体制机制方面取得实质性突破：（1）加快国有经济战略性调整和国企改革方面，目前，东北国有资本投资运营体制仍不健全，一股独大状况并未根本改变，现代企业制度不完善，内部激励机制不健全，国有资本控股一般流通、商业、地产开发等企业，经济效益普遍较差。2016 年，整个东北地区国有企业亏损面大约一半，整体利润为负值。（2）营造非公有制经济发展的良好环境方面，虽然文件中写明了"允许非公有资本进入基础设施、公用事业以及法律法规没有禁止的其他行业和领域""加大金融对非公有制企业发展的支持力度"等政策支持，但由于没有相应的体制机制创新作支撑，"玻璃门""弹簧门""旋转门"随处可见，甚至在外界形成"关门打狗""投资不过山海关"等恶劣影响，导致"为各类企业平等竞争创造良好的政策环境和体制环境"的愿景很大程度上落空。（3）转变政府职能方面，以行政权力替代经济权力，政府对企业管得过多过死的问题依然大量存在；大量压缩行政审批事项、"八项规定"制止行政乱作为之后，目前又出现"懒政、怠政"现象，某些地区行政部门效率反而降低；并且把一些事项交给市场化社会组织和中介机构管理后，后者逐渐暴露出作为经济组织的趋利性、短期性等不良行为。所有这些障碍相互交织作用，导致东北营商环境不尽如人意、人口流失严重，国企混合所有制改革进展迟缓、经济效益不容乐观，民间投资下滑严重、经济增长动力不足。

我们的研究也发现，东北首轮振兴的确取得了一定成绩：经济增速较快，城乡差距逐渐缩小，失业率大幅降低，所有制结构进一步优化，私营工业企业效益大幅改善，尤其是农业及农副食品加工业发展是一大亮点（和军，2016）。但产业结构非但没有得到优化，反倒出现第二产业上升第三产业下降这一与普遍规律背道而驰的现象，同时原字号、初字号为主的行业和产品结构未得到根本改善。规模以上工业国有投资独大现象未得到根本改变，特别是黑龙江情况更为严重；国企冗员负担沉重，特别是辽宁国企效益表现极差，利润率整体上为负值。市场化排名总体仍处于全国中下水平，特别是辽宁排名出现了进一步下降。究其原因，在于首轮振兴并未从根本上通过体制机制创新形成东北经济发展的内生动力机制，未能从制度上激发政府、企业和个人经济活动的活力和动力，从而未能形成经济效率提升和结构改善的可持续发展能力。

东北振兴战略目标在于解决东北发展的深层次体制机制和结构性问题，培育经济发展内生动力，提升民生保障水平和促进可持续发展。新一轮振兴战略重点不在于"量"，而在于"质"；不在于短期效果，而在于长远发展；不在于加强外部推力，而在于培育内生动力；不在于挽救传统产业，而在于壮大新兴产业；不在于对现有缺陷小修小补、主要依靠政府力量推进结构转型，而在于改革创新体制机制、重点发挥市场在激励创新与转型升级中的决定性作用。

推动体制机制创新是东北振兴的治本之策和关键所在，而体制机制问题的核心是政府与市场的关系问题，主要是政府管得过多过死，该提供的公共服务缺乏"越位"与"缺位"并存问题。根源在于传统计划经济体制模式延续的路径依赖、正式制度中国企独大和"官本位"思想导致的行政主导和逆市场化行为、非正式制度中热衷于"关系"和"等靠要"而非创新创业的文化习惯、微观创新活动中遭遇到更多的行政干预和利益集团阻挠及传统思维束缚。

2016年《中共中央 国务院关于全面振兴东北地区等老工业基地的若干意见》中关于"着力完善体制机制"一节中，包含的内容有：加快转变政府职能，进一步推进国资国企改革，大力支持民营经济发展，深入推进重点专项领域改革，主动融入、积极参与"一带一路"建设，对接京津冀等经济区构建区域合作新格局。该意见主要观点还包括：着力推进结构调整、着力鼓励创新创业、着力保障和改善民生。本书选择的体制机制创新领域，主要结合上述重点内容建立，但又不尽相同。例如，着力保障和改善民生，与经济发展密切相关并受经济发展水平制约。相对而言，其他几方面的体制机制创新更具紧迫性，对于促进经济发展更加直接关联。而非正式制度创新，目前看对于东北振兴具有至关重要的长远意义，是突破东北诸多体制顽疾的深层次制度基础，需要重点研究。

二、理论背景

从理论和学术研究的角度，体制机制问题总体上可归纳为制度问题，其核心是政府与市场的关系问题。这涉及两方面的理论渊源：一是制度经济学、制度创新理论的发展；二是政府与市场关系问题的理论演进。

(一) 制度经济学理论的发展

关于制度，苏格兰经济学家、哲学家亚当·斯密早在1776年出版的《国民财富的性质和原因的研究》中，就论述了制度的重要意义。他在赞扬马德拉斯及加尔各答协议会在战争及商议上的果断与明智时，强调是政治组织这种制度，而非人的品格导致这一结果的产生。

以制度为研究内容的经济理论是由凡勃伦和康芒斯在20世纪20年代提出并建立的，被称为老制度经济学，以社会人和历史人为单位来分析经济问题，强调制度因素对经济生活的重要作用。其中，凡勃伦认为，制度从本质上看，就是人们或社会对于某些关系或某些作用普遍存在的思想习惯，而生活方式就是由某一时期或社会发展的某一阶段所通行的制度总和构成的。因而，从心理学角度来说，制度可以概括为一种流行的精神状态或流行的生活理论，是一种性格上的表现形式。而在社会生活过程中所接触到的物质环境时，如何继续前行的习惯方式就是经济制度。同样的，康芒斯认为如果我们要找出一种普遍的原则，适用于一切所谓属于制度的行为，我们可以把制度解释为集体行动控制个体行动。

20世纪70年代，以科斯、诺思为代表的新制度经济学派产生，从微观角度出发，研究制度的构成、运行以及制度在经济生活中的作用。针对人们在比较国家间发展差距时一般从资本、技术、人力资源等方面找原因，而忽视制度差异的事实，诺思在《西方世界的兴起》中考察了西班牙和法国1500~1700年经济史后得出结论，法国在工业、农业、商业、外贸方面的普遍衰败根源于制度的失败，"它的制度环境毁坏了新技术所做出的有效调整和创新"。诺思将古典经济学中未涉及的制度作为内生变量应用到经济研究中，将产权理论、意识形态和国家理论作为制度变迁理论三大基石，认为在交易成本存在以及报酬递增的情况下，制度是决定经济发展长期绩效高低的本质因素；工业革命与其说是技术革命，不如说是一场制度革命。

哈罗德·德姆塞茨（Demsetz，1999）随后对诺思的制度变迁与经济发展理论进行了补充修正，并认为非正式制度是在制度变迁过程中引起经济绩效改变的重要源泉。在经济发展的初始时期，技术与制度还处于待发展阶段，初始的要素禀赋是决定经济发展的关键因素，同时随着时间的推移，不同的地理环境和资源情况等初始禀赋会形成不同文明形态的非正式制度，与正式制度协调发展，共同促进经济发展。丹尼·罗德里克（Dani Rodrik，1999）在论述什么制度会对经济增长产生影响时，提出宏观经济稳定制度、产权制度、社会冲突管理制度、社会保障制度、市场的规制制度会对经济绩效产生影响。同时，他还认为，政治参与度或者民主程度也会对经济发展产生影响。在一个长期的考验中，政治参与度越高、民主程度越高，为国家带来经济绩效就会越高。随后，在2003年罗德里克又提出，国家之间的经济发展差异是由三个因素造成的，即地理因素、制度因素和国际贸易因素。贫穷国家制度安排的缺失，如产权体系没有明确界定，道德风险、腐败、缺少法治等，是造成这些国家落后于发达国家的主要原因。为了长期经济发展的需要，落后国家需要建立起如市场规制制度、市场稳定制度、市场法制化制度等使其持续发展。

达龙·阿西莫格鲁（Daron Acemoglu，2004）在承袭新古典制度经济学家诺思、奥尔森等人思路的基础上，用实证分析的方法论证了制度在社会与经济发展中的重要作用，有力地证明了诺思"制度至关重要"的命题，从而打破了新制度经济学缺少实证研究这一问题。阿西莫格鲁以前西方殖民地国家为研究对象，分析了在过去500年的时间里，加拿大、美国、印度、墨西哥等国家在收入上发生逆转的原因，从而得出结论——制度逆转是这些国家发生收入逆转的根本原因。在2010年，阿西莫格鲁又进一步提出物质资本、人力资本以及技术程度仅仅是经济增长的一个近因，而在这三个要素的背后，不同经济体的经济存在差异的根本原因在于制度，制度的差异是造成不同国家之间物质资本、人力资本以及技术水平不同，甚至经济发展水平不同的根本要素。

新制度经济学家先后提出交易费用、产权、制度变迁等理论，以强有力的理论事实和证据证明了制度对经济增长起着决定性的作用，被广泛地作为内生变量来研究其对经济增长的影响。目前学界已经普遍认同制度、资本、劳动力和技术等因素在推动经济增长过程中都起着至关重要的作用，也普遍认为经济增长反过来对制度进步、资本积累、劳动力发展、技术进步也有着重要影响。也即制度、资本、劳动力、技术等因素与经济增长之间存在作用与反作用的关系。

（二）制度创新理论的发展

第一个明确提出创新理论的是经济学家约瑟夫·熊彼特。它关于经济增长非均衡变化的思想反映在《经济发展理论》中，并且首次提出和使用了创新（Innovation）的概念。他认为，创新就是建立一种崭新的生产函数，即把一种从来没有过的，关于生产要素与生产条件的新组合引进生产体系（Schumpeter, 1934）。新组合包括产品创新、工艺创新、市场创新、资源开发利用创新与体制机制和管理创新等五部分。

随后大量学者沿着其开拓的道路进行研究，主要分为两类：一类是技术创新论；另一类是制度创新论。索罗和阿普拉莫维奇认为，技术进步提高了劳动效率，形成了技术创新新古典学派——外生经济增长理论。阿罗（Arrow, 1962）、罗默（Romer, 1990）在此基础上进一步研究，形成技术创新熊彼特学派——内生经济增长理论。而诺思最先提出制度创新对技术创新具有决定性作用的论断，认为诸如技术进步、专业化分工等实际上都不是经济增长的原因，而是经济增长的本身，引起经济增长的原因只能从制度的角度去挖掘。

自20世纪80年代以来,在经济进化理论和新经济增长理论的作用下,原本相对独立的两个分支出现了融合之势。以弗里曼和纳尔逊为代表的制度创新理论开始重视文化环境、社会制度和国家、区域特别因素在技术创新中的作用。正如卡尔·尼尔森与约翰森(Nielsen and Johnson,1998)在其《制度与经济变迁:关于市场、企业和技术的新观点》一书中所言:"近年来有迹象表明,制度理论与创新理论在相互促进。现在人们更认真地对待制度,并比以前从更宽泛和更复杂的方式上使用制度概念。此外,创新被看作是一种深深地根源于组织之间大量相互联系的现象。"

制度创新理论阐述了创新动力、创新过程、创新形式及政府在制度创新中的作用等问题,认为制度创新的动力来源于创新预期净收益超过预期成本。经济主体在创新过程中减少实施成本和摩擦成本,从宏观上谋取经济、政治和社会的最大收益;在制度创新过程中存在第一、第二和后续行动集团,不断推进制度创新进程;主要通过诱致性制度变迁和强制性制度变迁两种形式来推进制度创新。政府在制度创新中,主要通过法令、授权等方式影响其他经济主体制度创新的形式,或为了实现潜在收益、改革现行制度而自行推进制度创新。

此外,制度创新理论的发展还形成了国家创新系统理论,弗里曼在其《工业创新经济学》中建立了第一个系统的创新经济学理论体系,是国家创新系统的宏观学派代表。他认为,一个国家要实现经济跨越必须把技术创新与政府职能结合起来,形成国家创新系统(Christopher Freeman,1987)。而纳尔逊和伦德瓦尔分别是国家创新系统的微观学派与综合学派代表。

(三)政府与市场关系理论的发展

关于政府与市场关系问题最早的系统性论述,应该归源于

1776年亚当·斯密在其《国民财富的性质和原因的研究》中所阐述的政府"守夜人"思想,认为市场能够良好运转以配置资源和促进效率,政府应采取"自由放任"的政策,只做裁判员、不做运动员,尽可能少地干预经济,充分发挥市场作用。之后,法国经济学家让·巴蒂斯特·萨伊提出"供给创造自己的需求"这一被马克思称为"萨伊教条"的理论。这些思想是推崇市场、反对政府干预思想的经济理论渊源,法律和哲学方面自由主义思想则来源于约翰·洛克、托马斯·杰斐逊、詹姆斯·麦迪逊等人的论述。1890年,马歇尔利用20世纪70年代边际革命的相关方法,出版《经济学原理》一书,开创现代微观经济学体系,成为新自由主义的奠基人。

自由主义思想在1930年左右爆发的世界性资本主义危机中受到极大冲击。约翰·梅纳德·凯恩斯于1936年出版其代表作《就业、利息和货币通论》,创建政府利用财税、金融及投资等政策,干预经济活动的系统理论,即现代宏观经济学。在实践方面,则是战后马歇尔计划与罗斯福新政,取得了积极的经济效果。之后,在20世纪70年代由石油危机引发的西方国家"滞胀"现象,又使得新自由主义重新在西方建立统治地位。后来,新凯恩斯主义、新古典综合派以及东亚以青木昌彦为代表的"亲市场"政府干预派等流派的出现,使经济学派呈现相互学习、提高及某种程度上融合的新趋势。

关于政府与市场关系的争论,最著名的莫过于始于20世纪20年代末期关于"计划与市场"的争论:一方以波兰籍经济学家兰格、美国经济学会会长泰勒为代表;另一方以奥地利经济学家米塞斯、哈耶克和伦敦学派领袖人物罗宾斯为代表,就运用计划模拟市场方式配置资源是否可行及其效率高低进行了所谓的"30年代大论战"。在发展经济学说史上,则是以1943年罗森斯坦·罗丹的《东南欧工业化问题》、1947年曼德尔鲍姆的《落后地区的工业化》、1948年哈罗德和多马的《经济增长模型》等为代表,建立了经济发展的结构主义学派;另一方则是以拉尔、瓦伊纳、鲍尔、哈伯勒、舒尔茨等为代表形成新古典主义经济发展理论。

当然,传统计划经济的思想,目前已经被广泛地抛弃了。但是,正如各个不同流派在相互争论中互相借鉴和提高那样,摒弃传统计划经济思维并不等于摒弃政府的作用。基本的共识是,政府在市场经济中的作用是必不可少的,尤其对于发展中国家,这种作用就更加不可或缺。这种思想,在青木昌彦《政府在东亚经济发展中的作用》书中提出的"市场增进论"、石川兹的"低度发达市场经济理论"、明特的《发展中国家的经济学》中都有论述。只是随着市场经济体制的不断完善,需要更加发挥市场的决定性作用,放松政府不合理的管制,激发市场主体效率与活力。

对于东北振兴中的体制机制问题而言,从经济发展历史来看,在计划经济时期,东北地区重化工业为主的经济结构,曾经对于奠定国家工业基础、建立健全国民经济体系产生过极其重要的作用。但是在市场经济条件下,这种国有经济主导、重化工业为主的经济结构、行政主导的经济管理模式、传统计划经济思维方式等,已经不适应以创新创业、结构转型升级为特征的经济发展现实。东北振兴的核心问题是体制机制和结构性问题,其中结构性问题也受体制机制问题的制约和影响。国企改革、创新创业、结构转型升级、政府职能转变和更新观念转变作风,也都受到体制机制问题的制约和影响。制度经济理论、制度创新理论和政府与市场关系理论,为我们研究东北体制机制问题提供了必要的理论基础。但与此同时,更加重要的是,如何能够结合两轮东北振兴政策及先前东北振兴实际效果,运用制度创新等理论,构建东北振兴体制机制问题研究的系统性、科学性框架,并通过实地调研、访谈、问卷调查、计量统计分析、案例分析、比较分析等科学、可行的研究方法,真正探求事关东北振兴成败的主要体制机制问题,为体制机制创新创建新的系统的理论基础和政策建议，对于提升东北振兴效果具有重要意义。

第二节 文献综述

一、国内文献综述

（一）东北体制机制问题方面的研究

1. 东北地区体制机制改革滞后的表现

关于东北地区体制机制改革滞后的主要表现，有学者归纳了以下四个方面：计划经济体制的残余束缚了市场经济观念；政府与市场边界不清，行政机制安排经济活动决策的方式依然存在；政府管理职能存在错位，服务意识不强；企业自身缺乏创新动力和造血功能（徐充、张志元，2011）。也有学者认为东北地区体制机制改革落后主要体现在政府与市场边界不清，宋冬林（2015）认为主要体现在政府"越位"、"缺位"和"错位"三个方面，"越位"主要表现为政府长期充当了经济建设主体和投资主体，过多地直接干预企业，特别是国有企业的人事安排、内部管理和生产经营活动等方面；"缺位"主要表现为政府公共服务功能的缺乏，不能很好地为市场主体服务和创造公平竞争的市场环境；"错位"主要表现为各级政府及政府内部部门之间职能的交叉重复。黄群慧、石颖（2016）也有相似的研究结论，认为东北老工业基地仍未摆脱计划经济的阴霾，"强势政府"往往未能把握好介入经济的度，"错位、越位、缺位"现象普遍，经济手段、法律手段、道德手段发挥得不充分。赵昌文（2015）认为东北问题的根源是政府行政干预过多，而市场活力却不足，不能在资源配置中发挥决定性作用，未能形成充分竞争的市场环境，进而导致市场主体缺乏创新创业的激情和动力。赵儒煜、王媛玉

(2017)则将东北经济下滑的原因总结为由于"传统优势产业缺位""高、新产业缺位""资源型产业缺位"态势,进而造成制度优势固化、产业垄断固化、政策方式固化的体制性问题。褚敏、踪家峰(2017)的实证研究发现,造成东北经济增长困境的症结在于体制僵化,其中,政府干预和金融抑制的影响最为突出。武靖州(2017)特别指出,与其他地区相比,东北地区营商环境不佳导致生产要素流出多、流入少,要素配置效率提升缓慢是根本性原因,其本质是政府管制太多,政府越位、缺位与错位并存所致。

2. 东北地区体制机制改革滞后的原因

2016年11月,东北振兴"十三五"规划指出,东北实现全面振兴事关区域协调发展全局,面临体制机制的深层次矛盾尚未理顺,生产要素市场体系尚不健全;经济增长新动力不足和旧动力减弱相互交织;基层政府思想观念不够解放,对经济发展新常态的适应引领能力有待进一步增强等诸多问题。因此,要加快推进行政管理体制改革,尽快形成有利于激发市场内在活力的振兴发展新体制。关于体制机制改革滞后的原因,不少学者都指出东北老工业基地既体现了计划经济的辉煌,也集中了计划体制的所有弊端。孙立平(2004)在其著作《失衡——断裂社会的运作逻辑》中指出,改革开放以来,东北退出计划经济体制较晚,对外开放也相对较迟。这样,昔日的辉煌变成了现在的包袱,因而错失加快体制改革和发展的机遇。晓凡(2014)认为,观念决定着价值,东南沿海经济的快速发展离不开市场经济观念这个催化剂,东北老工业基地发展的落后,首先是市场经济观念的落后,人们"等、靠、要"的传统计划观念致使东北体制机制转换迟缓。张可云(2016)认为,东北地区体制机制改革进展的迟缓,主要是受传统体制改革滞后所影响,老工业基地的发展就像"戴着镣铐在跳舞",这镣铐就是体制机制改革的滞后及政策、措施的不配套。体制机制障碍是东北老工业基地振兴难以逾越的问题，在市场化改革进程中，东北地区制度创新的阻力要远远大于其他地区。20多年来，东北曾几度提出"重振老工业基地雄风"的口号和规划，也做了大量探索，不少改革措施还走在了全国的前列，但因种种原因，这种振兴总显得力不从心。特别是在已经初步形成的全国性市场竞争中，体制的制约变成了市场竞争的劣势。而计划经济的另一个重要遗产，就是随经济不景气而形成的大量失业或企业富余人员，特别是由于国企改革滞后、资源枯竭型城市替代产业发展缓慢等，都使东北经济发展背上沉重包袱。

3. 东北地区体制机制改革滞后的出路与对策

2014年，国务院关于近期支持东北振兴若干重大政策举措的意见指出，要深化体制机制改革，打破制约科技与经济结合的体制机制障碍，进一步推进政府简政放权，建立健全产权保护机制，完善科技创新资金分配机制。2016年11月，东北振兴"十三五"规划指出，要加快推进行政管理体制改革，理顺政府和市场关系，深化"放管服"改革，促进市场在资源配置中起决定性作用和更好发挥政府作用，切实建设好投资、营商等软环境，加快形成有利于激发市场内在活力的振兴发展新体制。李政（2015）指出，表面上看，"新东北现象"是经济结构问题，但深层上看，"新东北现象"是创新创业问题，根源则在于东北地区经济结构性矛盾较为突出、创新水平不高且动力不足、创新创业环境及经济结构优化升级所需要的体制与机制不完善。因此，未来实现创新驱动转型发展的基本路径在于：构建创新创业生态系统，完善创新创业环境；深化创新创业体制机制改革；加快"五化"融合；大力吸引和培育高素质创新创业人才；构建互利共赢开放型经济体系，促进区域与国家间协同创新。赵昌文（2015）认为，要从根本上转变政府职能，使政府从生产型转向服务型，并通过深化改革，着力建立一个统一开放、公平合理、竞争有序的市场体系，同时，也要防范地方债务、产能过剩、房地产等风险，确保宏观经济的稳定，为企业中长期发展提供一个稳定的预期。张占斌（2015）认为，可以通过培育一批充满活力的中小微企业，有效降低国企"一股独大"的局面，并尽快遏止"玻璃门"和"弹簧门"现象。鉴于国家对东北老工业基地发展的高度重视，在体制机制改革与法制创新相结合的实践中，老工业基地可以争取先行先试，积极探索适合自身转型发展的制度新优势。乔榛（2016）通过分析东北经济形势，指出东北经济增长的动力不足，计划经济体制时期推动东北经济快速增长的动力逐步消解，而新的动力又难以聚集。因此，积聚东北经济增长的内生动力应该从创新体制机制、调整经济结构、开发优势资源、支持创新创业、增加有效投资五个方面着力搞好，并充分利用好国家的各项支持政策，创造优良的发展环境，最终形成东北经济持续增长的新动力。毛寿龙（2016）指出，要推动东北地区经济社会转型和振兴，东北各级政府必须以东北振兴为约束条件，适应振兴需要，率先进行范式转换，更新行政理念，重新界定政府角色，转变政府职能重点，提升政府能力，积极回应东北振兴进程中市场、社会、企业、公众对政府提出的种种诉求，做到以政府转型促进社会转型，实现东北振兴与政府转型的良性互动。高国力（2016）从分析政府与市场关系切入，认为应该在政府与市场之间建立一种更加协调、更加清晰的关系，将政府职能真正转到市场监管、经济调节、社会管理、公共服务等方面，并在资源配置中最大限度地发挥政府的积极作用和市场的决定性作用。陈耀（2016）认为，既要发挥好政府作用，也要体现出市场在资源配置中的决定性作用，政府要做到权力不越位、监管和服务充分到位，应以行政审批制度改革为重点，把简政放权、放管结合的改革向纵深推进，尽快形成权力清单、责任清单和负面清单三张清单，确保政府法定职责必须为、法无授权不可为、市场主体法无禁止即可为。

4. 振兴战略实施以来东北区域政策方面的研究

在"东北振兴"战略实施以后，针对东北地区出台了 57 项区域政策。这些政策不仅有针对东北地区的全区域政策，而且也有针对特定省份的专门区域政策，并且这些政策涉及影响东北地区发展的多个方面，能够表明"东北振兴"战略的力度之大。苏明政、徐佳信、张满林（2016）认为，振兴政策显著增加了东北地区经济总量，短期刺激效应明显，但未能提升全要素生产率，显著恶化了地区产业结构，长期失衡效应明显。高嵩、谭亮、王士君（2017）的研究认为，振兴政策的实施对振兴前的状况进行了有效的修正，逐渐摆脱了以牺牲环境和损耗资源为代价的传统发展方式。但东北再振兴政策未能在短时间内取得突出成效，下一步需要从完善创新体系、产学研协同机制调整等相关政策方面入手加以突破，培育区域经济发展内在动力。杨天宇、荣雨菲（2017）的研究认为，振兴政策使得 2003 年以来东三省年均经济增长率增加了 1.1~1.6 个百分点，但主要是通过增加投资和政府支出、改善基础设施实现的，科技进步、人力资本和投资环境并未改善，产业结构和所有制结构改善有限，增长缺乏可持续性。

（二）东北突破非正式制度障碍的体制机制创新方面的研究

1. 非正式制度对经济发展的积极影响

非正式制度是长期演化而来的，与经济发展之间存在着千丝万缕的关系，会对经济运行产生影响，既可能促进经济发展，也可能阻碍经济发展。一般来说，非正式制度作为软约束，可以更好地弥补正式制度的缺失与错位，与其融合协调发展，在一定程度上降低交易成本，维护交易秩序，提高交易效率，弥补正式制度的不足，从而促进经济发展。在我国市场经济体制转型的过程中，除了要重视正式制度的作用之外，还需要充分发挥风俗习惯、伦理道德等非正式制度的作用，依靠非正式制度的创新构建市场经济秩序基础（蒋万胜，2007）。李小兰（2009）认为服务型政府的建设不仅需要实现正式制度的变迁，也要重视非正式制度，利用风俗习惯、思想意识、文化传统等非正式制度可以改变实现现代行政制度的改革，实现体制机制创新。李男（2010）认为非正式制度与正式制度是相辅相成的，其中非正式制度一方面通过对正式制度产生影响，进而促进经济增长；另一方面是通过对资本积累、劳动力发展、技术进步等变量产生影响，从而达到促进经济增长的目的。企业发展方面，国有企业的改革需要非正式制度与正式制度协调发展。应调试正式制度与非正式制度的冲突与错位，在重视正式制度改革的同时，尊重传统文化，实现二者的有效协调与融合，加快制度变迁与创新的进程，从而有效地推进国有企业改革（张羽，2007）。民营企业方面，应有效化解正式制度与非正式制度的冲突，实现二者的融合，可以使制度更加有效地发挥作用，进而促进民营企业发展。民营企业在技术创新发展过程中，面临着严峻的知识产权保护制度缺失问题，需要发挥非正式制度的保护作用，弥补正式制度的错位与缺失，降低执行成本，激励企业进行技术创新投入，实现民营企业快速发展的战略目标。民营企业发展不仅需要非正式制度与正式制度的有机结合，还需要充分重视非正式制度的创新（梁强、李新春、郭超，2011；林广正，2008；张海燕，2008）。

2. 非正式制度对经济发展的消极影响

非正式制度具有两面性，一方面非正式制度会降低交易成本，提高交易效率，从而促进经济和社会发展；但是从另一方面看，在非正式制度供给不足的情况下，会产生秘密交易、腐败以及歧视等问题（姜国强，2012）。熊必军、肖坤斌（2003）以民营经济为例，认为民营经济在市场竞争中，除了受到正式制度不健全的影响，还会受到非正式制度滞后的影响，家族观念、平均主义、官僚权利、信用危机等传统的思想文化会从内部干扰民营经济的发展。杜威漩（2007）认为在市场化的进程中，非正式制度的严重滞后是阻碍市场化进程的主要因素。其中非正式制度的滞后现象主要表现在以下三方面：一是"人情"等潜规则抑制了法律制度的实施；二是"官本位"思想遏制了现代企业制度的建立与实施；三是地方保护主义阻碍了市场激励机制的发挥。杜威漩（2009）以农业的可持续发展为研究内容，探究农业发展过程中所遇到的问题，他认为农业可持续发展所遇到的问题不仅仅是技术上的问题，还有制度上存在的问题。狭隘的人类中心主义发展观、功利主义与实用主义的利益观、传统资源的价值观以及传统的人口生育观等非正式制度，都在一定程度上对农业的可持续发展起到限制作用，需要对非正式制度进行改进和创新。蒋万胜、李小燕（2011）以西北地区为研究内容，认为在西北地区人们思想意识中长期存在的封闭、落后的思维定式会使人们的行为受到束缚，在降低国家经济政策实施效果的同时，也会对西北地区的经济社会发展产生抑制作用。肖韶峰（2012）以低碳经济发展为研究内容，认为不断膨胀的人类欲望、功利主义以及与低碳经济发展相适宜的非正式制度缺失是造成目前生态环境日益遭到破坏的深层次原因，因而从人与自然和谐发展的角度出发，对非正式制度进行创新与完善，从而构建出一套有效的价值观、道德观的非正式制度是十分重要的。

3. 文化与区域经济发展

国内学界关于文化与经济关系的研究起步相对较晚，早期主要以翻译借鉴为主，近年来研究日趋多元。目前研究内容主要集中在以下几个方面：

一是地域文化与区域经济发展。研究认为地域文化是一种生产力，会对区域经济发展产生巨大作用。同时地域文化本身也是一种强大的精神力量，可以通过发挥文化的力量，建设地域文化经济（徐李全，2005）；认为文化建设与经济发展之间存在着紧密的内在联系。具有鲜明的特色地域文化会对城市以及所在地区的经济发展产生强大的影响力和推动力，同时地域文化建设的速度也直接影响本地区经济发展的程度（隋琳，2006）。吕方（2008）以长三角地区为研究对象，指出以地域文化为基础，通过创意产业，促进区域经济发展模式向特色化、集群化转变。安乾（2009）通过对黄河流域的地域文化特征进行分析，进而提出了黄河流域的经济空间开发模式。二是企业文化与区域经济发展。雷丽平（2002）以日本企业为研究对象，认为日本的企业之所以成功源于本土优秀的传统文化。"集团主义"的经营理念、"以人为本"的人力资本理念、"和谐高于一切"的人际关系理念等都是构成日本企业文化的主要内容，在促进日本企业经营发展的同时，也推动了日本经济的飞速发展，"二战"后日本经济的快速复苏也是得益于日本特色的企业文化。吴向鹏、高波（2007）以浙江地区为研究对象，通过研究文化、企业家精神与经济增长三者之间的内在联系，很好地解释了浙江地区经济快速发展的内在原因。三是文化产业与区域经济发展。郑茂林（2004）通过对文化产业与经济增长的关联性进行分析，指出文化产业的发展是经济增长的结果，同时现代文化产业作为国民经济的重要产业支柱应积极促进其与信息产业的融合，实现文化产业的跨越式发展。张涵（2009）认为文化产业不仅可以作为内生的技术进步要素带动经济发展，而且能够丰富文化生活，增强国家的文化软实力。蔡旺春（2010）认为文化产业一方面对经济增长存在着直接的影响；另一方面通过带动产业结构化升级与调整促进整体经济发展。

4. 东北地区经济发展存在的非正式制度障碍

东北地区国有经济比重大、活力不足，民营经济发展不充分，创新创业意识不强，这些问题归根结底是体制机制问题，其中非正式制度的滞后是阻碍体制机制创新的主要因素。蒋寒迪、陈华（2005）认为东北地区经济的衰退的原因在于制度变迁缓慢，缺乏制度创新是东北地区经济落后与其他发达地区的主要因素。高元录、钱智勇（2007）以民营经济发展为例，分析了东北地区非正式制度滞后的主要原因有两方面：一是东北地区固有的"黑土文化"遏制了东北民营经济的发展；二是计划经济体制下形成的思想文化在一定程度上限制了东北的创新意识。王晓雨、姜晓琳（2013）认为东北非正式制度障碍主要是思想观念陈旧，官本位思想观念根深蒂固，政府过多干预经济发展，没有充分发挥市场作用，阻碍了东北地区经济转型。姜国强、邵婧博（2012）认为阻碍东北地区经济发展的非正式制度主要表现在四个方面：计划经济意识依旧浓厚、文化惰性长期存在、缺乏创新创业精神、未能发挥非正式制度维护交易秩序的作用。

5. 促进非正式制度创新的有效措施

蒋寒迪、陈华李（2005）认为东北振兴的关键在于政府体制变迁，需要进行制度创新，促进政府思想观念的转变，规范政府行为模式，加快政府自身的改革，进而实现正式制度与非正式制度的有效供给。林木西、和军（2006）认为东北地区与其他发达地区相比来说，除了正式制度变迁落后之外，非正式制度也在一定程度上不支持正式制度的变迁。因而需要通过制度创新来促进东北经济发展，重视非正式制度的文化建设，重塑规则文化、转变行政文化以及构建合理的功利文化，并与正式制度创新相结合，推进经济快速发展。蒋万胜（2008）认为在市场经济秩序的构建中，可以依靠理性认识能力进行非正式制度的创新，通过重视习俗、塑造道德观以及构建新型文化等途径，对人们的经济行为起到有效的制约，从而降低交易成本，为经济发展提供良好的制度环境。姜国强、邵婧博（2012）针对阻碍东北地区经济发展的非正式制度提出了创新思路，认为非正式制度创新需要政府积极参与，从加强宣传、弘扬创业文化等方面入手，为非正式制度的创新与构建提供良好的制度环境。郭长义（2012）认为在东北老工业基地振兴过程中，制度创新是影响辽宁地区装备制造业竞争力的关键因素。由于辽宁装备制造业受计划经济体制影响深，政府在制度创新过程中，需要发挥建设、服务的新职能，以求满足非正式制度在创新过程中需要有特殊的制度需要，从而提高辽宁装备制造业的竞争力。

(三)东北国有企业与民营企业融合发展的体制机制创新方面的研究

1. 国企混合所有制改革

关于积极发展混合所有制经济,国内学者研究较多。盛广耀(2013)、宋冬林(2015)认为,深化东北老工业基地国企改革:首先,要加快国有企业资产重组,大力推进国有资产资本化和证券化,实现以管资本代替管资产;其次,要大力发展混合所有制企业,鼓励发展非公资本控股的混合所有制企业,加快实现东北老工业基地企业所有制结构的多元化。黄泰岩、郑江淮(1998)认为"股份制"改革的逻辑起点是明确国有企业产权主体,使其多元化,以解决国有企业"所有者缺位"问题,所形成的企业治理结构具有新的特征。戚聿东(2007)认为限于中国的特殊国情,自然垄断产业的产权改革应该是实现股权结构多元化,而非将国家垄断转变为私人垄断。关于混合所有制经济的优点,有研究认为混合所有制是实现产权人格化,无须从头干起,减少了重复投资和重复建设,达到了优势互补、劣势对冲的作用,对破解产能过剩的重要难题起到了釜底抽薪的作用,是国企改革的方向(周放生,2014);虽然不能克服国企改革的"三难",却能为克服"三难"创造条件(金岩石,2014);国企混合所有制可以实现国有资本与民营资本等非国有资本交叉持股、相互融合,将国有资本的资本优势与民营资本的灵活市场机制优势合二为一,从而产生"1+1>2"的治理效果(李维安,2014);有助于现代企业制度的真正确立和有效运行,有助于增强公有资本的控制力,有助于多种经济形式共同发展(肖贵清,2015)。张卓元(2015)则探讨了竞争性、垄断性国企混合所有制改革的必要性及其实施路径。

但在国企混合所有制改革中,也存在着一些需要注意的问题。在国有资本与非国有资本混合过程中还存在有形或无形的制约因素，尚未真正建立起产权明晰、政企分开、权责明确、管理科学的现代企业制度（杨瑞龙，2014）；现阶段"混合所有制"改革启动的是一整套制度框架体系建设，需要落实到现代企业制度和法人治理层面。前些年的股份制改革往往存在国有产权"一股独大"问题和产权规范不落实、不到位问题（贾康，2014）；在过去20年左右的混合所有制改革中，多数大型国企并不注重解决股权结构问题，而是比较热衷于通过上市方式来实行混合所有，以及向上市公司不断注入国有资产来增加混合所有的国资比重。从字面上来理解，国企重组上市，也引入了散户、基金等持有的非国有股份，当然也算是实现了混合所有，但却维持了国有股"一股独大"的股权结构。从实际情况来看，这种股权结构的混合所有制企业，经营机制与原来的国企没有本质区别（张文魁，2017）。黄群慧（2017）认为国有企业混合所有制改革中存在误区，当前有人对国有企业混合所有制改革"细心"不够，笼统地谈国有企业混合所有制改革，忽视新时期国有企业改革推进的"分类分层"前提。也有学者从国有资产管理体制、国企定位布局和国企内部治理三个领域进行了研究，发现在国有企业混合所有制改革中存在国资委决策过于集中、政企不分、多头管理、权责利不明、条块分割等问题日益突出；本身缺乏有效监督，存在"裁判员和运动员"双重身份（白永秀、严汉平，2004；黄速建、金书娟，2009；杨卫东，2014；罗华伟、干胜道，2014）。

2. 改善营商环境来促进民营经济发展

大力发展民营经济，激活东北整体经济活力已成为当前乃至今后老工业基地重放光彩的一项重要路径选择。改革开放以后，东北与珠三角、长三角等区域经济实力差距的迅速拉大，最重要的原因就是私营经济发展滞后。刘瑞明、石磊（2010）研究发现，国有企业不仅本身存在效率损失，而且由于软预算约束的存在，其拖累了民营企业的发展速度，从而对整个经济体构成"增长拖累"。由于体制僵化，特别是国有经济比重过高、历史包袱较重，而民营经济的发展水平不够高，所以，随着国有企业经营业绩出现下降的局面，整个经济增长的速度和效益都会明显下滑（赵昌文，2015）。张占斌（2015）认为，可以通过培育一批充满活力的中小微企业，有效降低国企"一股独大"的局面，并尽快遏止"玻璃门"和"弹簧门"现象。鉴于国家对东北老工业基地发展的高度重视，在体制机制改革与法制创新相结合的实践中，老工业基地可以争取先行先试，积极探索适合自身转型发展的制度新优势（林毅夫、刘明兴，2003；董先安，2004）。

要允许民营企业进入到原来垄断国企的竞争性领域，垄断产业改革的目标是建立有效竞争的产业结构，要放开竞争性业务的限制，允许民营企业的适度进入，形成所谓的"鲶鱼效应"（王俊豪、周小梅，2004）。在东北振兴中，各级政府要增加政策供给，为私营经济发展创造宽松的制度环境（潘石、王文汇，2009）。但目前东北引导社会资本参与创新的机制还不健全，尤其是作为创新活力源泉的科技型中小微企业融资需求得不到满足，天使投资、股权众筹等创业风险投资体系建设远远滞后于发展需要，投融资机构数量不足，帮扶机制尚未健全，金融机构门槛较高，融资难问题依然突出（于晓琳，2017）。

东北地区在体制机制创新、改善营商环境方面需要向"珠三角"、"长三角"地区学习。"浙江现象"的最大特点是全民创业，冲破僵化体制的束缚，放手发展个体私营经济，把激发广大人民群众的创业创新活力摆在首位，尊重和保护群众的首创精神，率先建立能够调动千百万人积极性的体制机制，大力发展民营经济、民主政治、民办文化、民间社会，走出了一条富有浙江特色的发展道路（蓝蔚青，2007）。浙江深化改革重在优化民营经济发展环境，鼓励企业自主创新，真正落实市场公平准入机制，唤起全民创新热情。推动各类市场主体依法平等进入负面清单之外领域，鼓励民间资本办医办学办文化，通过制定合理回报机制等配套支持政策，让民资"不仅进得来、还要划得来"（史晋川，2015）。浙江经济是大众自我创业、万民自主创新的经济，其运行模式可以概括为"市场配置资源、民众创造财富、企业自主经营、政府搞好服务"（李兴山，2015）。刘庆（2016）对江苏实证研究后发现其创新机制主要体现在建立一个开放、共享、激励的机制来吸引人才，并通过建立更多的平台实现"走出去"、迈向国际化；大力推动关键技术的研发和转化，构建新型研发机构建设与运行机制。

3. 国企产权改革与公司治理

东北振兴"十三五"规划明确指出要深化国企国资改革。通过国企改革建立现代企业制度，让国企真正成为市场主体。健全的产权制度是市场经济的前提，只有明晰国企的产权归属，才有可能使产权走向市场，促进资源优化配置（张秀生，2005）。在国企改革侧重点方面，存在一定的理论争议，尤其体现在以张维迎为代表的"产权论"和以林毅夫为代表的"竞争论"之间。刘小玄（1998）、张曙光（1999）、张维迎（2000）等认为，产权界定、产权结构以及由此决定的利益激励机制是探讨企业绩效的决定因素，产权改革是提高国有企业绩效的关键。而林毅夫（1995）、刘芍佳和李骥（1998）则认为，企业绩效与产权归属没有必然联系，绩效主要取决于市场竞争程度，利润激励只有在市场竞争的前提下才能发挥作用，变动产权并不必然带来企业内部治理结构的优化和企业绩效的提高。

企业产权影响经济绩效，刘灿（2004）将民企和国企理解为两种不同的治理结构。王炳文（2014）认为国企产权特点和公司治理机制存在一些弊端，产权原始主体虚置导致无法实现"产权清晰"，委托—代理问题在国有企业中普遍存在，并在一定程度上影响了国有企业的经济效率。国企面临"所有者缺位"和"虚委托人"问题，导致"内部人控制"现象严重（石磊，1995；郑红亮、王凤彬，2000）。在预算软约束下，履行出资人机构的效用函数不同于国家及各级人民政府的效用，履行出资人机构会从自身利益出发，不惜损害国有企业财产，从中赚取最大私人利益。当前履行出资人机构即国有资产管理部门并非国企真正所有者，所有者缺位问题依然存在（徐传谌、闫俊伍，2011）。没有来自市场的和来自民众的有效制约，任何行政监管都可能流于形式，甚至成为有关当局寻租设租的借口（刘小玄，2008）。在政府掌握企业经营者任命控制权的情况下，政府官员选拔企业经营者的标准不会完全根据经营者的经营能力，因此，国有企业的经营者为了取得政府官员的"欢心"，不是将大量的时间和精力用于改进管理和提高效率，而是"千方百计"争权夺利（张维迎，2000）。委托—代理本身就存在信息不对称的可能性，而国有企业存在委托代理链条过长的问题，加剧了信息不对称程度进而导致国有产权经营的效率低下（王智源，2008）。处于金字塔控股结构底层的上市公司在投资项目选择、公司规模决策和控制转让决策方面与正常企业存在显著区别，导致公司的代理成本急剧上升（赖建清，2007）。

明确产权有助于减少经济行为的不确定性（黄少安、杜卫亮，2005）。产权制度还具有激励和约束的功能、资源配置功能和收入分配功能。上市公司设计的股权激励方案既存在激励效应又存在福利效应，福利型公司股权激励方案公告的超额累计收益率低于激励型公司，股权激励通过抑制公司非效率投资的路径间接实现降低代理成本的目的（吕长江、张海平，2011）。

4. 国企创新能力与竞争能力

研究认为，改革开放以来，东北老工业基地的技术来源主要是靠"市场换技术"，缺乏自主研发能力和专利技术积累，制造业普遍在加工组装环节能力较强，而在设计、研发和销售服务等环节则普遍比较薄弱，科技创新不足是导致东北老工业基地产业衰退的重要因素（陈耀，2009；李政，2015）。东三省思想观念比较陈旧，"宁做国企鬼，不做私企人"传统观念根深蒂固，受计划经济"国字头"、"公字头"、优先观念的深刻影响，受"等靠要"的思想和传统观念的束缚，缺乏创业文化和创业精神，民营经济缺少发展动力（崔玉顺，2011；樊杰，2016；黄群慧，2016）。

张万强和兰晓红（2014）通过分析比较东北地区和国外以及南方发达地区的行业服务性社会组织发现，行业协会等服务性社会组织对于行业发展起到巨大的推进作用，是形成经济自主增长能力的重要因素。越是民营经济发达的地区，行业协会、商会发展越充分。东北地区可以通过改革行业服务性社会组织，带动行业发展形成合力，在推进企业间合作、自律、信息共享等活动中形成共赢的外溢效应，带来行业发展正的外部性，使整个行业成为一个健康运行的社会生态系统，增强经济自主发展能力。丁四保（2014）、樊杰等（2016）认为，东北地区开放程度比较低，地缘优势未能转化为经济优势，导致企业产品市场比较小。"一流的工人才能创造一流的产品"，走新型工业化道路，需要大量的技能型、应用型高素质劳动者，目前东北老工业基地的劳动力结构也存在矛盾，劳动力素质尚不能适应新型工业化的需求（孙先民，2015）。

（四）东北经济结构优化升级的体制机制方面的研究

国内对东北经济结构优化的体制机制问题与对策的研究可以从三个方面进行梳理：一是对东北经济结构转型升级及对策的研究；二是对东北经济内部结构优化的研究；三是基于比较分析的方法，对东北与其他地区经济结构优化的研究。

1. 东北经济结构转型升级及对策的研究

2003年国家实施振兴东北老工业基地的重大战略以来，虽然东北振兴取得了一定的成绩，但制约东北发展深层次的结构性问题尚未得到根本解决。国内诸多学者对东北经济结构转型升级的问题进行了深入研究并取得了一定的成果。东北地区在改革开放以来经济增长相对缓慢且效率低下，传统的资源型产业丧失比较优势，传统优势产业竞争力低下，而且结构调整面临巨大的退出障碍，投资结构相对单一和日益严重的财政困境并存，东北地区的所有制结构变动相对缓慢，非国有经济发展大大落后于全国平均水平，产业调整和产业升级已经成为东北地区经济发展面临的最艰难挑战，所以东北地区经济结构调整的基本思路是推进产业转型和制度变迁，其中关键是构建二者相互促进的动态优化演进机制（唐要家，2001）。同时期，刘远航（2003）的研究指出，东北老工业基地经济结构转型的障碍主要体现在省级政府对宏观经济的二级调控能力不足，国有企业退出存在产权主体缺位障碍、政府退出障碍以及巨大的退出成本，需要通过增强地方政府对经济的调控能力、创造发展经济的软环境以及推进国有资产管理体制改革和市场经济制度创新来推动东北经济结构的转型升级。2014年以来，东北地区经济出现断崖式下滑，表现在固定资产投资显著下降，工业增速急剧下滑，财政收入增速下降，企业营利能力迅速减弱，失业压力加大。导致东北经济断崖式下滑的主要原因是单一的所有制结构和产业结构，使其承受宏观经济冲击和波动的能力较差。东北经济之所以迅速恶化且困难程度远超其他地区，更深层次的原因是重工业导向的产业布局、国企体制依赖性强、民营经济发展受限以及营商环境欠佳。针对东北经济结构存在的问题，要借鉴转型经验，破除路径依赖；理清政府责任关系，加速国企改革；加强区域政策协调，扩大市场空间；采取激励措施，引导劳动要素流动（刘晓光、时英，2016）。

作为东北经济的龙头，辽宁省的经济结构问题受到了较多的关注。辽宁省的经济结构存在经济总量和结构质量的"非对称性"、产业结构内部转换中的"非均衡性"、产业结构的"单一性"、区域生产协作体系的"非完备性"等一系列问题，需要通过科技创新对低端型重工业化产业结构进行优化和升级，解决地方技术需求与供给的脱节问题，推动高新技术产业的发展，以动态优化的思路调整产业结构，科学合理地配置资源的调整思路

（佟岩，2008）。针对辽宁的经济结构调整问题，陈世海（2011）基于辽宁经济结构调整与科技创新的内在耦合关系以及区域经济结构的特点，提出了构建结构导向型的辽宁区域创新体系和公共创新平台以及促进产品结构升级的对策。

2. 东北地区经济内部结构转型升级的研究

经济结构可以按照生产力和生产关系进行分类。其中，生产力结构主要包括：产业结构、就业结构、产品结构和技术结构等，生产关系结构主要包括：所有制结构、投资结构、消费结构、分配结构和流通结构等（张逸昕，2007）。生产力结构方面，产业结构和就业结构在理论上具有密切的关联，产业结构的调整和升级会推动经济增长和新兴行业的发展，从而导致就业需求增加，就业结构适应产业结构的变动对于提高就业水平、促进经济发展具有一定的促进作用。穆怀中、闫琳琳（2009）基于东三省1980~2006年的省际数据，对东北地区产业结构和就业结构之间的关系进行了经验分析，研究发现，东北地区产业结构与就业结构的协调程度低，且处于产业结构剧烈变动之后的恢复阶段。产品结构优化也是经济结构转型升级的一个重要方面，东北地区是我国重要的装备制造业基地，装备制造业的产品结构具有很强的代表性。通过出口产品分类总额、投入产出的直接消耗系数等数据计算得到的东北地区装备制造业产品比较优势、产品之间的空间邻近度和平均分布密度来看，东北装备制造业整体产品空间结构密度低，竞争力不强。优化东北地区的产品结构特别是装备制造业的产品结构，应选择有利于缩小产品空间距离与加速显著比较优势扩散的产业，鼓励产业关联度和感应系数较高，又具有潜在比较优势的产业的发展，同时也要限制、淘汰甚至禁止低收益、高消耗、高污染的产业，通过降低产业间联系障碍达到产品空间密度加大从而产业集群程度加大的目的（张妍妍、吕婧，2014）。于婷婷等（2016）从年龄结构、城乡结构、文化结构、性别结构、产业结构以及失业结构等方面探讨了人口结构对经济增长的作用，使用东三省的面板数据和空间计量经济学模型检验了东北地区经济增长的空间依赖性，并估计了人口结构因素对经济增长的影响程度，实证研究表明劳动年龄人口、城镇人口以及中专以上学历人口对经济增长具有显著的促进作用；失业人口对东北地区经济增长具有显著的抑制作用。

生产关系结构方面，产业结构是经济结构转型升级的核心，也是经济增长的推动力，而投资结构优化又是产业结构转型升级的前提。从东三省的投资结构来看，吉林省、黑龙江省的投资对工业发展的推动最为明显，而辽宁省投资与工业发展的相关性反而最低；辽宁省、黑龙江省经济发展受第三产业投资的影响最为明显，而吉林省经济发展受第一产业投资的影响最大，说明东北地区的投资结构不协调，需要通过提升产业自主创新能力、巩固和改造支柱产业、优化产业内部结构、增强产业间关联效应、改善区域投资环境、加强民间投资引导力度等方式，优化东北地区产业投资结构（徐卓顺，2015）。此外，宋晓巍、金兆怀（2011）还考察了东北地区的出口结构问题，检验了东北地区出口结构与经济增长的关系。

3. 东北与其他地区经济结构转型升级的比较研究

东北作为我国的老工业基地，从新中国成立一直到改革开放初期在全国的经济地位名列前茅，但随着改革开放和市场经济的快速发展，东北的经济发展水平特别是制造业水平逐渐被长三角、珠三角以及京津唐等新的经济区超越，并且拉开了差距，其中经济结构不合理及其背后的体制机制问题是导致东北经济增长动力不足的一个主要原因。所以对东北与其他地区经济结构的比较分析具有重要的现实意义。

"西部大开发"与"振兴东北老工业基地"的战略决策分别为西北、东北地区提供了难得的历史性发展机遇。孙天琦、刘崴（2004）研究发现，西北、东北与全国其他地区尤其是沿海经济发达地区相比，在经济总量、固定资产投资规模、对外开放程度、产业结构、财政收入、城镇化水平、教育与科技、交通运输、环境保护等方面都存在着不小的差距,建议通过完善其金融组织结构、实行有差别的货币政策、建立与区域发展战略相配套的有效政策组合、加大对"三农"发展的支持力度等,来确保"西部大开发"与"东北振兴"战略的有效实施。邢艳霞、张德红(2005)通过比较东北地区与全国"经济二元结构"变迁的趋势差异,发现我国的二元经济结构变迁的路径并没有呈线性演变,东北经济二元结构演进表现为显著的"异化"特征。东北和长三角相比,总体产出效率比较低,环境代价高,经济辐射能力弱,科技进步缓慢,呈现出典型的粗放式增长特征(陈秀山、徐瑛,2006)。

(五)东北推动创新创业的体制机制创新方面的研究

东北振兴"十三五"规划指出:"把创新摆在发展全局的核心位置,深入推进大众创业、万众创新,塑造更多依靠创新驱动、更多发挥先发优势的引领型发展,使创新成为培育东北老工业基地内生发展动力的主要生成点。"这方面,一部分学者关注到创新创业的体制机制创新问题。李政(2015)甚至认为,"新东北现象"表面上看是经济结构问题,深层次上看其实是创新创业问题。创新创业是指基于技术创新、产品创新、品牌创新、服务创新、商业模式创新、管理创新、组织创新、市场创新、渠道创新等方面的某一点或几点创新而进行的创业活动。创新是创新创业的特质,创业是创新创业的目标。创新创业与传统创业根本区别在于创业活动中是否有创新因素。技术进步是现代经济增长的主要来源,其作为经济增长内生动力的性质愈发明显。因此在促进东北地区经济发展问题上,必须把推动技术进步的创新创业作为重点来抓(乔榛,2016)。

赵昌文等(2015)从东北创新创业的供给层面分析了体制机制问题。认为人是创新创业的第一要素,因此必须完善有关人才的体制机制。除了吸引人才的体制机制外，宋冬林（2015）还从人才培养的机制角度分析，认为目前高校的教学体制培养出创新创业人才存在障碍；而从需求层面看，东北地区也存在创新创业需求不足问题，即市场主体活力不足，缺乏创新创业的活力与激情，安于现状，不敢冒险。一些人把钱花在找关系上也不愿意投入到研发中，只注重短期回报忽视长远利益。这是计划经济思想残留的不良后果，过去以行政为主导的经济运行机制，导致人们"等、靠、要"意识显著，市场意识、创业意识却十分淡薄（樊杰等，2016；常健，2016）。在这一方面，其他地区与东北地区产生强烈对比。浙江省形成了自主创业、自我积累、自愿联合、自强不息的全民创业局面。打破僵化体制束缚，形成了与社会主义初级阶段基本经济制度相适应的思想观念与创业机制（蓝蔚青，2007）。广东在推动文化思想解放方面也做出了许多努力。田丰、夏辉（2008）分析了软实力竞争的重要性，提出广东坚持以人为本、提高思想原创力、建设和谐文化的理论路径与改革体制机制的行动路径。对东北创新创业的思想塑造或文化体制机制方面，我国学者研究较少。在分析东北问题上，提出具体制度措施建设的成果不多，此外，产权制度不健全也对创新创业形成阻碍。李政（2015）认为影响创新创业的体制机制与环境包括许多方面，例如，政府决策与运行机制、服务意识、金融政策、技术政策、人才政策、市场开放政策等，总体来说就是政府主导经济发展、简政放权等问题。尤其在融资方面，东北地区的途径主要是银行贷款，间接融资占比远高于直接融资。同时金融机构的数量、服务创新的模式很少。由此可见，要推动东北地区创新创业的体制机制创新，需要从众多方面入手，但最根本的就是破除体制机制创新的障碍。

一些学者认为解决的办法是靠内部力量，重构自身的体制机制。魏旭（2006）认为解决东北制度的路径依赖问题必须构建市场化取向的制度安排。从非正式制度角度来看，营造有利于培育企业家和创新的产业文化氛围、有利于区域合作的信任环境。而另一些学者认为需要靠外部力量突破障碍，就像诺思在《制度、制度变迁与经济绩效》中的想法，要扭转路径依赖必须依靠外部效应。东北老工业基地从实际看，制度与技术均具有稳定均衡，历史原因导致依靠内生变量较为困难。需要由外部强行引入新制度或技术，在发展过程中再逐渐内生化（高晶，2004）。对于体制机制创新，大量学者提出了许多具体措施。徐索菲等（2014）和杨晓猛（2016）都认为具有自主创新精神的文化有助于提高人们的创新能力。但东北地区由于特殊地理位置等原因形成了小富即安的慢节奏生活习惯，因此必须对东北传统文化进行改造与扬弃，培育特色创新型文化。李春苗（2015）强调让政府的权力在阳光下运行，促进民营经济和混合所有制经济发展；张国勇等（2016）着重分析了软环境建设方面，强调良好的法治环境十分重要；周宏春（2017）赞同环境的重要作用，着重分析市场环境，认为应给予企业更大的自主权；于晓琳等（2017）主张推进政产学研合作体制，完善创新创业平台支撑体系。

研究方法方面，不少学者均以具体地区为例进行分析。杨明杏等（2013）以湖北为例，认为湖北创新创业存在组织结构不合理，要素市场机制不健全，科技、经济融合机制不协调，创新创业工作推进机制不得力等问题。李兴山（2015）以浙江为例，分析大众创业、万众创新的途径，并得出创造宽松良好的环境、建立必要的法律法规等几点启示。于晓林等（2017）以辽宁6市为例，认为创新创业中存在如下障碍：组织管理与政策体系不健全、软环境改善滞后、区域发展协调性不足、人才问题、创新体系建设滞后。另一些学者以具体行业为例进行分析。齐昕等（2013）、张先国（2015）、李月云等（2015）、杨帅（2016）分别从科技人才、媒体内部、高校教育、大企业领域具体分析了创新创业问题。还有少部分学者以构建指标体系进行分析。陈晓红、王慧民（2009）基于已有创业理论选定创业特征综合评价体系的构成指标，运用主成分分析法赋权重，对我国不同地区的创业特征进行比较。夏维力、丁珮琪（2017）归纳影响创新创业环境的指标，并进行"聚类—因子—权重"综合分析，构建出以6个一级指标和20个二级指标为核心的创新创业环境评价指标体系，建立评价模型，但总体而言，现有文献定量分析较少。

二、国外研究综述

（一）政府制度创新与经济发展

1. 制度创新是经济可持续发展的基础

经济发展依赖于科技创新的推动作用日益突出，但更重要的是制度创新的质量和水平。因为科学技术等要素资源只有通过制度创新，才有可能实现技术跨越，要素效能才能充分发挥。东北振兴关键在于体制机制创新，在于制度创新的突破。关于经济发展的制度创新问题，国外学者进行了大量研究。

传统经济学在研究经济增长时，往往把制度当作是已知的、既定的外生变量而排除在外，然而这种假设很苛刻且不符合现实。诺思（1991）认为"新古典经济学在分析经济发展或经济史时，只有当它针对某一个时期或运用比较统计学，才能很好地说明某种经济的实绩，一旦用它来说明某种经济在整个时期的实绩时，它就不大济事了"。"有效率的经济组织是经济增长的关键；一个有效率的经济组织在西欧的发展正是西方兴起的原因所在"（诺思和托马斯，1989）。在对传统经济学的批判中，罗纳德·科斯建立了制度分析理论，这一理论后来发展成为研究制度在经济发展中的作用的新制度经济学。威廉姆森（1985）认为，制度是一种资源配置的体系，包括市场机制、企业组织、特许经营、战略联盟等，而选择何种制度安排则取决于交易费用的比较。与威廉姆森不同的是，诺思从更广泛的制度和历史变迁的角度对制度和制度变迁进行了解释。在他看来，制度是人为设计的、用以形塑人们相互交往的所有约束。以诺思为代表的新制度经济学家建立与现实经济发展的更好契合的新制度经济学，认为制度是影响经济发展的最重要的因素。事实上马克思所创立的经济学体系就是一个完整的制度分析框架，"卡尔·马克思企图将技术变迁与制度变迁结合起来。马克思最早阐述的生产力与生产关系的相互关系，是将技术限制与制约同人类组织的局限性结合起来所作的先驱性努力"（诺思，1991）。戴维斯和诺思（1991）认为制度安排可能最接近于"制度"一词最通常使用的含义了，而马克思研究的侧重点则近似于新制度经济学所谓的"制度结构"及其根本变革。诺思将制度划分为正式制度和非正式制度，司考特（1995）从规制、规范和认知三要素来理解制度，但是鹏和黑斯（Peng and Heath，1996）认为这两种分类是相互补充的，包含法律、规则、管制的正式制度与规制性要素相对应，而包含规范、文化和道德的非正式制度则与规范性、认知性要素相对应。他们同时吸纳了经济学和社会学的制度观点，采用整合方法而不是局限于一种领域的术语和标签。

科斯对企业的性质及企业与市场并存的事实进行了解释，他认为市场和企业都是资源配置手段，且可以相互替代，采用哪种方式取决于交易成本的比较。市场机制的运行是有成本的，节省交易费用是企业替代市场机制的唯一动力。威廉姆森和克莱茵等对企业理论进行了开创性的研究，格罗斯曼和哈特、哈特和莫尔等也作了进一步拓展，将企业看作连续生产过程中不完全合约所导致的纵向一体化实体，认为企业的存在是因为当合约不完全时，纵向一体化能够消除或减少资产专用性所导致的机会主义行为。利用交易费用理论，还可解释企业存在的原因、外包及技术外包存在的原因、企业销售人员到底要外包还是雇用等。交易费用理论从而成为解释企业行为的良好工具和企业理论研究的核心。

制度变迁理论主要包括制度变迁的模式、路径依赖及制度创新等问题。刘易斯（1955）认为，制度变化与经济发展是相互联系、相互促进的,但在不同条件下,制度对经济的作用效果不尽相同。库兹涅茨(1971)认为,先进技术只是经济增长潜在和必要条件,而非充分条件,充分发挥先进技术的作用需要相应的制度和意识形态调整来保证。杜大伟和克莱伊(2000)、考夫曼(2006)等发现高质量制度的国家更有利于实现经济增长,好的制度激励生产性企业家活动,进而能够保持较高的经济增长率。关于制度环境与企业创新绩效的关系,高水平的制度环境特点包括利益驱动的激励结构、强健的产权保护和法律法规,从而会促进新产品开发,进而提高企业利润(Gittelman,2006;Kang and Park,2012;Shinkle and Mccann,2014;Kwan and Chiu,2015)。

2. 制度创新的主体和方式

熊彼特于1912年第一次使用"创新"一词,并于1939年首次系统地提出创新理论。美国经济学家索洛首次度量了技术进步的作用,丹尼森在此基础上对西方经济增长及其影响因素进行了系统研究,发现知识对经济增长的重要作用。英国经济学家弗里曼通过对日本"二战"后追赶历程的研究,发现经济发展不仅是技术创新的结果,也与制度、组织创新分不开。新经济增长理论认为,投入驱动型增长会因边际生产力递减而不可持续,只有效率驱动才能实现可持续增长,其中,有效率的制度及其创新是关键因素。

新制度经济学认为,正式制度只有得到了社会认可,即与非正式制度相容才能发挥作用。制度创新主体主要包括宏观、中观及微观主体,分别为中央政府、地方政府和企业、居民户及社会中介组织(Aghion et al.,2005)。制度创新方式包括强制性制度创新和诱致性制度创新。中央政府制度创新方式是一种自上而下政府供给的强制性制度创新(Park,2006)。而诱致性制度创新是由个人或团体响应获利机会时自发倡导、组织和实行的新制度创造。地方政府制度创新可采取三种方式:中央政府授权下的、中央政府约束和监督下的以及地方政府自主的制度创新。地方政府作为制度创新主体,除应具备创新动力外,还应具备制度创新的成本条件和抗风险能力(Hoekman, Maskus and Saggi, 2005)。因为创新是一项风险行为,地方政府作为制度创新主体,尽管降低了中央政府的成本和风险,却加大了自身的成本和风险。地方政府制度创新要充分地反映地方微观主体的利益,否则难以达到创新预期效果。

3. 老工业基地转型政府制度创新

诺思指出制度变迁具有路径依赖性,即经济发展形成某种模式之后,该模式将自我强化,从而阻碍制度创新。目前,东北老工业基地转型发展面临路径依赖下的体制机制变革和产业结构调整"双滞后"障碍。当然,这也是世界普遍现象,各国老工业基地先后出现发展迟滞,是由其自身特点决定的。工业企业间关联性和依赖性较强,产业发展普遍存在"路径依赖",技术转型升级困难,在产业周期中遭遇发展低谷是必然现象(Dennis, 2007)。国外老工业基地转型经验方面,普遍以市场为导向,注重产业多元化尤其是大力推动服务业发展,符合产业演进一般规律:工业是经济发展的根本,而工业的高端化发展离不开服务业的支撑,高端服务业发展关乎未来经济可持续发展,鲁尔由制造到服务化的成功转型就是典型案例(Stefan, 2002)。而要实现这一转型,政府体制机制创新必不可少,即由"经济建设型"向"公共服务型"政府转变、从"政府主导型"向"市场主导型"经济运行机制转变,政府转型必然体现为制度创新和政策革新。经济转型升级有赖于政府制度能力和政策水平提升,制度创新、政策调整是经济转型升级的实质所在,不同的制度安排和政策调整将深刻影响转型升级进程(Griliches and Mansfield, 1984)。

(二)非正式制度与经济发展

1. 非正式制度及其构成

关于非正式制度,老制度经济学派代表人物凡勃伦称之为

"思想习惯"或"精神状态",认为法律、法规等正式制度是在非正式的思想习惯等基础上产生的,其作用发挥也受到非正式制度的影响与制约。康芒斯将制度定义为"集体行动控制个体行动",其中集体行动是既包括惯例、习俗、伦理道德等意识形态,也包括家庭、企业、协会及国家等组织机构。而新制度经济学派代表人物诺思(North,1981)则认为制度是一种社会博弈规则,包括正式制度、非正式制度以及它们的实施特征这三部分内容。其中,正式制度是指约束人们行为关系的有意识的契约安排,包括政治规则、经济规则和一般性契约;非正式制度是指从未被人们有意识地设定过,在人们长期交往的生活中无意识形成的行为规则,主要包括意识形态、价值信念、道德观念、风俗习惯等;实施机制是指一国贯彻正式制度的体制安排。此外,比较制度分析学派称制度为"自我实施机制",社会学派则称之为"社会资本"或"社会规范"。

马克斯·韦伯(Max Weber,1998,2002)认为制度是有关他人行为或我们周围世界的信念以及行动与结果之间的关系。布罗姆利(Bromley,1989)认为制度是在人类活动中所施加的权利与义务的集合。科斯特(Scott,1995)提出制度有三大支柱观点,包括规制支柱、规范支柱、认知支柱,其中,规制的支柱主要是指诺思在1990年提出的正式规则体系及其实施机制;规范的支柱是指追求根本价值目标的正当途径;认知的支柱主要是指在社会活动中被活动者理所当然认可的信仰与价值观。思拉恩·埃格森特(Eggertsson,1998)认为,在人类反复交往的活动中,制度发挥法律、行政和习惯性的作用。威廉姆森(Williamson,2000)分别从四个不同的层次细化了制度的类型。第一层次也就是最高层次是非正式制度,包括宗教信仰、风俗习俗和社会标准等;第二层次是正式规则,是由宪法及法律组成的制度环境;第三层次是博弈,它主要包括为每一种交易类型选择合适的治理模式,以节约交易成本为目的;第四也是最低层次的活动,包括如生产、雇佣、市场均衡等常规的经济活动。

2. 非正式制度、社会资本与经济发展

近十几年来，"社会资本"这个概念往往与非正式制度紧密联系在一起，目前已然成为学术界所关注的一项热点内容（Durlauf and Fafchamps，2004；Zanella，2004；Sabatini，2006）。根据现有文献，对社会资本大致有三种定义：一是认为社会资本能够通过协调人与人之间的行动，进而提高经济效率，它作为一种网络、信任和规范构成了人们之间的一种横向联系（Putnam，1993）；二是在此基础上扩大了社会资本的范畴，认为社会资本的概念除了包括人与人之间的横向联系之外，也包括纵向各层组织（Coleman，1988）；三是在前两种观点基础之上，加入了政治制度、法律规则等正式制度，使范畴更加广泛。三种观点的共同之处在于它们都和政治、经济以及社会等正式制度或非正式制度紧密相关，特别是与非正式制度有关。因而社会资本的本质就是制度动态演绎的结果，并且是非正式制度自发演化的产物。一个合适、有效、能够促进经济发展的制度本身就是一个有效运行、具有生产性质的资本与财富（Serageldin and Grootaert，2000）。

此外，其他学者还就非正式制度、社会资本及经济发展之间的关系进行了研究，并提出社会资本的密集程度与经济发展的水平呈倒"U"型关系。具体而言，在经济水平相对较低的情况下，非正式制度为主要部分的社会资本可以决定生产要素的投入水平以及其发挥作用的大小；随着经济发展水平提高，市场机制完善、成熟，非正式制度的不稳定性开始显现，更多的正式制度需要进行规范（Stiglitz，2000）。突出这种非正式制度安排对贫穷国家和地区发展具有重要意义的一个例证是穆罕默德·尤努斯的研究，他以孟加拉国为研究对象，借助当地非正式制度的创立及孟加拉国乡村银行的运作，成功解释了在一些贫穷国家，与正式制度相比，信任、团结等非正式社会压力是如何减轻贫穷和驱动投资的（Muhammad Yunus，1976）。

3. 文化对经济增长的影响

国外较早关注到文化与经济之间的关系，亚当·斯密就对文化与经济间的相互关系进行了论述，并提出了一些重要的学术观点。后来学界对文化与经济的关系日益关注，相关研究领域不断拓宽，总结起来主要包括以下几个方面：

一是文化因素通过对行为主体产生影响，进而影响经济增长。刘易斯（Lewis，1983）在《经济增长理论》一书中指出，经济增长除了取决于自然资源外，还取决于经济主体的行为。不同的历史因素、制度因素及社会价值取向会对人们的态度产生不同的影响，进而通过人们的行为影响经济增长。二是宗教信仰对经济增长的影响。马克斯·韦伯（Max Weber，1987）认为文化对经济发展具有重要作用，并在其代表作《新教伦理与资本主义精神》一书中指出，西方国家的民族信仰以基督教为主，这种信仰孕育了一种"资本主义精神"，勤劳和敬业的传统教会精神，有利于提高资本的形成率，为现代经济增长提供了基础条件。森岛通夫（1973）在韦伯理论基础上，指出日本经济之所以如此成功关键在于融合了东方儒学与日本神社思想的日本精神的存在，牺牲自我的效忠精神、集体主义精神推动本国经济实现快速增长。三是企业文化、企业家精神对经济增长的影响。罗默（Romer，1986）和卢卡斯（Lucas，1988）认为企业家精神是一种外溢的知识，知识在外溢的过程中实现了经济增长。而波特（Poter，1998）则认为企业家精神可以提高竞争实力，带来竞争优势。四是地域文化对经济增长的影响。西方经济地理学研究是从20世纪90年代后半期开始的，主张社会文化在经济增长中扮演着重要作用。斯托泊（Storper，1997）在《区域的世界》一书中指出，地方的社会文化传统在区域经济发展中发挥着重要作用。李（Lee，1997）和威尔斯（Wills，1997）认为，经济生活不单单是由经济构成的，更是由社会和文化构成的，因而经济发展过程也是一个社会文化进步的过程。五是道德观念对经济增长的影响。亚当·斯密（Adam Smith，1776）认为市场经济建立在履行一定契约关系或市场规则的基础上，因而要求经济人具有较高的个人素质，遵守相应的道德规律，这种文化观念是市场扩展和经济进步的必要条件。穆勒（Mill，1848）通过对文化与经济关系的研究，认为信仰和法律会对经济发展起到很大的影响作用，人们的道德品质和智力对其劳动效率和劳动价值是同等重要的。六是风俗习惯对经济增长的影响。孟德斯鸠（Montesquieu，1748）曾说过"有钱的地方就有犹太人"。由于犹太人特殊的遭遇，使得他们的风俗习惯表现出浓厚的商业性，同时在这种风俗习性的影响下，犹太人成为世界公认的第一商帮，在世界商海叱咤风云。西川俊作（1985）在《日本经济成长史》一书中指出，在日本经济发展中，日本国民意识和民族精神起了决定性的作用。其中"强大的民族凝聚力""勤勉、认真的工作态度""超强的勤俭节约意识"无形中推动了日本经济的发展。

（三）国有企业的产权改革

国有企业（State-owned Enterprise）又称为公共企业、政府企业或公共公司。国有企业有两个鲜明特点：一是国有企业是政府所有和控制的；二是在自然垄断产业代替管制的可能方法就是企业国有化，由国企提供垄断产品服务（Short，1984）。国企取代私人自然垄断可能不关心利润，这种利润最大化动机的缺乏有时被认为是有利的，但也有批评国企效率较低。总之，主流理论认为创建国企的理由主要源于市场失灵，特别是考虑到公共利益的时候（Shleifer，1998）。

1. 现代西方产权理论

科斯（Coase，1960）是从权利行使的角度定义产权的，认为产权主要是指财产的使用权，即实际营运和操作财产的权利。阿尔奇安（Alchain，1965）认为产权是一种通过社会强制而实现的对某种经济物品的多种用途进行选择的权利。产权体系是"授予特定个人某种'权威'的方法,利用这种权威可从不被禁止的使用方式中,选择任意一种特定物品的使用方式"。德姆塞茨(Demsetz,1967)认为产权是指使自己或他人收益或受损的权利。"交易一旦在市场上达成,两组产权就发生了交换。虽然一组产权常附于一项物品或劳务,但交易物或劳务的价值确定是由产权的价值决定的。""产权是一种社会工具。它之所以有意义,就在于它使人们在与别人的交换中形成了合理的预期。产权的一个功能就是为实现外部效应的更大程度的'内部化'提供行动的动力"。还有学者认为产权不是关于人与物之间的关系,而是指由于物的存在和使用而引起的人们之间一些被认可的行为性关系(Furubotn and Pejovich,1972)。

科斯在《企业的性质》和《社会成本问题》两篇论文中创立和运用了交易成本概念,赋予"交易"以稀缺性的含义。并认为交易的量和次数、成本和收益是可以计量的,从而把产权制度安排同资源配置效率联系起来,把稀缺资源的配置效率确定为研究主题,将制度经济学与正统微观经济学沟通起来,使制度经济学与正统经济学相融合,这些研究形成了现代西方产权理论的核心(Coase,1937),在1960年更为明确地把产权纳入经济学研究领域(Coase,1960)。此后大批学者均对产权理论做出贡献(Alchian,1965;Demsetz,1988;Williamson,1995),但他们主要针对私有产权,并且认为公有产权至多只适用于外部性产品及其生产。

格罗斯曼、哈特和摩尔丰富和发展了科斯的产权理论,对产权结构理论做出了重大贡献,他们提出的不完全合约理论是产权结构经济学意义中最重要的数学模型(GHM模型)。GHM模型证明,如果一方行为对资产的效率影响大,并且与这影响有关的合约条件难以通过法庭验证和强制执行时,那么由该方拥有此资产的产权结构比其他的产权结构更为有效(Grossman and Hart,

1983；Hart，1988；Hart and Moore，1990）。科斯认为不管初始产权结构如何，私有产权都会通过自由买卖而达到最优状态。而GHM模型却证明，即使是私人产权，也存在着最优产权结构的问题。即使在私人财产制度下，谁当老板对效率也有决定性的影响，公有产权对效率的影响就更大了。

2. 产权与效率的关系

研究产权作用的主流范式是产权范式或公共选择范式。阿尔钦认为，如果企业对其利润没有剩余索取权（Dominant Residual Claimant），则运营非效率，因而，公有企业的产权比私有企业要弱化。尼斯坎南（Niskanan，1971）等公共选择学派认为，政客与官僚有自身的目标和偏好，诸如声望、较好的工作和薪水等。他们会追求自身的效用最大化而非公共利益，因而其政策安排是为选票最大化服务，而非实现产业运营效率或生产率等目标。由于政客或官僚与一般公众之间对于政府财政预算工作存在信息不对称现象，给政客或官僚最大化自己利益的行为提供了可乘之机。加之一般公众数量众多，又没有明确的个人或集团能确切地从公共企业的利润中得益，也就没有谁有动力去监督或促使公共管理者对其决策谨慎从事。监督不力的结果，使公共部门滋生各种寻租行为，运营效率低下。因此，改革的方向是分权化和私有化，使资源的实际控制者比国家作为所有者时承担更多他们行动的后果（Steven and Wiu，1986）。

近年来，产权理论的有效性受到质疑。例如，弗瑞奇（Frech，1933）指出，认为弱化的产权（Attenuated Property Rights）降低了公共经理人非金钱利益的价格，仅仅关注了替代效应。他指出还存在收入效应：弱化降低公共经理人的有效收入，也使非金钱利益降低（假设经理可以在增加企业财富时，在某种程度上增加个人财富）。收入效应与替代效应共同作用的结果并不明确。另有学者指出，弱化（Attenuation）也可能是私有的、经理控制的企业的一个严重问题（Berle and Means，1933）。产权理论指出能够实现取而代之的市场（Takeover Market）可以消除或至少减少这种管理的非效率。但格罗斯曼和哈特（Grossman and Hart, 1980）已经表明，潜在的取代者并不能阻止这些企业的经理们从事不谨慎的、非利润最大化的行为。他们认为取代者从潜在股票上升中获得的回报也能够被现在的股东所预期到。如果单个股东猜想，他对股份的保留并不能影响取代的发生，他们保留其股份，从而形成了"搭便车"（Free-rider）状况。这样，当现在的经理不进行利润最大化行为时，取代并没有发生。总之，理论的进展对初始产权认识基础产生了争论。近期的研究比较了私有化前后企业的绩效，认为私有制在竞争性市场可能对促进效率是必要条件（Park and Martin, 1996; AL-Jazzad, 1999）。然而，其他人认为并不能指望所有制和竞争的一个简单模型会对所有国家的所有产业进行解释（Shirley, 1999）。

3. 国企产权改革效果的实证研究

对产权改革效果进行实证分析的文献相当丰富。许多实证分析的主要目的是希望能回答所有权本身对效率是否有作用这一问题，这种分析往往是借助于对不同所有制企业的绩效进行实证比较来完成的。20世纪90年代以前，相关实证分析大多局限于北美地区的企业，并且对相匹配企业绩效的比较至少有下面一条限制：(1) 企业存在自然垄断性质；(2) 受规制双寡头垄断；(3) 产品不能通过竞争来定价。实证结果总体上支持私有企业比公有企业更有效率的假说，但对不同行业的支持程度并不相同，有的甚至相互矛盾。

针对这种状况，鲍得曼和威宁采用1983年《财富》杂志编辑的非美国500家最大制造和采掘企业（其中419家为私有企业，58家为国有企业，23家为混合所有制企业）的数据，对竞争环境下所有制对绩效的影响进行实证分析。结果显示，在控制住大量其他因素的情况下，私有企业的绩效要优于大的国有工业企业和混合企业。就所有的利润能力指标（股票回报、资产回报、销售回报、净收入)而言,混合所有制企业不比国有企业更好并常常显示比国有企业要差。关于单位雇员销售额,混合所有制企业优于国有企业,但单位资产销售额则并无差别。表明各类所有制企业在竞争环境中存在绩效差异。总体而言,研究发现政府拥有部分股份的部分私有化,或许并非希望不再依赖于国有企业的最佳策略。这可能是由于公私联合的一些形式会产生矛盾,形成认知冲突(Cognitive Dissonance)所致(Boardman and Vining,1989)。1985年英国《幸福》杂志分析了世界500家最大的工业企业中国有企业与民营企业经营绩效的对比情况。结果显示,国有企业的经营效率低于民营企业。

戴维·帕克和史蒂芬·马丁通过对英国11个私有化企业绩效指标的检验证实了以下假定,即私有化将导致生产效率的改进。他们采用了全要素生产率(TFP)和劳动生产率等作为效率指标,考察这些企业在私有化前后的变化。测定全要素生产率的结果是,在两个企业内,绩效具有明显的改进,而在其他企业,很难发现与所有权变化相联系的明显的相关性。而劳动生产率的指标的改进明显好于全要素生产率,这表明国家所有权的低效率主要与过度冗员相联系。此外,由于在测定期内经济衰退的影响,也在一定程度上难以分离出所有权变化的独立作用(Parker and Martin,1997)。总之,他们的实证研究表明,在私有化与绩效改进之间,不存在自动的关系,私有化一直是与若干情况下的绩效改进相联系的,但不是全部。相关实证研究关注市场结构等变量与所有权变量对企业绩效的共同作用(Caves and Christensen,1980;Vickers and Yarrow,1988;Kumbhakar and Hjalmarsson,1998;Niuberry,2002)。总体而言,实证分析已从研究初期集中于所有制对效率的作用,发展到关注包括所有制因素在内的多种因素对效率的共同作用。

（四）经济结构优化升级与制度创新

国外对经济结构与制度创新的研究最早可以追溯到古典经济学时期，威廉·配第（1676）通过工业、农业和商业之间收入数据的比较对产业结构的变动趋势进行了最早的论述，但没有揭示出产业结构变动的内在原因。克拉克通过对几十个国家总产值和劳动投入的数据进行统计研究，提出了"配第—克拉克定律"，即随着经济发展和人均收入水平的提高，三次产业之间劳动力会出现从第一产业向第二、第三产业转移，进而由第二产业向第三产业转移的规律。霍夫曼（1931）则提出了产业结构的另一变动规律，即一个国家或地区工业结构演化必须会经历重工业化的阶段。这是对经济结构较早的研究和论述，更多是局限于对经济结构变动规律的研究，对于推动经济结构变动的制度因素涉及较少。

古典经济学和新古典经济学的基本假定都把制度因素当作既定环境变量，所以在分析经济结构和产业结构问题时制度因素基本上被忽略。新制度经济学出现之后，制度对经济增长和产业变迁的研究才受到广泛的关注。库兹涅茨（1941）首先就制度对产业结构的影响进行了细致研究，他发现除了国家规模、需求结构和技术水平之外，一个国家的政治制度、经济制度和其他社会制度也会对产业结构的变动产生显著影响。库兹涅茨就制度对产业结构的影响进行了划分，一方面制度通过影响市场和分工直接影响产业结构的变动；另一方面制度通过影响政府的经济决策间接影响产业结构的变动。前者类似于后来对于市场机制的作用，后者类似于政府体制和经济政策的作用，也即库兹涅茨实际上已经从制度角度探讨了体制机制对经济结构的影响。钱纳里（1960）讨论了政府的不同产业激励政策对产业结构变动的影响，相对于颁布政策推动农业发展的国家，通过产业政策刺激工业发展的国家的经济水平更高一些。

除了库兹涅茨和钱纳里之外,舒尔茨和诺曼·尼科尔森也就制度对经济结构的影响进行了探讨,都得出了制度对经济结构和经济增长具有重要影响的结论。但从库兹涅茨到尼科尔森,都没有把制度作为影响经济结构的主要因素和决定因素。诺思(1972)的研究第一次突破了以往的"技术决定论",把制度作为影响经济结构变动的主要因素考虑。诺思不仅强调了制度对经济结构的重要影响,还探讨了制度与经济结构之间的相关关系。诺思认为,由于政府实施了一系列保护产权和降低交易成本的制度,才推动了产业革命的出现,而产业革命又进一步巩固了政府的制度创新,这也使得由于制度变革带来的经济发展和社会进步变得更加稳固。只有制度是经济增长的内在推动力,而且在制度与技术的关系上,诺思认为制度创新在前,技术创新在后,是制度创新推动了技术创新。

20世纪70年代以来,随着新制度经济学的快速发展,从制度的角度解释经济结构变动的研究越来越多,其中杨小凯、贝克尔为代表的制度分工理论在学术界引起了较大反响。杨小凯(1999,2000)创新性地使用新兴古典经济学的超边际分析工具,从交易效率影响分工进而影响经济增长入手,将外生比较优势理论发展为内生比较优势理论。杨小凯认为,分工是一种制度性和结构性的组织安排,交易效率决定了分工速度和分工水平进而决定了经济发展水平,通过技术进步寻求有效率的企业组织结构和产权结构能够提升交易效率进而促进市场规模扩大和国际贸易的发展,在这个过程中还能够有效推动工业结构升级、促进经济增长。贝克尔和墨菲(1992)也强调了制度因素对分工与经济增长的作用——分工水平不仅取决于市场容量,更受到分工协调成本和社会知识水平的限制。杨小凯和贝克尔等关于制度影响分工的理论也暗含着经济结构与制度创新之间的关系,因为包含产权制度、企业制度、社会文化、市场环境等在内的制度安排决定了交易效率也就是决定了分工水平,分工水平的提高对产业结构和经济结构具有直接的影响。

此外,如何在经济发展中把握政府和市场的关系也是制度影响经济结构的一个争论。英国经济学家威德(Wade,1990)提出了限制市场作用促进经济发展的观点,认为政府有意识地扭曲价格、限制市场的作用和利用产业政策对关键性战略产业进行扶植,能够促进经济的发展。而以世界银行为代表的学者(World Bank,1993)则认为实施自由的市场经济制度才能推动区域产业结构的升级。克鲁格(Krueger,1992)也认为外向型的发展战略是推动产业结构升级的重要手段。帕雷特和斯威德(Pretel and Sawada,2008)拓展了两部门模型,分析了政府如何通过干预政策促进结构调整,从而带动了日本经济的快速发展,具体做法包括对农业价格补贴政策、优惠贷款等。

(五)创新创业与制度创新

1. 创新创业的内涵

熊彼特首次提出和使用了创新(Innovation)的概念,认为创新就是建立一种崭新的生产函数,即把一种从来没有过的,关于生产要素与生产条件的新组合引进生产体系(Schumpeter,1934)。创业是人类基本的经济行为。熊彼特提出创业包括创新和未曾尝试过的技术,突出了创新在创业中的重要作用。20世纪80年代彼得·德鲁克提出了创业是使机会最大化,创业家首先要具有创新精神的观点。关于创业内涵的认识多种多样:新的企业组织的创建(Gartner,1985);捕捉机会的过程,这一过程与其掌控的资源相关(Stevenson,1990);接管和组织一个经济体的某部分,以自己可以承受的经济风险通过交易来满足人们的需求,目的是创造利润(Weber,1990);创业者根据自己的想法,付出努力来开创一个新企业,达到实现创业者理想的目的(Shane,2000)。史密斯认为创业本质上就是实现技术知识与市场知识的融合。从文献梳理发现,很少有文献定义创新创业,其包含于创业之中，尤其强调了创新在创业中的作用（Smith，2009）。

2. 创新创业的主体

一些学者区分了不同的创业主体身份，如农民、妇女、企业家、大学生等，认为年龄、性别等会影响企业家创业的行为选择和创业倾向（Capelleras，2008）。农民创业方面，认为在农业生产经济环境日益恶劣的情况下，态度与动机的变化是理解农民创业现象的基础（Beedell and Rehman，2000）；农民创业需要管理与创新的技能（Corman and Lussier，1996）。妇女创业方面，由于妇女找工作比较困难，因此在扩大养殖、租借土地、家政等方面进行创业成为她们的重要选择之一（Sandra，2007）。有研究分析了大学生的创业心理，大学生成就动机越高，创新意识越高，自我荣誉感越强，其创业意识越高（Heydaria，2013）。另一些学者研究了创业主体所需要的能力，通过对受风险投资基金资助的成功创业者的研究发现，成功创业者所必备的要素有创新经验、商业经验、社会地位、应对挫折的能力等（Murray，1996）；创业者需要比其他人具有更高的个体责任感与勤奋品质（Beugelsdijk and Noorderhaven，2005）。此外，谈判技能、内部沟通能力等也是必备的能力要素（Pendelaiu，1996）。

3. 创新创业教育

发达国家的经济学家与教育学家很早就意识到知识与科技创新、培养创新人才之间有紧密联系，认为教育的重要传统就是为了培养受教育者的创新能力与精神。20世纪70年代，美国教育界就已把教育目标设定为培养具有创新精神的人才。英国牛津大学与剑桥大学把办学思想设定为不断开辟和拓展学生们的内在潜能，鼓励自身的创造精神。学界提出应进一步加强理论与实践结合程度，以课程开放为重点，案例教学为手段，完善更多关注学生实践的创业教育模式（Jean‐Pierre Bechard and Gregoire，2005）。创业教育课程设置方面，应以系统的课程设计来培养学生的创业能力,因此把课程体系划分为市场商机、创业主体等部分(Timmons,2005)。一些学者从教师的角度来研究这一问题,认为在高校教师中应当培养一批具有博士学位且具有实践操作能力者来从事创业教育(Donald R. Kuratko,2005)。也有学者专门研究了创业教育的效果评价,认为创业行为滞后于创业教育,表现为大学生群体在接受创业教育一段时间之后,才可能正式地实施创业行为(Menzies,2003;Fayolle,2006)。

20世纪末期以来,随着创业不断深入,不同国家的大学似乎都在向一个新的大学模式转型,即创业型大学。创业型大学的相关问题,吸引了大量学者的研究与关注。伯顿·克拉克把创业型大学定义为,凭借它自己的力量,积极探索在如何干好它的事业中创新。艾兹克威兹认为创业型大学可以经常得到政府政策鼓励,其组成人员对从知识中获取资金的兴趣增强,这种兴趣使学术机构与公司的界限更加模糊,公司对知识的兴趣总是与经济应用和回报紧密联系(Etzkowitz,2005)。在创业型大学研究的兴起时期,也有专门研究典型创业型大学的报告。1997年,波士顿银行经济部发布《MIT:创新的影响》研究报告,显示麻省理工学院的师生已经建立超过4000个公司,仅1994年统计就已经雇用着110万人。若这些公司组成了一个国家,将是世界排第24位的经济体。同时,一些学者也应用定量分析来研究这一问题(Mowery,2001),他进行了《拜杜法案》颁布前后美国大学专利与许可的数量及质量变化情况的实证研究,认为《拜杜法案》是大学专利与许可能力持续增强的重要原因。欧文·斯密斯围绕大学从事商业化活动的影响因素等问题对美国89所研究能力强的大学18年专利数据进行分析研究,得出结论:不断增强的专利和商业化能力已经在很大程度上改写了大学之间的竞争规则(Owen–Smith,2003)。

4. 制度对创新创业的影响

制度虽然是无形的,但对于创业有不能忽视的重要影响。德赛认为，创业环境在本质上是一种制度环境（Desai，2003），由三部分组成，即规范的制度、认知的制度和规制的制度（Scott，1995）。规范的制度反映社会对创业者与创业活动的尊重程度，与文化、社会规范等有关；认知的制度与人们的知识、技能与信息获取有关；规制的制度则包括法律、规定、政府政策等促进与限制行为的方面（Spencer and Gomez，2003）。而一些学者把制度分为正式制度与非正式制度。正式制度是硬制度是书面的，如法律、条例、合同等，非正式制度是软制度是非书面的，如传统、习俗、价值观、习惯等（Rodriguez - Pose，2013）。此外，还包括宗教文化（Inglehart，1997）和对创业的特定态度（Beugelsdijk and Noorderhaven，2004）。

大多数学者研究正式制度对创业的影响，认为创业者的天分没有特别大的区别，造成创业绩效差别是因为政府实施了不同的制度（Baumol，1990）。制度较完善、商业政策更为友好的国家低质量的企业家较少，而高质量的创业者较多（Henrekson and Sanandaji，2014）。创业政策应该包括共识、政策优惠、制度环境、资金渠道、创业教育五个基本方面，服务于新生企业的建立和发展（Kayne，1999）。也有研究分析了创业的阻碍因素，认为福利国家的制度会阻碍创业的增加（Henrekson，2005），进入管制、合同强制规则与劳动力市场刚性也是阻碍创业的因素，这些因素同时会加强风险厌恶的不良影响（Ardgna and Lusardi，2010）。富恩特尔萨斯等（Fuentelsaz et al.，2015）将制度划分为以下六个层面：产权、商务自由、财政自由、劳动力自由、金融资本与教育资本。他分别考察了这些层面的制度对机会创业与生存创业的影响，发现制度对机会创业的影响更大。更多的产权保护、商务自由、金融资本与教育资本，更低的税收负担可以提升高质量的创业，从而更好地促进经济发展。

一些学者研究了某一具体制度的影响，发现产权保护制度影响企业的融资方式（McMillan and Johnson，2002）。当产权保护不足，企业外部融资的成本会更高，因而倾向于组建企业集团。相对于工资性工作，创业活动避税的可能性更高。因此税率的提高将会迫使更多有逃税动机的个体选择创业活动（Asoni and Sanandaji，2014）。然而，如果创业活动收入对个人努力程度的弹性相比于工资性工作更大，税率提高对创业者收入的负向影响将高于工资获得者。这种负向影响有可能超过成功避税获得的正向影响。小笠原直（2014）认为日本简化了企业登记的制度能够更迅速并且以较少的资本成立公司，这有助于创业的发生。此外，在影响创业行为的其他制度性因素中，社会治安（Rosenthal and Ross，2010）、私有财产保护制度（Liang et al.，2014）等也都是重点考虑的因素。

5. 创新创业的其他影响因素

社会文化氛围能够决定个体是否开始一项事业。实证分析认为文化对机会创业与生存创业都有显著影响（Hechavarria and Reynolds，2009）。通过内森和李（Nathan and Lee，2013）研究了2005~2007年间伦敦7600家企业创始人的文化多样性和国家多样性对企业发展的影响，结果表明：有多种管理模式的公司更趋向于引进新产品，多样性对扩展国际市场与服务不同的消费者有十分重要的作用；多样性对创新、市场化与创业都有显著的正向作用。弗里奇和瑞威兹（Fritsh and Wyrwich，2014）实证分析了德国全球经济大萧条时期的自我雇用水平与经济增长的关系，并将其与德国近期情况对比。结果表明在过去有较高的创业率的地区，如今也有较高创业率。因此地区的创业文化对地区的经济增长有较强影响，那些创业率很高的国家，创业行为可能会增加创业者的社会接受度与自信，这会使本国的创业文化进一步加强（Kibler，Kautonen and Fink，2014）。

个体的差异性将会导致不同的创业结果。在印度受教育水平更高的地区，制造业与服务业拥有更高的创业率，但这不包括非正式制造业部门（Ghani，Kerro and Connel，2011）。也有研究认为教育对从创业有负向影响（Castagnetti and Rosti，2011），教育程度更高的人有更多的选择，创业并不一定是他们的最优选择。一些学者从经验的角度研究创业的发生率与成功率，利用葡萄牙1993~2007年就业登记表的数据，运用生存分析法研究了创业者之前的创业经验对其是否选择再次创业的影响。得出结论第一次创业持续时间越长的人越有可能再次创业（Rocha，Carneiro and Varum，2015）。

创业环境也是影响创业的重要因素，它是各种因素综合的结果。一些学者从理论层面进行研究，分析外部环境中的环境动态性与环境宽松性两个要素，认为环境宽松性是指当前环境下可利用的资源与商业机会的数量（Dess，1984；Darrene，2008）。弗雷思（Frese，2002）重点研究了创业环境与创业导向、创业战略和创业成功的关系。另一些学者从实证层面进行研究，利用五维度模型测量了匈牙利的创业活动的环境条件（Fogel，2001），对1307家企业进行调研，分析了环境对创业意愿的约束效应（Kreiser et al.，2002）。

第三节　结构安排与研究方法

一、结构安排

按照2016年《中共中央　国务院关于全面振兴东北地区等老工业基地的若干意见》中"四个着力"的要求，结合当前东北老工业基地振兴中的紧要矛盾和主要问题，本书除绪论外，主要安排了八章内容。

从逻辑架构来看，本书拟分为四个层次来进行层层递进的分析，其逻辑关系如图0－1所示：

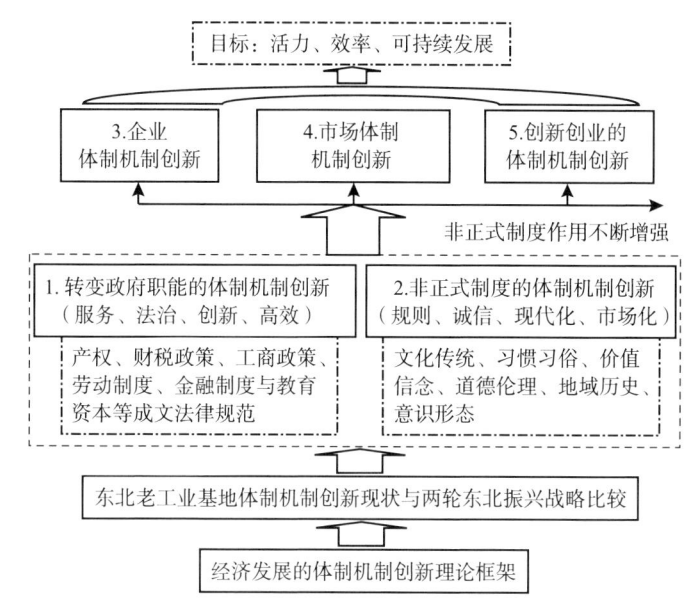

```
                    ┌─────────────────────────────┐
                    │ 目标：活力、效率、可持续发展 │
                    └─────────────────────────────┘
                                  ↑
     ┌──────────┐         ┌──────────┐         ┌──────────┐
     │3.企业    │         │4.市场体制 │         │5.创新创业的│
     │体制机制创新│        │机制创新   │         │体制机制创新│
     └──────────┘         └──────────┘         └──────────┘
                                ↑              非正式制度作用不断增强
    ┌─────────────────────┐   ┌─────────────────────┐
    │1.转变政府职能的体制机制创新│ │2.非正式制度的体制机制创新│
    │（服务、法治、创新、高效）│ │（规则、诚信、现代化、市场化）│
    ├─────────────────────┤   ├─────────────────────┤
    │产权、财税政策、工商政策、│ │文化传统、习惯习俗、价值│
    │劳动制度、金融制度与教育 │ │信念、道德伦理、地域历史、│
    │资本等成文法律规范      │ │意识形态              │
    └─────────────────────┘   └─────────────────────┘
                                  ↑
              ┌──────────────────────────────────┐
              │东北老工业基地体制机制创新现状与两轮东北振兴战略比较│
              └──────────────────────────────────┘
                                  ↑
                    ┌─────────────────────┐
                    │经济发展的体制机制创新理论框架│
                    └─────────────────────┘
```

图 0-1 五大体制机制创新的相互关系

第一层次是理论框架构建，即第一章东北老工业基地体制机制创新的理论分析，从而建立研究的坚实理论基础，使分析具有系统性、科学性和合理性，避免各部分之间缺乏统一主线。

第二层次包括第二章、第三章内容，主要进行东北老工业基地体制机制特殊性分析与两轮东北振兴战略比较分析。主要阐述东北老工业基地工业化的历史演进，探讨东北体制机制的特殊性。并在两轮东北振兴战略比较分析基础上，对首轮东北振兴战略实施效果进行总体评价，为新一轮振兴战略分析提供基础支撑。

第三层次是推动正式制度与非正式制度完善的体制机制创新，包括第四章和第五章，这里正式制度创新主要体现为政府制度创新。主要运用新制度经济学理论、发展经济学理论、制度创新理论，完善东北经济发展的总体制度基础，也是后面具体领域体制机制创新的宏观制度条件。

第四层次是直接作用于东北经济发展的三个主要方面的体制机制创新，主要包括国企民企和专项改革的体制机制创新、市场体制机制创新和创新创业，是第六章至第八章的内容。正式制度与非正式制度对上述三个方面的作用强度并不相同，初步逻辑判断为：从国企民企和专项改革—市场制度改革—创新创业，左边正式制度作用更强，右边非正式制度作用逐渐加强。具体而言，国企民企、军民融合、央地结合和专项改革，相对更加依赖于正式制度，例如特殊扶持与推动政策、国有资产管理制度、产权交易制度、公司制度等；而创新创业尤其是创业，则相对受非正式制度的影响更大；市场制度改革居中。因此上述三个方面的体制机制创新侧重点也应有所不同。

党的十九大报告指出，要贯彻新发展理念，实施区域协调发展战略，深化改革加快东北等老工业基地振兴。体制机制障碍遍布东北经济社会发展的方方面面，只有通过深化改革、加快体制机制创新，才能有效提升老工业基地的发展活力、内生动力和整体竞争力，努力走出一条质量更高、效益更好、结构更优、优势充分释放的振兴发展新路。

二、研究方法

1. 规范分析

通过文献分析，东北经济发展统计分析、与经济发达地区的对比分析，典型案例分析，特别是通过对主要经济指标进行剖析，归纳总结东北经济发展取得的成绩，重点归纳经济发展中存在的主要问题。在此基础上，结合发展经济学、制度创新理论、制度经济学等理论成果，分析东北经济发展的主要体制机制障碍，深入探索这些障碍背后的深层次原因，如正式制度、非正式制度等问题。

2. 比较研究

一是对国内外老工业基地振兴相关经验进行比较与总结，寻找规律,结合东北特定制度约束条件,探讨制度创新适宜路径。二是对国内典型省市尤其是对东三省与江苏、浙江、广东相关经济社会发展数据等进行对比分析,对其制度创新经验进行提炼和总结,特别对于学界比较忽略的非正式制度因素进行系统归纳与总结,争取既明了双方差距之所在,又明了其深层次原因,并探索到解决问题的可行性路径和具体措施。

3. 制度分析

主要通过营商环境,"放管服"改革,法治政府、创新政府、廉洁政府、服务型政府建设等正式制度分析探讨政府职能转变问题、国资国企改革、军民融合与央地结合、重点专项改革、市场制度改革等。进行文化习俗、思维方式等非正式制度分析,主要探讨创业的思想障碍、对民营企业的偏见、经济发展中的意识形态障碍等。确定主要制度创新框架,如地方政府制度、非正式制度、企业体制机制、市场制度、创新创业支持制度等制度创新框架。

第一章

东北老工业基地体制机制创新的理论分析

第一节 制度创新基本理论

一、制度创新的内涵

任何制度变迁都可分为两个阶段：在第一个阶段，制度变迁主体生产出一种完全不同于已有制度结构的新制度，扬弃旧制度；在第二个阶段，制度变迁主体将这种新制度付诸实施，并进行修补以及完善。第一个阶段的制度变迁称作制度创新，根本目的是提高效率、促进进步，第二个阶段的制度变迁称作制度实施[①]。

一般认为，熊彼特将"创新"引入经济学并将其视为经济增长的动因，从而开启了经济学研究的新视角。在熊彼特之后，创新理论演变成两大分支：以技术变革为对象的"技术创新"经济学和以制度变革为对象的"制度创新"政治经济学。以诺

---

① 潘慧峰、杨立岩：《制度变迁与内生经济增长》，载于《南开经济研究》2006年第2期，第74~83页。

思为代表的制度创新理论是后者的主要代表。

在制度创新理论中,制度作为人类行为的结果,是一系列被制定出来的规则、守法程序和行为的道德伦理规范,是以宪法、法律、法规为基本内容的正式规则和以习俗、传统、习惯等形式存在的非正式规则交错构成的一整套的规则体系及其实现机制[1],是不同的社会群体为了存续和利益分配而在交互作用的过程中,通过复杂的"交易"方式共同选择、共同安排且必须共同遵守的关于人们社会行为的规则体系。制度构成了基本经济秩序的合作与竞争关系,因而提供了观察人类相互影响的框架。

舒尔茨(1968)认为:"为了实现规模经济从交易费用中获益,将外部性内在化,降低风险,进行收入分配,无论是自愿的还是政府的(制度)安排都将被创新"[2]。并且进一步将诱致人们改变制度安排的收益来源分为规模经济、外部性、风险和交易费用这四个部分。他强调了外部利润的存在引致了制度的创新,换言之,人们的"经济价值的上升"产生了他们对新制度的需求。

戴维斯、诺思(1994)也强调了"潜在的外部利润"形成了制度创新的基本动因。从而提出"制度滞后供给"模型,模型指出"某一段时间的(制度)需求变化所产生的(制度)供给反应是在较后的时间区段里做出的"。也就是说,"产生于(制度)安排创新后的潜在利润的增加,只是在一段滞后才会诱致创新者,使之创新出的能够获得潜在利润的新的(制度)安排"。由此可知制度创新的供给与需求始终处于"错位"状态,新的供给只能对应旧的需求。

---

[1] 道格拉斯·C·诺思:《经济史中的结构与变迁》,上海三联书店、上海人民出版社1994年版,第225~226页。
[2] 舒尔茨:《诱致性制度变迁理论》,引自科斯:《财产权利与制度变迁——产权学派与新制度学派译文集》,上海三联书店、上海人民出版社1994年版,第275页。

借助于拉坦（1994）对制度创新所作的定义可以让我们进一步理解制度创新的内涵，他将制度创新定义为："制度创新制度发展一词将被用于指：（1）一种特点组织（即制度）的行为的变化；（2）这一组织与其环境相互关系之间的变化；（3）在一种组织的环境中支配行为与相互关系的规则的变化。"[1] 拉坦认为制度创新的根源在于制度的低效率或无效率，新制度的产生是为了提高制度的效率。

新制度经济学家对制度创新的界定，主要包括了以下视角[2]：

（1）制度创新一般是指制度主体通过建立新的制度以获得追加利润的活动；

（2）制度创新可使创新者获得潜在利益，因而潜在受益者就有可能成为现行制度的变革倡导者甚至发起者；

（3）制度创新主体可以在既定的宪法秩序和行为规范下扩大制度供给，并因此获取相应的潜在利润；

（4）制度创新主要包含产权制度创新、组织制度创新、管理制度创新和约束制度创新等四方面内容；

（5）制度创新既可以是根本性的，也可以是边际调整式的；

（6）制度创新是一个包含了制度替代、制度转化的演进过程。

我们认为，制度创新是在现有制度效率不足的基础上，为增加制度预期收益，对社会制度体系进行选择、创造、新建和优化的过程，既包括对社会制度结构内部各项制度安排的制度配置、调整、完善、改革和更替等，也包括对制度结构的调整，最终实现提升社会制度结构体系效率。

---

[1] 拉坦：《诱致性制度变迁理论》，引自科斯：《财产权利与制度变迁——产权学派与新制度学派译文集》，上海三联书店、上海人民出版社1994年版，第329页。

[2] Douglass, C. North, L. E. Davis Institutional Change and American Economic Growth. Cambridge University Press, 1971.

二、制度创新的路径依赖

制度创新是一个复杂而艰难的过程,戴维斯和诺思在合著的《制度变革和美国经济增长》一书中,强调制度创新是一个复杂而艰难的过程。制度上的创新如此复杂艰难是因为新旧制度一定有一个交替和适应的过程,一种新制度的出现一定要受到现存法律规定的制约,等等。

戴维斯和诺思进一步把制度创新的全过程划分为五个阶段:一是形成"第一行动集团"阶段。所谓"第一行动集团"是指那些能预见到潜在市场经济利益,并认识到只要进行制度创新就能获得这种潜在利益的人。他们是制度创新的决策者、首创者和推动人。二是"第一行动集团"提出制度创新方案的阶段。在提出制度创新方案的前提下,再进入下一阶段的创新活动。三是"第一行动集团"对已提出的各种创新方案进行比较和选择的阶段。比较选择的目的,在于获得最大利益。四是形成"第二行动集团"阶段。所谓"第二行动集团"是指在制度创新过程中帮助"第一行动集团"获得经济利益的组织和个人。这个集团可以是政府机构,也可以是民间组织和个人。五是"第一行动集团"和"第二行动集团"的协作努力,来实施制度创新并将制度创新变成现实的阶段[1]。

制度创新理论还提出了路径依赖问题,认为制度创新一旦走上某条路径,其既定方向就会在以后的发展中得到自我强化,从而会形成对制度创新轨迹的路径依赖。正如诺思所言,"路径依赖性是分析理解长期经济变迁的关键"[2]。

诺思(1990)提出了制度创新中的路径依赖问题,他指出有

---

[1] 黄景贵:《论创新理论的产生及其发展》,载于《青岛海洋大学学报(社会科学版)》2000年第2期,第32~37页。
[2] 诺思:《制度、制度创新与经济绩效》,上海三联书店、上海人民出版社1994年版,第150页。

两种力量对制度创新的路径起规范作用：一种是报酬递增；另一种是由显著的交易费用所确定的不完全市场，强调新制度运行中对原有制度的依赖问题。诺思指出，一国的经济发展一旦走上某一轨道，其选定的方向会成为以后制度创新的路径依赖。从历史上看，国家之间制度创新的路径依赖既有沿着良性循环轨迹发展的成功路径依赖，也有沿着非绩效方向发展的失败路径依赖，两种路径依赖明显不同。

成功路径依赖的特征是：在初始发展轨迹建立以后，高效率制度的规模报酬不断增加，市场发育充分，制度创新得到支持和巩固，正外部性内在化、学习模仿创新相互促进，建立有效的信息搜集和反馈机制以降低信息不完全带来的不确定性和风险，建立了保护经济主体产权的制度，形成了经济长期增长。在成功路径依赖国家，资本流动性较高交易成本、不确定性和机会主义行为倾向较低，有一个稳定的政府并致力于规范市场秩序和法律制度的建设。

失败路径依赖的特征是：在初始发展轨迹确立以后，低效或无效制度的规模报酬递增，生产活动受到阻碍，现有制度格局的既得利益者关注财富简单再分配，并不鼓励和扩散有关生产活动的技术创新，缺乏信息收集和反馈机制，机会主义倾向行为普遍，缺乏普通的竞争和法律规则，产权保护制度不健全，缺少稳定的强有力的政府，寻租和设租行为普遍，较高交易费用导致的市场发育不规范，制度创新就朝着非绩效方向发展，而且愈陷愈深，最终"锁定"在某种无效率状态。

路径依赖原理表明"人们过去做出的选择决定了他们现在可能的选择"。初始制度选择即使是偶然的、低效或无效的，但由于"规模报酬递增"强化了初始制度的刺激和惯性，使放弃它的成本非常高昂。因此路径依赖是低效制度均衡长期存在的重要原因。路径依赖理论对处于经济转型期的国家有重要的现实意义。首先，遵循现行制度演进路径要比另辟蹊径更为简单、方便,因而初始的制度选择结果会对现行制度产生强化性的刺激作用。其次,现行制度格局中的既得利益者集团会按照能否增加自身潜在利润的标准,决定是否支持制度改革。如果新制度不能增加(或增加速度相对较慢)其潜在利润,即使新制度有利于提升整体效率,这些既得利益集团也会对制度创新进行阻挠,或使创新朝有利于增大自身潜在利润的方向发展。在一定意义上讲,初始的制度创新为下一步制度创新划定了范围。因此,决定是否进行制度创新,不仅要考虑制度创新的直接效果,还要研究它的长远影响要随时观察是否采取了不正确的路径,如果发现路径偏差就应尽快采取措施进行纠正,以免出现积重难返的局面。

三、制度效率理论

任何制度都是为了适应人的需要而设计制定出来的,制度所具有的各种功能是带给人们的收益,而制度的设计、制定、运行和维护所需要的费用构成了制度成本。制度收益与成本的比较关系表现为制度效率。因此对制度效率的衡量一般借助于成本—收益分析,即在制度功能既定的情况下,选择制度成本较低的制度,或者在制度成本既定时,选择能提供更多制度功能的制度是效率较高的制度。

(一) 制度创新的成本

制度创新过程一般较为复杂,因而制度创新成本的内容与高低具有显著的不确定性。通常,制度创新的成本主要包括:

(1) 设计实施新制度和清除旧制度的费用。制度创新是用新制度取代旧制度,因此需要规划设计新制度的确立及其替代旧制度的过程,并按照相应程序组织实施这一过程。这个"立新除旧"的过程中规划设计和组织实施新制度的费用,以及拆除清理旧制度的费用,都构成制度创新的成本。

(2) 清除制度创新阻力的费用。如果制度创新使现有制度格局下的既得利益者收益分配不均，或者使一部分人的收益受损，那么受损害（或相对收益较小）的那一部分人就会感觉自己受到了不公正对待，会表示异议或消极对抗，形成制度创新的阻力。消除这种阻力的成本，包括对反对者实施强制措施和引诱手段所花费的成本，以及对受损害者的补偿费用，这是制度创新成本的重要组成部分。

（3）制度创新引起的损失。制度创新中收益受损者（或相对收益较小者）往往会反对或阻挠制度创新，并造成不可避免的破坏和损失，越是大的制度创新，越容易出现这类损失和破坏。因此制度创新者必须将这些破坏和损失计入制度创新成本。

（4）随机成本。由于制度创新具有较大的不确定性，特别是制度创新可能发生某些随机事件，会使制度创新的风险突然大增，从而加大创新成本，甚至使制度创新无法进行。

需要注意的是，由不同主体推动的制度创新，创新成本是不同的。张宇燕（1993）认为，一般而言，政府推动的制度创新在下列情况下，具有较大的成本比较优势。第一，市场机制水平较低，且不能充分发挥作用时，无法用市场机制降低制度创新成本。第二，对私人产权利益的补偿成本超过社会收益时，依靠政府的强制力量，将私人产权利益的补偿成本强行转化才能进行制度创新。第三，如果制度创新收益归全社会成员共同享有时，会出现"搭便车"行为，没有人愿意承担创新费用，这种制度创新只可能由政府来实施。第四，当制度创新涉及强制性的收入再分配时，只有政府才能实行新的制度。第五，制度创新成本在个人无法承担而自愿团体协商成本居高不下时，只能由政府进行制度创新比较合算[①]。

---

① 张宇燕：《个人理性与"制度悖论"——对国家兴衰的尝试性探索》，载于《经济研究》1993年第4期，第74~80页。

(二) 制度创新的预期收益

制度创新的预期收益也叫预期净收益，是制度创新潜在利润与创新成本之间的差额。制度创新对预期收益的影响主要有两种途径：一是制度创新改变了潜在利益的规模与分配；二是制度创新降低了制度成本，使制度创新相对收益增大。

一般地，政府推动和供给的制度创新往往会涉及个体、社会和政治权力层面，制度创新的预期收益可从以下三个方面衡量：

一是个体预期净收益。这里所说的个体指家庭、企业或某个利益团体。社会个体对制度创新收益的判断主要考察制度创新能否带来更多的潜在利润，如更高的货币收入、更高的企业利润留成比例、更大的经营自主权等。反之，社会个体对创新成本的考察则主要包括制度创新是否降低了收入（包括货币收入与非货币收入）、提高了投资与经营风险等。通常，只有在预期潜在利润大于创新成本，也即制度创新预期净收益大于零时，社会个体才会对政府推动的制度创新持赞成态度。

二是社会预期净收益。从社会福利角度考察某项制度安排的创新成本与潜在利润，即是对社会预期净收益的考察。其中，社会潜在利润主要表现为国民收入的增长、收入分配公平程度的提高、经济结构的改善，等等，而制度创新的社会成本主要表现为实施新制度引起的利益摩擦与冲突所导致的损失。在制度创新中利益受损者（或相对收益较小者）会阻碍制度创新，阻力越大，制度创新成本越高。

三是政治预期净收益。就是从政府权力中心的角度出发来判断某项制度安排的创新成本与潜在利润之间数量关系的方法。制度创新的政治预期收益主要表现在执政者或执政机关政治支持的提升与国际政治经济事务中谈判力量的加强。但是，制度创新的政治成本通常也是无法避免的，毕竟制度创新过程就是社会权利和与之相关的经济利益的重新分配过程，因而由制度创新反对者所发起的各类阻碍制度创新进程的行为，很可能会对权力中心的执政权威甚至执政地位产生负面影响。总之，只有制度创新的预期政治收益大于政治代价时，政府权力中心才会主动推进制度创新进程。

（三）制度创新的成本—收益分析

制度创新的内在驱动力一定是能够给"从事制度改革者带来更大的利益"[①]。按照戴维斯和诺思的观点，制度创新就是指制度主体通过建立新的制度能够获得更大利益的活动，即对现实中所存在的"潜在利润"的追求。经济主体获得"潜在利润"的途径有两条：增加收益或降低成本。当现有制度安排对获得"潜在利润"形成了障碍，而通过制度创新可以促进"潜在利润"实现时，便产生了变革现存制度的要求。制度创新可以促进"潜在利润"的实现，从而可以导致经济增长[②]。

戴维斯、诺思（1994）认为当外部性、规模经济、风险和交易费用所引起的潜在收入不能内化时，制度需要创新。创新发生的条件是要向创新了一种新制度的某些人或团体支付费用。而团体或某些人的创新成本要低于收到的费用。这说明制度供给与需求是一种交易，而交易需要成本。他们两人还认为在制度创新过程中市场规模变化、各种团体对预期收入的改变等因素会影响制度创新的成本，进而影响到制度的创新，因此在做出决策时，必须将潜在收益、组织成本、经营成本等考虑进去。他们观点的实质是强调制度的交易成本问题。只有降低交易成本，才能完成有效率的制度创新。

林毅夫（1994）论述："从某种现行制度安排转变到一种

---

① 罗晓梅：《我国创新驱动发展战略的理论基础和学术渊源》，载于《探索》2016年第5期，第5~11页。
② 林木西、和军：《东北振兴的新制度经济学分析》，载于《求是学刊》2006年第6期，第50~55页。

不同制度安排的过程，是一种费用昂贵的过程；除非转变到新制度安排的净收益超过制度创新的费用，否则就不会发生制度创新"[1]。程恩富、胡乐明（2005）也认为："只有当通过制度创新所获取的收益大于为此而支付的成本时，制度创新才可能发生"[2]。

四、制度创新与经济增长

（一）制度创新对经济增长的作用

制度创新对经济增长的作用是伴随着经济理论的不断发展而逐渐为人所认识的。20世纪50年代之前，经济学家强调资本积累对经济增长的重要性，其典型解释是哈罗德—多马经济增长模型。此后，经济学家将劳动（包括人力资本提升）和技术进步纳入经济增长的解释变量。

诺思解释经济增长出现在荷兰和英国而非法国和西班牙的原因是，荷兰和英国是当时在确定制度和所有权体系——可以有效发挥个人积极性，保证把资本和精力都用于对社会最有益的活动——这方面走在最前面的两个欧洲国家[3]。因此诺思认为制度创新是经济增长的源泉。从此，制度创新作为重要的影响因素，成为经济增长的内生解释变量之一。

制度创新对经济增长的促进作用表现在：

（1）制度创新改变制度安排的激励机制，改变制度安排的效率，从而影响经济发展的速度与质量；

（2）制度创新改变贸易和专业化的范围，使组织经济活动

---

[1] 林毅夫：《关于制度变迁的经济学理论：诱致性变迁与强制性变迁》，引自科斯：《财产权利与制度变迁——产权学派与新制度学派译文集》，上海人民出版社1994年版，第374页。
[2] 程恩富、胡乐明：《新制度经济学》，经济日报出版社2005年版，第195页。
[3] 勒帕日：《美国新自由主义经济学》，北京大学出版社1985年版，第100页。

的途径和方式发生改变,从而影响经济发展的广度和深度;

(3) 制度创新扩大了允许人们寻求并抓住经济机会的自由程度,一旦人们抓住经济机会是可能的,经济增长就会发生①。

同时,经济增长也会对制度创新产生反作用:

(1) 经济增长产生了新的稀缺性,需要新的制度安排来配置资源,以尽可能消除这种稀缺性所带来的经济和社会损失;

(2) 经济增长产生了新的技术性机会,需要新的制度安排来使机会最有效地转变为经济效益;

(3) 经济增长产生了对收入或财富的新的再分配的要求,需要新的制度安排加以调整②。

(二) 制度创新影响经济增长模型

在新古典经济学的生产函数中,对产出有影响的只有资本、劳动和技术要素,没有考虑制度变量,这是有缺陷的。因为即使在相同的要素投入和技术水平条件下,如果制度不同,企业的产出水平也会不同。因此考虑在新古典生产函数中引入两类制度变量,一类是企业生存环境的权力结构制度体系,另一类是企业内部生产组织的企业制度,两类制度对生产函数的作用不同。由此构造出包含制度变量的生产函数:

$$Q = F_e(L, K, \Phi; T)$$

式中,Q 为产出,L、K 为劳动和资本,T 为企业生产技术。Φ 是企业制度选择特征值,包括权力分配机制、激励机制、成本控制机制、利润分配机制,等等,或者可以理解为在一定的 θ 条件下企业可选的内部博弈规则。显然,企业制度 Φ 与企业生产技术 T 之间存在相关关系。θ 是外生变量,是描述企业赖以生存的政治、社会和法律等权力结构体系的特征值。詹森和梅克林强

---

① 刘易斯:《经济增长理论》,上海三联书店 1994 年版,第 176~177 页。
② 罗姆利:《经济利益与经济制度》,上海三联书店 1996 年版,第 130 页。

调:"权利结构 θ 和企业制度 Φ,在激励自我利益和个人最大化以达到实际上可能的产出方面起着重要的作用"[①]。F 代表生产函数族,它的成员根据权利体系的特征值 θ 而有所不同,所以 F_e 代表了这个函数族的某一特定成员。排除不确定性,$Q = F_e(L, K, \Phi; T)$ 就代表了该企业在 θ 描述的权力结构体制下,采用 T 表示的适用技术,选择一种企业制度 Φ,并使用劳动 L 和资本 K,所能生产的最大产出水平组合 Q。

分析以上引入制度变量的经济增长模型,可以得出以下结论:

第一,不同层次的制度影响经济增长的方式是不同的。企业制度作为内生变量,与企业的各种资源投入、生产的技术因素一起决定产出水平。相应的,在产出水平、资源投入和技术水平既定的情况下,企业制度也可以由模型推导出来。企业赖以生存的政治、社会和法律体系等权力结构体系,作为外生变量对企业的产出水平有影响,但并不由模型决定。在一国权力结构体系制约下,企业选择不同的企业制度,即使在资源投入和技术水平相同的情况下,也会有不同的生产效率。因此,企业制度的选择和创新,会改变企业生产可能性边界,导致经济在相当长的一段时期内持续高速增长,或持续衰退。

第二,由政治、社会和法律组成的权力结构体系,不仅决定着企业制度的选择,而且还决定资源配置方式、技术进步、契约制度、产权制度等方面。一般的,健全的权力结构体系具有较强的稳定性,借助于建立一个包括法律制度和国家暴力机构在内的实施机制,权力结构体系能降低交易成本,减少不确定性和抑制机会主义行为倾向,形成对经济主体的激励,提高资源配置效

[①] 詹森、梅克林:《权利与生产函数对劳动者管理企业和共同决策的一种应用》,引自陈郁:《所有权、控制权与激励代理经济学文选》,上海三联书店、上海人民出版社1998年版,第85、88页。

益，有利于经济增长。当权力结构体系发生创新时，对企业制度、资源配置方式、技术进步、契约和产权制度安排等方面都会带来深刻的影响和改变。

第三，企业技术水平的选择，既与企业制度有关，也与权力结构体系有关，技术水平及其对经济发展的持续贡献则取决于相应的制度安排。在经济增长模型中，技术创新的出现不是孤立的，诱导技术创新出现的力量来自制度创新。

第二节 新理念引领体制机制创新

一、东北振兴现状

东北地区是新中国工业的摇篮，是我国重要的工业基地。新中国成立后，国家在东北等地区集中投资建设了相当规模的，以装备制造、能源、原材料为主的战略产业和骨干企业，为我国形成门类齐全、独立完整的工业体系，为改革开放和社会主义现代化建设做出了重要贡献。2003年，党中央、国务院做出实施东北地区等老工业基地振兴战略的重大决策，采取了一系列支持、帮助、推动东北地区等老工业基地振兴发展的专项措施。十多年来，在各方面共同努力下，东北振兴取得明显成效和阶段性成果。2003～2015年，东三省经济总量由不足1.3万亿元增至5.8万亿元，人均地区生产总值从不足2000美元增至8000美元以上，重点领域改革、产业发展、民生改善、生态文明建设等方面均取得积极进展。

但2013年以来，东北地区振兴发展遇到了新的困难和挑战，经济下行压力增大，经济增长呈现出"断崖式下跌"，东北问题再次凸显出来，被称为"新东北现象"。经济增长新动力不足和旧动力减弱的结构性矛盾突出，体制性机制性问题凸显。

一方面,经济增速下降,且明显高于全国下降幅度。2013年,东三省经济增速全部跌至全国后十名,开始遭遇"断崖式下跌"。2014年,辽宁、吉林、黑龙江经济增长速度分别是5.8%、6.5%和5.6%,明显低于全国7.4%的平均增速,集体跌破合理区间。2015年,辽宁、吉林、黑龙江三省经济下行压力加大,GDP增长分别为3%、6.5%和5.7%,连续两年处于全国后五位。同时,东三省GDP占全国的比例也滑落到8.58%。2016年上半年,辽宁、吉林、黑龙江三省地区生产总值同比增速分别为-1%、6.7%和5.7%,除吉林省经济增速和全国持平外,其他两省均远低于全国平均水平,第三季度情况略有好转。

另一方面,经济效益下滑,且明显高于全国下滑幅度。一是企业的效益;二是政府的财政收入情况。从企业效益看,2015年,辽宁、吉林、黑龙江的工业增加值增速分别为-4.8%、5.3%、0.4%,均低于全国平均增速6.1%,尤其是辽宁省增速已明显滑出合理区间。从绝对位次来看,在除香港、澳门以及台湾的31个省区市中,辽宁省位列倒数第一,黑龙江省位列倒数第四,较为乐观的吉林省也仅位列倒数第十。工业企业利润则全部呈现负增长,其中黑龙江省同比下降58%,辽宁省和吉林省分别下降22.1%、18.1%。从地方财政收入情况看,辽宁省2014年是-4.6%,2015年上半年一般公共预算收入1460.1亿元,下降22.7%,其中,税收收入同比降幅高达29.4%。吉林省2014年是4.0%,2015年上半年只是改变了前五个月的负增长,小幅增长0.9%。黑龙江省2014年是1.8%,2015年上半年税收收入下降20%。

东北老工业基地的转型发展是一个综合性、长期性问题,总体上看,东三省经济增长速度和经济效益出现明显下降,原因不是单一的。老工业基地自身转型成本高、转型难等特性,它既面临着体制机制、结构不协调等内在问题,也面临着国企竞争力下降、民营企业发展不足、创新能力有限、人才外流、生态环境破坏等现实问题，除了全国经济普遍存在的一些矛盾和问题外，东北地区还存在着一些特殊的矛盾和问题。正如习近平总书记指出的，东北问题"归根结底仍然是体制机制问题，是产业结构、经济结构问题"①。

二、新一轮振兴新理念

党的十八大以来，以习近平同志为核心的党中央提出了"四个全面"的战略部署和认识、适应、引领经济发展新常态的战略部署，党的十八届五中全会鲜明提出了创新、协调、绿色、开放、共享的发展理念，2015年底召开的中央经济工作会议明确要求，要加大供给侧结构性改革力度，提出了五大政策支柱和"三去一降一补"五大重点任务，这些新理念、新要求为新一轮东北振兴提出了新的指引，要求各个方面必须用新的视野、新的思维、新的办法来谋划和推动东北振兴。

全面振兴老工业基地，是实现中央提出的"五大发展理念②"的重要战略举措，事关改革发展稳定的大局。在东北地区等老工业基地发展的关键阶段，2016年4月26日，《中共中央 国务院关于全面振兴东北地区等老工业基地的若干意见》正式对外发布，标志着新一轮东北振兴工作全面启动，提出设立产业转型升级示范区和示范园区，促进产业向高端化、集聚化、智能化升级，到2020年，东北地区在重要领域和关键环节改革上取得重大成果，争取再用10年左右时间，东北地区实现全面振兴。

辽宁老工业基地是我国进入计划经济体制最早、退出最晚、执行最彻底的省份，曾为我国的工业发展和经济增长做出过巨大贡献。但在当前的经济转型发展、增速换挡、结构调整时期，其

---

① 赵昌文、李晓华、李政、银温泉、杨荫凯、王佳宁：《新一轮东北振兴改革传媒发行人、编辑总监王佳宁深度对话五位专家学者》，载于《改革》2015年第9期，第5~30页。

② 五大发展理念：创新、协调、绿色、开放、共享。

体制机制弊端集中显现出来，必须依靠体制和机制创新，发挥市场机制作用才能形成经济的自生增长。

三、东北老工业基地体制机制障碍

关于体制机制问题，学者们的研究已经十分成熟，认为东北地区体制机制改革进展的迟缓，主要是受传统体制改革滞后影响，老工业基地的发展就像"戴着镣铐在跳舞"，这镣铐就是体制机制改革的滞后及政策、措施的不配套。

（一）制度创新模式不够灵活

受计划体制"路径依赖"的影响，东北地区在经济转轨过程中遇到了我国大多数地区所想象不到的体制内和体制外难题。但是，在解决上述各类问题的过程中，东三省的制度创新模式则明显不够灵活。从理论上讲，当计划经济体制影响深远的情况下，以强制性制度创新来解决体制内难题、以诱致性制度创新来解决体制外难题的制度创新模式应该是区域制度创新的合理选择。但是，东三省在制度创新路径的选择和创新模式的选择方面则显然呈现出强制性制度创新推进缓慢、诱致性制度创新力度较弱的双重特性，在国有企业产权改革、民营经济培育、社会保障制度重构、就业制度变革等诸多方面成效甚微。

（二）市场化程度低

市场化程度低，市场机制在资源配置中尚未全面发挥主导作用。目前，东北地区仍处于新旧体制转换时期，以市场信号为杠杆的资源配置机制形成速度缓慢，导致各类生产要素难以实现最优配置，利用效率也受到流动限制而无法得到全面保证。

经济开放度较低。受软环境建设进程缓慢的影响，东北地区的经济开放度仍然较低，要素市场的域外投资主体较少，投资规模较低，从而导致域外经济拉动力不足，企业竞争机制不尽完善和健全。

区域内部一体化机制尚未形成。目前,长三角和珠三角地区已经步入区域经济一体化发展阶段,域内各地区之间的经济分工和协作体系已经基本形成。但是,辽、吉、黑三省尽管存在地缘相邻、交通基础设施相连、产业布局相似等一体化优势,但是各省之间在石化、冶金、能源、装备制造等领域却形成了资源、项目、市场等方面的激烈竞争,产业链衔接、跨省市要素流动和资产重组、经济社会事业互补等方面的高效协调机制基本空白,其区域一体化进程因此而长期停滞不前。

(三) 政府职能转换步伐慢

政府职能转换步伐缓慢。毋庸置疑,在经济体制转轨过程中,全能型政府向服务型政府的转换具有重大的现实意义和深远影响。但是可以看到,与国内发达地区相比,近年来东北地区的政府职能转换步伐明显偏缓,对企业进行直接干预的现象还普遍存在,而综合运用经济、技术和法律手段来强化间接调控的机制远没有形成主流,社会保障制度、要素自由流动保障制度等公共产品的供给力度也明显较弱。

(四) 国有经济效益过低

国有企业改革推进缓慢。东北地区最早进入计划经济,却最晚退出计划经济。东北地区的国企块头大、地位重,为国家工业化做出了突出贡献,但现在包袱也比较重。十多年来,国企改革取得了不小进步,但用人"铁交椅"、分配"大锅饭"、国有股"一股独大"等问题仍然存在。现在东北地区的一些国有企业中,市场经济意识还不够强烈,用积极的市场办法解决发展问题的水平仍然落后,存在着"等、靠、要"的现象。此外,东北是老工业基地,有大量的国企退休和下岗人员,社会负担比较重,社会保障体系建设方面压力很大。

2014年辽宁省国有及国有控股企业资产占全省规模以上工业企业总资产的43.8%，但主营业务收入和利润仅占24.7%和7.2%；吉林省国有经济十大产业中，除汽车和机械工业外，其他8个行业营业收入利润率均低于全国国有企业同行业平均水平；黑龙江国有工业十大产业中，除石油和天然气开采业外，其他9个行业主营业务收入利润率均低于本省同行业平均水平，也低于全国国有企业同行业平均水平。①

当前，东北地区国有经济在国民经济体系中所占比重仍然较高且深化改革的阻力较大，国有企业产权不明晰、经营机制不完善，"预算软约束"和"内部人控制"现象仍然较为普遍，导致其经营无序化和效率普遍低下。

（五）民营经济发展滞后

2014年东三省民营经济占地区生产总值比重为55%、51%和53%，低于全国平均水平（65%）10个、14个和12个百分点，同江苏、浙江等东南沿海发达省份相比差距更大。2015年东三省的私营企业总数为105万家，还不及广东省的一半。② 在全国工商联评选的"2015年中国民营企业500强"中，东三省只有8家企业上榜，而经济发达的江浙两省总共有229家企业上榜，差距十分巨大。③ 东北地区民营经济市场主体偏少、偏弱，缺乏活力。东北地区民营企业中龙头企业少、带动能力不强，已经成为制约东北振兴的一个短板。民营经济发展滞后在一定程度上导致了东北地区的失业率高于其他地区。民营经济内部家族式管理制度仍然盛行，现代企业制度和管理模式还远没有普遍形成，现代企业集团、企业联合体等有利于整体竞争力提升的新型企业制度更是少见。

---

①② 国家统计局：《中国统计年鉴（2015）》，中国统计出版社2015年版。
③ 国家统计局：《中国统计年鉴（2016）》，中国统计出版社2016年版。

四、东北老工业基地新一轮振兴体制机制创新路径

东北经济低效率的根源在于有效率的制度创新进程过于缓慢,导致经济出现的一系列连锁反应:制度创新速度过慢→人力资本要素收入较低→人力资本外流→技术进步速度和制度创新速度进一步放慢→产出持续降低。东北并不缺少资源、物质资本、技术和人力资本,缺少的是与技术相容的制度创新。长期的计划经济体制导致政府的行政权力过大、人们市场观念淡薄、意识形态过于僵化,这是阻碍制度创新的主要因素。目前,东北的体制改革尚未完成,经济还未走上良性发展的轨道,东北的振兴更应该主要依赖制度创新。在企业层面,需要进行产权制度和分配制度的改革;在政府层面上,应该创造良好的法制环境和公平竞争的市场环境。要消除东北地区传统经济发展模式下的各种矛盾,打破区域经济发展低效率、恶性循环的路径依赖,使其步入良性循环的轨道,其根本的出路就是改革,是制度创新,通过新的制度安排构建东北地区制度创新和经济发展良性互动的新机制。

(一)非正式制度创新

思想观念是一种重要的非正式制度安排。我国东北地区经济发展所面临的困难,最根本的不是地理位置、资源、资金和人力资本的问题,而是思想观念和体制、机制落后的问题。东北老工业基地根深蒂固的思想观念是官本位思想,政府总想通过权力去干预经济、发展经济,而不是通过权力去营造良好的市场空间,为经济发展服务。在这种陈旧的思想观念的影响下,政府常常替代市场配置资源,企业也习惯于听从政府的指令,大量专业人才投奔官场。这种重官轻商的官本位思想成为阻碍东北地区经济发

展模式转型的重要因素①。虽然改革开放以来，东北地区政府的经济管理方式已经发生了明显的改变，但是，距离市场经济的要求还存在相当的距离。因此，更新思想观念，改变政府管理经济的方式，从政府对经济的微观管理转为宏观管理，是东北地区滞后的经济发展模式转型的关键②。

与正式制度相比，无论从积极意义角度看，还是从消极意义角度看，非正式制度对社会经济活动主体的行为影响更为深远，且作用方式较为隐性化。鉴于此，东北老工业基地制度创新体系中就自然应该包含以诱致性变迁模式为主要路径的非正式制度创新内容，具体而言则至少应该包括社会和企业文化建设、创新与团队精神培育、诚信体系建设等方面的内容。

(二) 市场制度创新

主要体现为产品市场创新、要素市场创新和市场开放制度创新三个方面。产品市场创新就是要不断提高产品价格的市场定价程度；要素市场创新则是要在细化劳动力市场、资本与货币市场、技术市场的基础上，不断完善每一类市场的法制秩序和市场秩序；而市场开放制度创新则是以市场准入、产品和资源流动等制度的创新为中介，不断提高市场内外部开放程度的制度创新过程。

加强市场经济制度建设，促进市场化制度变迁，建立健全适应市场经济发展的各项制度规范，提供为微观经济主体在市场中尽力发展的各项服务体系、支撑体系和监管体系，促进东北经济社会的全面发展③。

---

① 徐充、仇荀：《制度变迁视阈下"珠三角"发展模式的演进及启示》，载于《学习与探索》2012 年第 4 期，第 84~87 页。
② 王晓雨、姜晓琳：《制度安排与东北地区经济发展模式之转型》，载于《学术交流》2013 年第 8 期，第 106~110 页。
③ 林木西、和军：《东北振兴的新制度经济学分析》，载于《求是学刊》2006 年第 6 期，第 50~55 页。

(三) 转变政府职能

切实转变政府职能，加快推进权力清单制度、审批制度的完善和国有企业转型等关键领域的改革。进一步把政府经济管理的重点转向维护有效率的市场，减少干预微观经济主体的经济活动。合理界定政府职责范围，继续推进政企分开、政资分开、政事分开、政府与中介组织分开，减少和规范行政审批，提高经济调节和市场监管水平，强化政府的社会管理和公共服务职能。完善经济发展的公共服务环境，全面下放经济管理权限和社会管理权限，各级政府都必须制定下放权力的目录和时间表，按照计划实施放权工作。进一步减少政府对资源的直接配置，充分发挥市场在资源配置中的决定性作用，积极开展投资领域简政放权改革试验，尽量减少前置审批事项，除涉及重大生产力布局、战略性资源开发和重大公共利益等项目外，一律由企业依法依规自主决策。力争在实施权力清单制度、优化政策环境、国有企业改革、干部考核机制等关键领域取得重大进展[1]。

(四) 进一步深化国有企业改革

进一步深化国有企业改革，针对东三省的国有企业，应进一步深化国有企业改革，确立企业市场主体地位，完善现代企业制度、国有资产监管体制，提高国有资本运行和企业管理效率[2]。

全面落实《中共中央、国务院关于深化国有企业改革的指导意见》，选择一批重点行业和企业分别开展公司法人治理结构、薪酬分配制度、内部用人制度、国有资产管理体制等方面的改革探索，建立分类、灵活、多元的路径和模式。积极推进国有企业

---

[1] 靳继东、杨盈竹:《东北经济的新一轮振兴与供给侧改革》，载于《财经问题研究》2016 年第 5 期，第 103 ~ 109 页。

[2] 唐现杰、徐泽民:《振兴东北老工业基地的现实选择》，载于《管理世界》2004 年第 5 期，第 136 ~ 137 页。

混合所有制改革,根据不同行业和企业类型制定不同策略,宜控股就控股,宜参股就参股,不搞"一刀切"和"拉郎配"。重点支持非国有资本通过出资入股、收购股权、认购可转债、股权置换等多种方式参与国有企业改革,鼓励国有企业通过投资入股、联合投资、并购重组等多种方式与非国有企业进行股权融合和战略合作。集中力量化解东北地区国有企业的历史负担,加快剥离企业办社会职能,继续推进厂办大集体改革,建立政府和国有企业合理分担成本的机制。选择国有企业比较集中、具有代表性的城市设立全国国有企业深化改革试验区,积极争取国家赋予先行先试的扶持政策,明确各类国有企业深化改革的路线图、时间表和任务清单,探索国有企业深化改革和转型发展的新机制和新模式[①]。

(五)大力鼓励民营经济的发展

与国有经济相比,民营经济具有高度灵活的市场机制优势,在经济发展过程中更具有主动性和能动性;而与外资经济相比,民营经济的发展具有更深的根植性,更能形成产业的扩散和企业的集聚,也更能促进本地居民收入水平的提高。民营经济已越来越成为各地拉动投资、解决就业和促进经济发展的主导力量。而东北地区民营经济的发展一直缓慢,需要政府给予更多的关注和支持。

东北地区的市场化程度相对于其他地方来说仍然较低,民营经济不发达,社会资本活跃度不高,应将混合所有制改革作为国企改革的突破口,积极引导社会资本的有序进入,消除民营企业与国有企业之间体制上的"寄生"关系,真正发挥民营企业促进经济转型升级的主力军作用。应该说,东三省的短板在民营经

---

① 高国力:《全面振兴东北老工业基地关键在于破除结构性和体制性约束》,载于《中国发展观察》2016年第2期,第9～11页。

济,潜力也在民营经济,出路与新的增长空间更在民营经济。政府应积极鼓励民营经济的发展,充分发挥民营经济在吸纳就业方面的优势,为民营企业提供积极的融资支持和投资环境,以激发东北地区经济活力①。切实改善民营经济发展环境,坚决摒弃"重国有轻民营"、"重大轻小"等观念,消除影响民营经济发展的体制机制性障碍,将发展和壮大民营经济作为聚焦"深化改革"的重要内容,形成国企、民企、外企一起上的新局面②。

第三节 东北老工业基地新一轮振兴的相关政策分析

一、东北老工业基地新一轮振兴主要政策概述

当前东北老工业基地所面临的历史条件、现实基础和主要矛盾与2003年实施振兴战略之初相比已经发生了深刻变化,因此在新一轮的振兴过程中,必须更加注重政策模式的转变和调整:要切实改变通过大规模投资刺激经济的发展观念和政策思路,将政策实施的重心转变到要素结构的调整和供给效率尤其是制度供给上来,通过制度供给进一步理顺政府与市场的关系,加强市场的基础设施建设,加大国有企业改革力度,充分发挥市场在资源配置中的决定性作用,减少政府对市场的不当干预尤其是对竞争性领域的介入和干预③。

党中央国务院最近陆续出台了一些振兴东北老工业基地的政

---

① 黄群慧、石颖:《东北三省工业经济下行的原因分析及对策建议》,载于《学习与探索》2016年第7期,第100~112页。
② 林木西:《"四个着力"是新一轮老工业基地振兴发展的治本之策》,载于《中国社会科学报》2015年12月22日第4版。
③ 靳继东、杨盈竹:《东北经济的新一轮振兴与供给侧改革》,载于《财经问题研究》2016年第5期,第103~109页。

策，国家发改委也提供了关于重大项目的支撑，这对东北振兴是强有力的支持。国家针对新一轮东北振兴陆续出台的一系列政策如表1-1所示。

表1-1　　　　　东北老工业基地新一轮振兴政策

时间	政策文件
2014年8月	《国务院关于近期支持东北振兴若干重大政策举措的意见》
2015年6月	《关于促进东北老工业基地创新创业发展、打造竞争新优势的实施意见》
2015年8月	《关于深化国有企业改革的指导意见》
2015年9月	《关于国有企业发展混合所有制经济的意见》
2015年10月	《东北地区培育和发展新兴产业三年行动计划》
2015年12月	《关于全面振兴东北地区等老工业基地的若干意见》
2016年2月	《中共中央　国务院关于全面振兴东北地区等老工业基地的若干意见》
2016年4月	《贯彻实施质量发展纲要2016年行动计划》
2016年4月	《促进科技成果转移转化行动方案》
2016年8月	《推进东北地区等老工业基地振兴三年滚动实施方案（2016~2018）》
2016年8月	《装备制造业标准化和质量提升规划》
2016年9月	《关于支持老工业城市和资源型城市产业转型升级的实施意见》
2016年11月	《国务院关于深入推进实施新一轮东北振兴战略部署加快推动东北地区经济企稳向好若干重要举措的意见》
2016年12月	《东北振兴"十三五"规划》
2016年12月	《中国科学院东北振兴科技引领行动计划（2016~2020年）》
2017年3月	《关于支持东北老工业基地全面振兴深入实施东北地区知识产权战略的若干意见》

(一) 两文、两规划

1. 《国务院关于近期支持东北振兴若干重大政策举措的意见》

《国务院关于近期支持东北振兴若干重大政策举措的意见》内容包括着力激发市场活力、进一步深化国有企业改革、紧紧依靠创新驱动发展、全面提升产业竞争力、推动城市转型发展、加快推进重大基础设施建设、切实保障和改善民生、强化政策保障和组织实施等11个大方面35条。具有四个突出特点：一是突出重大政策，内容聚焦近期支持东北振兴的重大任务和重大实质性政策上；二是提出一批含金量高的政策，全文共包含实质性支持政策140余项；三是在全面深化改革上出实招，提出推进简政放权、国有企业改革、支持非公有经济发展、科技创新改革、资源型城市改革等，还推出一批先行先试的重大改革政策；四是充分发挥投资的关键作用，优化投资结构，注重资金投向等。该文件是近年来少有的内容具体、针对性强、操作性强、政策含金量高的区域政策文件，对新时期推进东北全面振兴具有重要的指导意义。

2. 《中共中央 国务院关于全面振兴东北地区等老工业基地的若干意见》

《中共中央 国务院关于全面振兴东北地区等老工业基地的若干意见》明确提出了新一轮东北振兴的总体要求、战略定位、主要任务、工作重点和政策措施，立足新阶段解决新问题、落实新发展理念探索发展新路径、围绕新定位谋划新目标、结合新要求明确新任务、针对新形势出台新政策。

一是立足新阶段解决新问题。东北振兴现在面临的问题仍然是体制机制问题和结构性问题，但问题的内涵和10年前启动东北振兴战略时已有很大不同，解决问题的难度也发生了很大变化，现在遇到的问题更多的是转型和发展中的问题。根据新的形势，该意见强调要把提高经济发展质量和效益，加大供给侧结构性改革力度,不断提升老工业基地的发展活力、内生动力和总体竞争力放在核心位置,这既体现了东北地区的特点和当前面临的突出问题,也是经济发展新常态下东北振兴的客观要求①。

二是落实新发展理念探索发展新路径。党的十八届五中全会提出了创新、协调、绿色、开放、共享的新发展理念,中央经济工作会议明确要求,要加大供给侧结构性改革力度,提出了五大政策支柱和"三去一降一补"五大重点任务。围绕贯彻落实新发展理念,该意见强调要从创新体制机制、完善发展环境、激发内生动力等方面大力突破。

三是围绕新定位谋划新目标。按照党中央、国务院对东北振兴的总体定位,在深入分析国内外经济形势,进一步分析东北区情的基础上,该意见对东北全面振兴的目标提出了明确要求。第一阶段,到2020年,东北地区与全国同步实现全面建成小康社会目标,在重点领域和关键环节改革上取得重大成果,转变经济发展方式取得重大进展;第二阶段,在此基础上,争取再用10年左右时间,也就是到2030年,东北地区实现全面振兴,走进全国现代化建设前列,成为全国重要的经济支撑带,具有国际竞争力的先进装备制造业基地和重大技术装备战略基地,国家新型原材料基地、现代农业生产基地和重要技术创新与研发基地。这"五基地一支撑带",是对东北地区未来发展的希望和要求,也是衡量和评价东北全面振兴的重要标准。

四是结合新要求明确新任务。按照中央的部署,新一轮东北振兴要重点在"四个着力"上下功夫,这既是新一轮东北振兴的重点任务,也是当前和今后一个时期对东北振兴发展的核心要求。着力完善体制机制,深化改革开放是全面振兴老工业基地的治本之策;着力推进结构调整,增强产业竞争力是全面振兴老工

---

① 何立峰:《攻坚克难狠抓落实大力实施新一轮东北地区等老工业基地振兴战略》,载于《时事报告(党委中心组学习)》2016年第3期,第86~100页。

业基地的关键之举；着力鼓励创新创业，提升创新引领支撑能力是全面振兴老工业基地的决胜之要；着力保障和改善民生，使人民有更多获得感是全面振兴老工业基地的稳定之基。这"四个着力"相互联系、相辅相成、逻辑贯通，具有很强的针对性。立足于"四个着力"，客观上要求新一轮东北振兴由侧重企业和产业改造，转向全面推动经济转型、社会转型、产业转型、城市转型和生态转型，在领域上更加全面、更加深入。

五是针对新形势出台新政策。东北振兴有特殊的地位，当前也存在特殊的困难，按照问题导向和目标导向，该意见从体制机制改革、产业结构调整、鼓励创新创业、保障和改善民生、支持城市转型、建设生态文明、加强基础设施建设等多个方面提出了一批重大政策、重大工程和重大项目。

该意见是新形势下对振兴东北等老工业基地战略的丰富、深化和发展，成为指导全面振兴的宏观性、战略性、政策性文件。

3. 东北振兴"十三五"规划

2016年12月19日《东北振兴"十三五"规划》（简称《规划》）印发，针对制约东北老工业基地振兴发展的体制性、机制性和结构性问题，《规划》立足发展新定位，注重突出问题导向，从区域发展的角度提出"十三五"时期东北老工业基地全面振兴的总体思路及规划布局，着重解决东北地区振兴发展中面临的共性问题，以及重大生产力布局、重点开发开放平台布局、跨省区合作和基础设施连通等问题。

完善体制机制，是东北振兴的治本之策。《规划》围绕进一步深化改革和扩大对外开放，通过加快转变政府职能、深化国企国资改革、大力发展民营经济、推进重点专项改革，实施"对俄蒙基础设施互联互通重点工程""重点沿边城市支撑能力提升工程"，打造我国向北开放的重要窗口和东北亚地区合作的中心枢纽，形成有利于东北地区适应引领经济发展新常态、实现全面振兴的体制机制。

推进结构调整,是东北振兴的主攻方向。《规划》组织了"提高粮食综合生产能力重点工程""推动农村产业融合发展重点工程"、打造"装备制造业发展重点和主要基地"等,力求通过加大供给侧结构性改革力度,"加减乘除"一起做,改造升级"老字号",深度开发"原字号",培育壮大"新字号"。

鼓励创新创业,是东北振兴的有力支撑。《规划》通过大力实施创新驱动发展战略,加快推动大众创业、万众创新,协同推进产业创新、企业创新、市场创新、产品创新、业态创新和管理创新,形成以创新为主要引领和支撑的老工业基地振兴发展新模式。

保障和改善民生,是东北振兴的根本出发点和落脚点。《规划》通过扩大就业增加居民收入、全面推进棚户区改造等措施,在增加基本公共服务有效供给、提升基本公共服务均等化水平基础上,推进以保障和改善民生为重点的社会建设,全面实施精准扶贫、精准脱贫,切实解决好重点民生问题,使振兴发展成果更多惠及全体人民,让人民群众有更多获得感。

按照《规划》,到2020年,东北地区体制机制改革创新和经济发展方式转变取得重大进展,发展的平衡性、协调性、可持续性明显提高,与全国同步实现全面建成小康社会宏伟目标。

4."十三五"规划

"加快市场取向的体制机制改革,积极推动结构调整,加大支持力度,提升东北地区等老工业基地发展活力、内生动力和整体竞争力。加快服务型政府建设,改善营商环境,加快发展民营经济。大力开展和积极鼓励创业创新,支持建设技术和产业创新中心,吸引人才等各类创新要素集聚,使创新真正成为东北地区发展的强大动力。深入推进国资国企改革,加快解决厂办大集体等问题"[①]是《中华人民共和国国民经济和社会发展第十三个五

---

① 《中华人民共和国国民经济和社会发展第十三个五年规划纲要》,新华网,2016年3月17日,http://news.xinhuanet.com/politics/2016lh/2016-03/17/c_1118366322.htm。

年规划纲要》对新一轮东北振兴提出的要求。

(二) 其他政策

2015年6月26日国家发改委发文《关于促进东北老工业基地创新创业发展、打造竞争新优势的实施意见》，从创新创业、体制机制、技术创新体系、促进大众创业、创业人才队伍、政策和组织保障等方面提出了具体的措施，积极推动东北老工业基地发展方式由要素驱动向创新驱动转变。

2015年8月，中共中央、国务院发布了《关于深化国有企业改革的指导意见》，从多个方面明确了国资国企改革的基本方向。

2016年4月4日，国务院办公厅印发《贯彻实施质量发展纲要2016年行动计划》强调，加强质量整治，淘汰落后产能和化解过剩产能。

2016年4月21日，国务院办公厅印发《促进科技成果转移转化行动方案》，提出要推动传统工业由要素驱动向创新驱动转变、由低中端生产向中高端制造转变。

2016年8月1日，工信部等三部门印发《装备制造业标准化和质量提升规划》提出，坚持标准引领，用先进标准倒逼装备制造业转型和质量升级，建设制造强国、质量强国。东北地区要继续发扬"铁人精神"和"工匠精神"，在创新驱动发展大潮中加快发展新经济，加快推进节能环保以及低碳技术的推广应用，发展新业态、应用新技术、采用新模式，带动传统装备制造业转型升级，实现东北地区产业体系的优化和升级。

2016年8月22日，《推进东北地区等老工业基地振兴三年滚动实施方案（2016～2018年)》印发，实施方案重点围绕着力完善体制机制、着力推进结构调整、着力鼓励创新创业、着力保障和改善民生四大核心任务。

2016年9月13日，国家发改委、科技部、工信部、国土资源部、国家开发银行等部委出台了《关于支持老工业城市和资源型城市产业转型升级的实施意见》，提出力争用10年左右时间，建立健全支撑产业转型升级的内生动力机制、平台支撑体系，构建特色鲜明的现代产业集群，再造产业竞争新优势。

2016年11月1日《关于深入推进实施新一轮东北振兴战略加快推动东北地区经济企稳向好若干重要举措的意见》公布，该意见以全面深化改革创新，提升东北老工业基地的发展活力、内生动力和整体竞争力为引领，重点围绕党中央、国务院有明确部署的重点任务，提出了一批近期可操作可实施，对推动东北地区经济企稳向好意义重大的政策举措。

2017年3月28日，国家知识产权局、国家发改委等九部门近日联合印发《关于支持东北老工业基地全面振兴深入实施东北地区知识产权战略的若干意见》，该意见要求发挥知识产权支撑引领作用，促进产业结构升级，包括推动知识产权与区域重点产业发展融合，支撑服务产业技术创新，加强农业知识产权工作，助力东北地区文化产业持续发展繁荣。

二、东北老工业基地新一轮振兴政策分析

（一）主要政策评析

1.《中共中央　国务院关于全面振兴东北地区等老工业基地的若干意见》与《国务院关于近期支持东北振兴若干重大政策举措的意见》的区别

《中共中央　国务院关于全面振兴东北地区等老工业基地的若干意见》与《国务院关于近期支持东北振兴若干重大政策举措的意见》指导思想是一脉相承的，都是新一轮东北振兴的重要文件，但是，两个文件在定位和内容等方面各有侧重。

从文件定位上看，《中共中央　国务院关于全面振兴东北地区等老工业基地的若干意见》定位为新形势下中央对振兴战略的丰富、深化和发展，是指导老工业基地全面振兴的中长期战略性文件，《国务院关于近期支持东北振兴若干重大政策举措的意见》则是新一轮东北振兴短期工作的安排、部署和具体化。

从文件内容上看，《中共中央　国务院关于全面振兴东北地区等老工业基地的若干意见》内容比较全面，明确了新一轮东北振兴的指导思想、发展目标和重点任务，《国务院关于近期支持东北振兴若干重大政策举措的意见》主要聚焦在近期能见效的重大政策和重大工程。

从文件适用期上看，《中共中央　国务院关于全面振兴东北地区等老工业基地的若干意见》是在总结前10年工作基础上，对未来10年乃至更长时期对老工业基地全面振兴的总体谋划，《国务院关于近期支持东北振兴若干重大政策举措的意见》重点是近两三年能够实施的内容。

可以说，《中共中央　国务院关于全面振兴东北地区等老工业基地的若干意见》在《国务院关于近期支持东北振兴若干重大政策举措的意见》的基础上，从战略和全局的高度对新一轮东北振兴进行了全面谋划，是经济发展新常态下对东北振兴理念的创新。

2. 新一轮东北振兴与上一轮振兴战略的区别

《中共中央　国务院关于全面振兴东北地区等老工业基地的若干意见》明确提出了新一轮东北振兴的总体要求、战略定位、主要任务、工作重点和政策措施。这是中央关于新时期全面振兴东北地区的纲领性文件，对各个方面提振信心、凝聚共识、聚焦重点具有重大意义。综合来看，与2003年实施的东北振兴战略相比，本轮振兴立足历史与现实，着眼未来与发展，在背景、外延、内涵等方面均发生了一些新的变化。

（1）问题新。上一轮东北振兴战略针对的主要是民生问题突出、国企职工大面积下岗、企业大规模破产和产业快速衰退等方面难题，重点解决民生保障、社会稳定问题。新一轮东北振兴战略主要针对的是深化改革开放，完善体制机制，重点是促进产业结构优化和创新创业能力的提升，瞄准的更多的是发展问题，而且是经济社会生态等领域的全面发展问题，注重提高全要素生产率，提高经济增长的质量和效益，注重形成引领经济发展新常态的发展方式。

（2）理念新。党的十八大以来，以习近平同志为核心的党中央提出了"四个全面"的战略部署和认识、适应、引领经济发展新常态的战略部署，党的十八届五中全会鲜明提出了创新、协调、绿色、开放、共享的发展理念，2015年底召开的中央经济工作会议明确要求，要加大供给侧结构性改革力度，提出了五大政策支柱和"三去一降一补"五大重点任务，这些新理念、新要求为新一轮东北振兴提出了新的指引，要求各个方面必须用新的视野、新的思维、新的办法来谋划和推动东北振兴。

（3）方法新。上一轮振兴战略实施中，主要采取中央加大资金投入和政策供给的方式予以扶持。新一轮东北振兴战略则更多运用改革手段，强调发挥地方主体责任完善制度环境。相对而言，本轮振兴的方式方法更难，更多依靠地方和企业的自主革命，更深触及地方和企业的既有利益。当然，改革的核心目标是促使东北地区经济增长由主要依靠投资带动转向主要依靠体制机制创新、科技进步和人力资本释放，由重点依赖资金项目支持转向帮助完善振兴发展的综合环境，强化制度供给和内生动力的再造。

（4）路径新。上一轮推动东北振兴的主要路径是，通过支持国有重点企业和壮大传统优势产业来带动区域发展，重点依靠加大投资和扩大产能来拉动经济增长。随着国内外形势的变化，既有路径已难以为继。本轮振兴战略把提高经济发展质量效益，提升发展活力、内生动力和整体竞争力作为工作重点，采取的是一种全面推进、平衡发展的战略，强调新兴产业培育与传统产业升级共同推进、国有经济与民营经济两翼齐飞、改革创新与继承发展齐头并进的多元化发展路径。与原来相比，现在的路径方式更需要技巧，更需要把握好平衡与分寸，处理好轻重缓急。

（5）任务新。"四个着力"是新一轮东北振兴的核心任务，也是中央对老工业基地当前和今后一个时期振兴发展的总要求，着力完善体制机制、深化改革开放是全面振兴老工业基地的治本之策，着力推进结构调整、增强产业竞争力是全面振兴老工业基地的关键之举，着力鼓励创新创业、提升科技创新能力是全面振兴老工业基地的决胜之要，着力保障和改善民生、使人民有更多"获得感"是全面振兴老工业基地的稳定之基。这"四个着力"既一脉相承，内在联系紧密，具有很强的一致性、连贯性；又相辅相成，各有侧重，具有很强的针对性。

（二）新一轮东北振兴政策的鲜明特点

在我国经济进入新常态的大背景下，推进新一轮东北地区等老工业基地振兴，客观上要求贯彻新发展理念，按照宏观政策要稳、产业政策要准、微观政策要活、改革政策要实、社会政策要托底的总体思路，着力破解发展难题，培育新动能，努力实施体系再造和动力转换，实现结构优化和成果共享。新一轮振兴政策文本集以往老工业基地改造理论与实践成果之大成，并立足新阶段解决新问题，贯彻新理念探索新路径，谋划新发展实现新目标，是新时期实施振兴战略的政策纲领和行动指南。

新一轮振兴战略政策文本的鲜明特点：

1. 宏伟蓝图更加清晰

《中共中央 国务院关于全面振兴东北地区等老工业基地的若干意见》明确提出了推进新一轮东北振兴的阶段性目标。第一阶段，到2020年，在重点领域和关键环节改革上取得重大成果，转变经济发展方式取得重大进展，经济保持中高速增长，产业迈向中高端水平，自主创新和科研成果转化能力大幅提升，重点行业和企业具有较强国际竞争力，经济发展质量效益明显提高；新型工业化、信息化、城镇化和农业现代化协调发展新格局基本形成；人民生活水平和质量普遍提高，城乡居民收入增长和经济发展同步；资源枯竭、产业衰退地区转型发展取得明显成效；与全国同步实现全面建成小康社会目标。第二阶段，再用10年左右时间，东北地区实现全面振兴，走进全国现代化前列，成为全国重要经济支撑带，具有国际竞争力的先进装备制造业基地、重大技术装备战略基地、国家新型原材料基地、现代农业生产基地和重要技术创新与研发基地。"五个基地"和"一个支撑带"是国家对东北地区的重托也是10年后检验全面振兴战略实施成果的一个标志性指标。

2. 重点任务更加突出

"四个着力"是东北振兴的核心任务，也是中央对老工业基地和今后一个时期发展的总要求。我们必须紧紧把握四项重点任务，攻坚克难，把四个"着力"要求落到实处。

一是着力完善体制机制。把全面深化改革、扩大开放作为治本之策，加快形成充满内在活力的新体制新机制。要加快转变政府职能，进一步理顺政府和市场的关系，着力解决政府直接配置资源、管得过多过细以及职能错位、越位、缺位、失位等问题。要深化国有企业改革，支持东北在全面深化国企改革方面先行先试，完善国有企业治理模式和经营机制，解决好历史遗留问题。要支持民营经济做强做大，促进民营经济公开公平公正参与市场竞争，使民营企业成为推动发展、增强活力的重要力量。要深入推进专项领域改革。深化厂办大集体、国有林区、垦区等专项领域改革。要积极参与"一带一路"建设。加强与周边国家基础设施互联互通，促进区域投资贸易与人文合作，努力将东北地区打造成为我国向北开放的重要窗口和东北亚地区合作的中心枢纽。要对接京津冀协同发展。完善区域合作协同发展机制，构建区域合作新格局。

二是着力推进结构调整。积极推进结构调整，切实增强产业竞争力，是全面振兴老工业基地的关键之举。多策并举推进供给侧结构性改革，加快构建战略性新兴产业和传统制造业并驾齐驱、现代服务业和传统服务业相互促进、信息化和工业化深度融合的产业发展新格局。要促进装备制造等优势产业提质增效。推进东北装备"装备中国"、走向世界。积极稳妥化解过剩产能，坚决淘汰落后产能。要积极培育新产能新业态。实施东北地区培育发展新兴产业行动计划，发展壮大高档数控机床、工业机器人及智能装备、燃气轮机、先进发动机、光电子、生物医药、新材料等一批有基础、有优势、有竞争力的新兴产业。要大力发展以生产性服务业为重点的现代服务业。实施老工业基地服务型制造行动计划，引导和支持制造业从生产制造型向生产服务型转变。加快发展旅游、养老、健康、文体、休闲等产业。要加快发展现代化大农业。率先构建现代农业经营体系、生产体系、产业体系，着力提高农业生产规模化、集约化、专业化、标准化水平和可持续发展能力，为全国粮食安全提供有力保障。要提升基础设施水平。规划建设东北地区沿边铁路，加快推进国家高速公路和国省干线公路建设，研究新建、扩建一批干支线机场等。

三是着力鼓励创新创业。提高科技创新能力，加快形成以创新为主要引领和支撑的经济体系和发展模式，是全面振兴老工业基地的决胜之要。要完善区域创新体系。全面持续推动大众创业、万众创新，积极营造有利于创新的政策环境和制度环境，完善区域创新创业条件，推动科技创新、产业创新、企业创新、市场创新、产品创新、业态创新和管理创新。要促进科教机构与地方发展紧密结合。鼓励东北地区科研院所和高校加快发展，布局建设国家重大科技基础设施，创新科研机构、高校与地方合作模式。要加大人才培养和智力引进力度。完善人才激励机制，鼓励高校、科研院所和国有企业强化对科技、管理人才的激励。开展老工业基地产业转型技术技能人才双元培育改革试点。

四是着力保障和改善民生。坚持发展成果更多更公平惠及全体人民，使人民群众有更多获得感，是全面振兴老工业基地的稳定之基。要切实解决好社保就业等重点民生问题。加大民生建设资金投入，保障民生链正常运转，防止经济下行压力传导到民生领域。要全面实施棚户区、独立工矿区改造等重大民生工程。重点推进资源枯竭城市及独立工矿区、老工业城市改造，因地制宜加快推进独立工矿区搬迁改造工作，开展露天矿坑、矸石山、尾矿库等综合治理，彻底解决历史遗留问题。要推进城市更新改造和城乡公共服务均等化。加大市政设施建设与更新改造力度，改善薄弱环节，提高城市综合承载与辐射能力。要促进资源型城市可持续发展。进一步完善对资源枯竭城市财政转移支付制度，鼓励地方设立资源型城市接续替代产业投资基金，支持创建可持续发展示范市。要打造北方生态屏障和山青水绿的宜居家园。全面推行绿色制造，强化节能减排，推进清洁生产，构建循环链接的产业体系，努力使东北地区天更蓝、山更绿、水更清，生态环境更美好。

3. 重大政策更加衔接配套

《中共中央　国务院关于全面振兴东北地区等老工业基地的若干意见》进一步整合现有各类政策，及时提出新常态下的支持性政策，并注重政策的组合配套，全力发挥政策的合力和引导作用。

一是财政政策。《中共中央　国务院关于全面振兴东北地区等老工业基地的若干意见》提出"中央财政要进一步加大对东北地区一般性转移支付和社保、教育、就业、保障性住房等领域财政支持力度。完善粮食主产区利益补偿机制，按粮食商品量等因素对地方给予新增奖励"。《国务院关于近期支持东北振兴若干重大政策举措的意见》提出将东北地区具备条件的省市纳入地方政府债券自发自还试点范围。

二是金融政策。《中共中央　国务院关于全面振兴东北地区等老工业基地的若干意见》提出"进一步加大信贷支持力度，鼓励政策性金融、开发性金融、商业性金融机构探索支持东北振兴的有效模式，研究引导金融机构参与资源枯竭、产业衰退地区和独立工矿区转型的政策。推动产业资本与金融资本融合发展，允许重点装备制造企业发起设立金融租赁和融资租赁公司"。《国务院关于近期支持东北振兴若干重大政策举措的意见》提出，"加大对东北地区支农再贷款和支小再贷款支持力度。优先支持东北地区符合条件企业发行企业债券，允许符合条件的金融机构和企业到境外市场发行人民币债券"。

三是投资政策。《中共中央 国务院关于全面振兴东北地区等老工业基地的若干意见》提出"要进一步加大中央预算内投资对资源枯竭、产业衰退地区和城区老工业区、独立工矿区、采煤沉陷区、国有林区等困难地区支持力度。中央预算内投资安排专项资金支持新兴产业集聚发展园区建设"。《国务院关于近期支持东北振兴若干重大政策举措的意见》明确提出，"在基础设施、生态建设、环境保护、扶贫开发和社会事业等方面安排中央预算内投资时，比照西部地区补助标准执行。中央加大对东北高寒地区和交通末端干线公路建设的项目补助和资本金倾斜。中央预算内投资专门安排省区合作项目前期工作"。

四是产业政策。《中共中央 国务院关于全面振兴东北地区等老工业基地的若干意见》提出"制定东北地区产业发展指导目录，设立东北振兴产业投资基金。国家重大生产力布局特别是战略性新兴产业布局重点向东北地区倾斜。设立老工业基地产业转型升级示范区和示范园区"。《国务院关于近期支持东北振兴若干重大政策举措的意见》提出"积极推动设立战略性新兴产业创业投资基金。设立国家级承接产业转移示范区，承接国内外产业转移。支持东北地区开展工业化与信息化融合发展试点"。

五是创新政策。《中共中央 国务院关于全面振兴东北地区等老工业基地的若干意见》提出，"支持老工业城市创建国家创新型城市和设立国家高新技术产业开发区。支持沈阳市开展全面创新改革试验。开展老工业城市创新发展试点"。《国务院关于近期支持东北振兴若干重大政策举措的意见》提出,"在东北地区设立国家自主创新示范区。设立引导东北地区创新链整合的中央预算内投资专项。支持东北地区建设一批国家工程(技术)研究中心、国家工程(重点)实验室等研发平台"。

六是开放政策。《中共中央 国务院关于全面振兴东北地区等老工业基地的若干意见》提出,"推进中蒙俄经济走廊建设。推进中韩国际合作示范区建设。推进中日经济和产业合作平台。在预算内投资中安排资金支持东北地区面向东北亚开放合作平台基础设施建设"。《国务院关于近期支持东北振兴若干重大政策举措的意见》提出,"推动中德两国在沈阳共建高端装备制造业园区。优先支持东北地区项目申请使用国际金融组织和外国政府优惠贷款。推动东北地区与环渤海、京津冀地区统筹规划"。

4. 专项举措更具有针对性和操作性

《国务院关于近期支持东北振兴若干重大政策举措的意见》坚持问题导向和底线思维,针对东北特点和问题精准施策,提出了一系列具有针对性、实效性、操作性和能够实化、细化、具体化的政策举措。

一是关于深化改革激发市场活力。进一步简政放权。提出"对已下放地方的投资项目审批事项,按照同级审批原则,依法将用地预审等相关前置审批事项下放地方政府负责",鼓励辽宁省开展投资领域简政放权改革试点,尽量减少前置审批事项。支持民营经济发展。提出"在东北地区开展民营经济发展改革试点,创新扶持模式与政策,壮大一批民营企业集团,开展私营企业建立现代企业制度示范"。在东北地区试点民间资本发起设立民营银行等金融机构。进一步放宽民间资本进入的行业和领域,抓紧实施鼓励社会资本参与的国家级重大投资示范项目。同时,要在基础设施、基础产业等领域推出一批鼓励社会资本参与的地方重大项目。

二是关于深化国有企业改革。推进地方国有企业改革。支持先行先试，拿出本级国有企业部分股权转让收益和资本经营收益，专项用于支付必需的改革成本。有序推进混合所有制企业管理层、技术骨干、员工出资参与本企业改制。继续解决好国企改革历史遗留问题。加大支持力度，力争用2~3年时间，妥善解决厂办大集体、分离企业办社会职能、离退休人员社会化管理等历史遗留问题。

三是关于提升创新支撑能力。率先开展创新改革。在东北地区开展产学研用协同创新改革试验，打通产学研用之间的有效通道。整合创新资源组建若干产业技术创新战略联盟，设立引导东北地区创新链整合的中央预算内投资专项，加大资金支持力度，集中实施一批重大创新工程。完善区域创新政策。研究在东北设立国家自主创新示范区。研究将中关村自主创新示范区有关试点政策向东北地区推广。研究利用国家外汇储备资金支持企业并购国外科技型企业的具体办法。加强创新基础条件建设。支持东北地区建设重大科技基础设施和研发平台。推动大型企业向社会和中小企业开放研究和检验检测设备，研究给予相应优惠政策。支持中科院在东北地区加强院地合作，建设产业技术创新平台。在高端装备制造和国防科技领域，国家重大人才工程要对东北地区给予重点支持。

四是关于提升产业竞争力。推进传统产业升级。要科学布局一批产业关联度高的重大产业项目。积极支持重大技术装备拓展国内外市场，扶持东北地区优势装备既能装备全国，又能走向世界。加快培育新兴产业。支持战略性新兴产业加快发展，对东北地区具有发展条件和比较优势的领域，国家优先布局安排。推动在沈阳、大连、哈尔滨等地设立军民融合发展示范园区。在东北地区设立国家级承接产业转移示范区，承接国内外产业转移。推进工业化和信息化融合发展，培育发展新一代信息技术产业、云计算、物联网等产业。加快现代服务业发展。加快东北地区生产性服务业发展,在用电、用水等方面与工业企业实行相同价格,在用地方面给予重点支持。

五是关于加快城市转型。全面推进城区老工业区和独立工矿区搬迁改造。从2014年起中央预算内投资每年安排20亿元专门用于东北地区城区老工业区和独立工矿区搬迁改造。可以通过开发性金融或发行企业债券支持城区老工业区和独立工矿区搬迁改造。加快城市基础设施改造。加大中央预算内投资支持力度,大力推进东北地区城市供热、供水等管网设施改造。结合既有建筑节能、供热管网改造以及热电联产机组建设,组织实施东北地区"暖房子"工程。

六是关于保障和改善民生。加快棚户区改造。中央预算内投资进一步向东北地区工矿、国有林区、垦区棚户区改造配套基础设施建设倾斜。同等条件下优先支持棚户区改造的企业发行债券融资。扩大东北地区棚户区改造项目"债贷组合"债券发行规模。社会保障问题。中央财政对企业职工基本养老保险的投入继续向东北地区倾斜,进一步提高企业退休人员基本养老金水平。妥善解决厂办大集体职工的社会保障问题,落实将关闭破产企业退休人员和困难企业职工纳入基本医疗保险的政策。

七是关于生态和基础设施。关于生态问题,尽快将东北地区国有林区纳入停止商业性采伐范围。在有条件的地区开展退耕还湿和湿地生态移民试点。全面开展老矿区沉陷区、露天矿坑、矸石山、尾矿库等综合治理,按照"政府支持、市场化运作"方式,对工业废弃地和矿区历史遗留问题实施专项治理工程。关于加快重大基础设施建设。加快京沈高铁及其联络线等快速铁路建设,进行既有铁路线路扩能提速改造。启动京哈高速公路扩容改造。支持一批机场改扩建和支线机场新建工程。支持重点城市轨道交通建设。加大国际运输通道建设。加快电网建设。实施电力体制改革。加快开工建设一批重大水利工程和防洪减灾工程。

5. 其他政策助力

"一带一路"为东北老工业基地振兴提供了新的战略支点；由工业4.0革命引发的新工业革命浪潮，倒逼东北奋起追赶。

"一带一路"建设成为东北谋求新一轮振兴的重要抓手。在已发布的《推动共建丝绸之路经济带和21世纪海上丝绸之路的愿景与行动》中，东三省定位为我国向北开放的重要窗口。主动融入、积极参与"一带一路"建设，努力将东三省打造成为我国向北开放的重要窗口和东北亚地区合作的中心枢纽。

"中国制造2025"重塑东北工业竞争力。"中国制造2025"明确指出了新时期工业制造业的特点和主要发展方向，恰好是东北工业基地现在发展中面临的不足之处，按照"中国制造2025"所指示的方向进行改造，将会很好地弥补不足，重塑东北工业的竞争力。

"互联网+"激活东北经济新力。东三省通过力推"互联网+"战略，其积极意义是显而易见的：激活消费，增强经济发展内在动力，改变过度依赖投资驱动的局面；促进民营经济发展，"互联网+"为"大众创业、万众创新"提供了无限可能；充分发挥了东北在现代农业领域的优势。

第二章

东北工业化历史演进与体制机制特殊性分析

第一节 东北工业化历史演进

东北工业发展要比关内晚20年[①]，是在清末随着实施弛禁开放和大规模开发政策而开始的。梳理东北工业发展历史，可以将其分为清末民初、奉系集团统治时期、伪满时期、新中国工业化建设时期和改革开放以来五个阶段，经历了从无到有、后来居上、雄霸全国，以及战争期间惨遭破坏、战后努力修复、新中国成立后再度辉煌的历程。特别是改革开放以来，随着东南沿海地区扩大对外开放和加快推进工业化进程，国内工业经济版图逐渐发生演变，东北地区在全国曾经辉煌的工业地位已经不复存在。而伴随着"东北现象"和"新东北现象"的出现，东北以重化工业为重点、央企国企为主导的经济发展形成一系列体制机制和结构性问题，亟待通过深入研究、找准问题关键与有效对策，予以成功突破，实现东北振兴。

---

① 孔经纬：《论东北经济史在中国经济史中的地位》，载于《吉林大学社会科学学报》1985年第4期，第43~49页。

一、解放前东北地区的工业化

清末民初是东北地区工业化的发轫时期,这与外资进入东北密不可分。第二次鸦片战争后的 1861 年,营口开埠,英国太古洋行在牛庄投资设立了第一家使用蒸汽机的新式油坊①。中日甲午战争后,随着 1895 年《马关条约》、1896 年《中俄密约》、1898 年《中俄旅大租地条约》等的签订,俄、日、德、美等国外资加快进入东北,投资铁路、工矿等企业。该时期,沙俄以哈尔滨为中心修筑中东铁路,形成一条 2800 多公里的"丁"字形铁路,并在铁路沿线设立许多工矿洋行,攫取高额利润。日俄战争后,东北地区由沙俄独霸变为俄日分南北共同控制局面。

官办工业也是东北地区工业化的重要推动力。洋务运动中,1881 年钦差大臣吴大澂奏请清廷批准,开设吉林机器局,建立了东北地区第一家兵工厂。1887 年,由李鸿章和黑龙江衙门共同垫支开设漠河金矿,1889 年正式开工当年即产金 19000 多两②。1896 年开设奉天机器局,制造银币、紫铜元等钱币,是我国最早的机制银圆企业之一。1907 年,清政府在全国推行所谓"第二次洋务运动",东三省总督徐世昌在在东北设立了矿政调查局、农业试验场、工艺传习所、官牧场、硝皮厂、官纸局、印刷局等,创办布匹、火柴、肥皂、玻璃等工厂;又整顿了松、黑两江的邮航,调查了长白、珲春的林区,在本溪允许日方与我方合办矿业。修筑铁路以对抗俄国和日本,架设电线 6000 余里,收回日本人电线 3000 余里。东北出现了"公私交便,乃得畅销,收款盈溢"的大好局面③。

---

① 孙技棠:《中国近代工业史资料:1840-1895 年》,科学出版社 1957 年版,第 122~128 页。
② 中国史学会:《中国近代史资料丛刊》,上海人民出版社 2000 年版,第 333 页。
③ 石建国:《清末民初东北地区的工业发轫》,载于《绥化学院学报》2005 年第 5 期,第 117~118 页。

第二章　东北工业化历史演进与体制机制特殊性分析

这一阶段，在外资和官办工业之外，东北地方乡绅及民族实业资本家也开始在东北投资建厂，民族工业开始兴起。以矿业为例，1898年，清廷任命贵泽办理奉天矿务，开展矿产调查，设立矿务分局多处，发布告示，鼓励商人办矿。1909年，奉天省已有商办金矿9处，铅矿1处，石棉矿1处，铁矿2处，铜矿1处，煤矿59处①。特别是辛亥革命后，民族资本与外国输入资本竞相发展，大大推动了东北地区工业化步伐。据统计，1904~1912年，东三省的工厂数从797家增加到1784家②。

总体而言，清末民初东北地区工业化的发展对于东北经济发展起到了重要的推动作用，特别是民族资本在工业化中不断发展壮大，逐渐占据重要地位。就生产结构而言，该时期工业化主要以轻工业发展为主，油坊业、面粉业和烧锅业是东北三大产业，同时煤炭、金属矿业也有一定程度发展。但很显然，该时期由于帝国主义资本操纵财金、交通及重要资源，官办企业有政府后台，因而东北民族资本主义发展仍然不足，东北地区工业发轫总体呈现出外资势强、官资不足、民资弱小的显著特点③。

奉系集团统治时期，除鼓励发掘荒地边地、积极发展农业外，奉系当局还大力进行工业建设。一是为对抗俄日，特别是打破日本的铁路垄断，奉系当局修建了打通、昂齐、齐克、洮索铁路，实现了"西干线计划"，并最终建成两条与南满铁路相竞争的干线。1931年，东北共有铁路5584千米，其中自有铁路1718千米，占全国自有铁路的约18%④，沈阳成为东北铁路枢纽，五条铁路通向朝鲜、苏联、北京、阜新和大连。此外，沈阳已建有

---

① 衣保中、林莎：《论近代东北地区的工业化进程》，载于《东北亚论坛》2001年第4期，第54~55页。
② 王魁喜：《近代东北史例》，黑龙江人民出版社1984年版。
③ 石建国：《清末民初东北地区的工业发轫》，载于《绥化学院学报》2005年第5期，第117~118页。
④ 许涤新、吴承明：《中国资本主义发展史》（第三卷·下），人民出版社2003年版。

轨电车，小汽车数量也不输于北京①。二是创建自己的无线电通信网，于1922年成立了东北无线电监督处。1926年，中国第一座广播电台在哈尔滨成立并开播。1927年，沈阳大型短波电台竣工，年底，沈阳成立中国与欧洲直接通信的国际无线电台，为当时我国最大的国际电台，北京、上海、天津、汉口等地的国际电报也需经该台转发。三是发展民用工业，采矿业、机械制造业、电力业、纺织业、面粉业、榨油业、火柴业、制铁业、航运业等无论其规模还是技术设备都有了空前的发展。采矿业方面，官产主要包括复州湾煤矿、西安煤矿、阜新煤矿、尾明山煤矿、鹤岗煤矿、黑松林锰矿等；私产包括八道壕煤矿、海城大岭滑石矿、实马川金矿等。机械制造业方面，规模较大有东北大学工厂、大亨铁工厂、皇姑屯修车厂等；其中，东大工厂设备主要从德国引进，在当时非常先进。1929年，抚顺炭矿西制油厂就开始用油页岩生产石油，年产量曾达25.76万吨。四是发展军工业，主要有东三省兵工厂、军工厂、迫击炮厂、大冶工厂等。尤其东三省兵工厂在员工最多时达万人之众，产品精良，为国内罕见②。五是发展金融业，在王永江任奉天省财政厅厅长期间，依托东三省官银号，推行币制改革，东北地区金融形势趋于好转，辖区内人民接受奉票，并用奉票支付赋税，政府财政收入有所增加，还清了内外债③。六是研制高端制造业产品，主要包括汽车和飞机。1931年5月31日，中国第一辆自主生产汽车——民生牌75型6缸水冷载货汽车就在辽宁迫击炮厂问世，除少数部件委托国外厂家依照本厂图样代制外，全车666种零件中有464种是自制，国产化率高达70%。坚持自行建造飞机，到1929年已

---

① 石建国：《东北工业化研究》，中共中央党校，2006年，第27页。
② 杨乃坤、曹延泂：《近代东北经济问题研究（1916~1945）》，辽宁大学出版社2005年版。
③ 潘志：《奉系军阀时期的东北经济开发》，载于《党政干部学刊》2016年第10期，第49页。

经可以自行生产机身、尾翼、部分航空仪表等航空产品三四十种。先后建造了双翼型辽 F1 式战斗机、可载 4 枚航弹的辽 FHl 式较远航程轰炸机，以及有 2 名飞行员的中型轰炸机"辽 H1 式"①。七是大力发展教育事业，奉系当局高度重视教育发展，规定辖区内各县教育经费应该占其财政开支总额的 40%，否则追求县领导责任。到 1929 年，辽宁 36 个县都建有高小，与民国元年相比，辽宁全省小学数量增加 1.3 倍，学生和教育经费都增加 4 倍多；辽宁全省职业教育学校达 45 所，与张作霖当政前相比增加近 6 倍②。1931 年之前，东北地区创办各类高校达 43 所，已经形成一个较为完整的近代高等教育体系③。而同一时期，全国的高等教育（包括专科教育）学校总数为 103 所④。张氏父子斥巨资兴办东北大学，并为学校划拨大量"官地"。东北大学常年维持巨额经费，甚至超过北京大学、清华大学和南开大学等关内知名高校⑤。

总体而言，奉系统治时期东北经济发展的主要特点是投资规模大、发展速度快、成就显著；军事服务性强；经营方式向近代化大大迈进了一步。当然，奉系当局的种种发展举措，究其根本而言是为了巩固奉系军阀集团的统治，服务于军阀集团的利益。但在当时东北半殖民地半封建性的社会条件下，这些努力也有御侮爱国的性质，并且客观上有力地推动了经济的快速增长，促进了东北工业化、城市化发展及社会转型。特别是奉系当局支持民族工商业的发展，如从资金、税收等方面扶持民族企业家杜重远创办肇新窑业公司，使之建成"东北之模范工厂"，以及重视引

---

① 张氏帅府博物馆：《走进大帅府　走近张学良》，辽宁教育出版社 2010 年版。
② 徐振：《民初奉天职业教育研究（1912－1929 年）》，东北师范大学，2008 年。
③ 张大均：《大学生心理的发展》，重庆大学出版社 2000 年版，第 32～35 页。
④ 熊明安：《中华民国教育史》，重庆出版社 1990 年版，第 155 页。
⑤ 潘志：《奉系军阀时期的东北经济开发》，载于《党政干部学刊》2016 年第 10 期，第 49 页。

进华侨资本等发展经济,尤为难能可贵。

"九一八"事变后,东北沦为日本帝国主义的独占殖民地,东北地区所有权益尽被其所垄断。1933年,日伪提出所谓"满洲国经济建设要纲",实行经济统制,对铁、石油、轻金属原矿、油母页岩、电气、火药、汽车、水泥、酒精、制碱、制糖、羊毛及棉毛加工业等重要经济事业实行完全控制或半控制,不但我国民族资本发展受到严格限制趋于衰落,而且其他外国资本也受到排挤和边缘化①。随着日本全面侵华和加快战争步伐,伪满于1937年和1942年先后启动两个"产业开发五年计划",第一个开发计划重点发展兵器、飞机等军工业和铁、煤、燃料、有色金属等部门;第二个开发计划实施正值太平洋战争爆发,伪满实行了更加彻底的"重点主义",最终使东北地区重工业及军事工业得到畸形的急剧扩张。在工业部门中,重工业比重越来越大:1940年为75.4%,1942年为78.5%,1943年进一步上升为79.2%②。其膨胀程度不仅在东北地区令人侧目,就是同关内地区相比,在一些重要的工业品方面,也出现了大于关内地区产量的趋势(见表2-1)③。

表2-1　1943年东北地区同关内地区重要产业产量及比重比较

能源	关内	东北	关内比重(%)	东北比重(%)
煤(千公吨)	25935	25398	50.5	49.5
电力(千千瓦)	421	1508	21.8	78.2
生铁(千公吨)	239	1702	12.3	87.7
钢材(千公吨)	39	519	7.0	93.0
水泥(千公吨)	774	1503	34.0	66.0

---

① 孔经纬:《伪满时期的东北经济状况》,载于《社会科学辑刊》1979年第4期,第76页。
② 衣保中、林莎:《论近代东北地区的工业化进程》,载于《东北亚论坛》2001年第4期,第55页。
③ 石建国:《东北工业化研究》,中共中央党校,2006年,第34页。

第二章　东北工业化历史演进与体制机制特殊性分析

具体而言，期间建成的丰满发电站是当时亚洲最大的水力发电站，1943 年的发电能力为 22 亿度，1943 年全部竣工的水丰水电站，当年发电 15.35 亿万度①。1940 年，抚顺煤炭年产量达到 1950 万吨，占全国一半以上②。1945 年东北铁路里程超过 1 万公里，公路里程超过 6 万公里，航空里程（含军用）超过 1 万公里，都占全国一半以上。同时，工业、交通发展也导致工业城市集群的初步形成，如煤城抚顺、煤铁城市本溪等。

但日本在伪满洲国推行的经济统制，是服务于其侵略扩张的军事需要、获取宝贵资源发展本国产业等国家目的，这种统制经济实质上是日本国家资本和金融资本的垄断③。一方面，日本将我国东北作为其廉价初级资源供给地，将钢铁等初级产品运回本土进行深加工后再卖回东北，从中获取巨额利润；另一方面，后期对资源的掠夺已经不顾及后果，从而对东北工业造成巨大破坏。尽管早期日本为了其长期掠夺目的，至少在表面上采取了"放水养鱼"的形式，但后期随着侵略扩大导致需求剧增及欧美封锁，为挽救其免予灭亡，则对东北的物产资源采取了"竭泽而渔""杀鸡取卵"的掠夺方式。尤其是其统制经济导致大量民族产业和中小手工业者濒临崩溃或停业破产，民生凋敝、产业结构比例严重失调。

抗战胜利后，东北工业遭受了又一次巨大劫难。一是日本在战败前后对工业有意识地破坏；二是苏联强占东北工矿企业，出于补充战争损耗和避免落入敌手等目的大肆拆运机器装备；三是内战双方争夺东北的影响和破坏；四是由于认识不足、管理混乱及乱世偷盗而对工矿企业造成巨大破坏。这些都加大了战后恢复

---

① 张福全：《辽宁近代经济史（1840~1949）》，中国财政经济出版社 1989 年版，第 188~207 页。
② 曲晓范：《近代东北城市的历史变迁》，东北师范大学出版社 2001 年版。
③ 苏崇民：《关于东北沦陷区经济的研究中有待解决的问题》，载于《东北亚论坛》1997 年第 3 期。

工业生产的难度。

二、解放后东北地区的工业化

1948年11月东北地区全境解放，到1952年期间为修整、恢复和发展期。一是接收原有大型工矿企业并将其国营化，通过开展献纳器材运动、制定《工业部工矿企业管理条例暂行草案》(1948)提高国营企业经营管理水平等恢复工业发展。二是通过加工制、订货制、合股制、代销制、出租制等可行方式进行公私合作，尽量扩大公营和私营企业生产能力。三是国家加大对东北的投资，以及在内地招聘专业技术人才派遣到东北，来支持东北经济恢复与发展。四是通过实行厂长负责制、经济核算制和开展劳动生产大竞赛来提高企业效率，等等。通过艰苦努力，东北经济得到快速恢复发展。1950年东北公营工业产值比1949年增长117%；1952年公营工业产值比1951年增长约42%。私营工业也有很快发展，1950~1952年增长率分别约为42%、44%、9%。工业占总产值比重不断提升，1949~1952年，比重由35%、43%、52.6%提升至55.9%。①

"一五"计划期间，国家确定的156项重点项目建设，最终有56项落在东北实施。并且围绕这56项重点项目，中央和东北地方政府又建设了上千项配套项目。在"一五"计划末年，重点建设的辽宁省，固定资产原值占全国的27.5%，居全国第一位；工业总产值占全国的16%，居全国第二位，钢产量占全国60%，烧碱产量占全国50%，金属切割机床产量占全国30%，发电量占全国27%，原煤产量占全国17%，飞机、军舰、弹药等军事工业也占很大比重，最早建成了全国重化工业和军事工业

---

① 石建国：《从开埠设厂到"共和国长子"：东北百年工业简史》，中国人民大学出版社2016年版，第91页。

基地①。东北地区已能设计年产150万吨钢的钢铁联合企业、年产240万吨煤的煤矿等大型技术复杂工程②。并且由于朝鲜战争而进行的"南厂北迁",加快了黑龙江省的工业发展步伐,使得重工业布局更加平衡和合理化。进一步提升或新建了鞍钢、本钢、长春汽车厂、吉林"三大化"、哈尔滨"三大动力"等一批重点企业,形成了辽南重工业城市群和长春、哈尔滨、齐齐哈尔及鸡西、鹤岗、双鸭山等工业型城市或资源型城市。

"二五"计划以来,国家将投资重点放在中西部地区,安排在东北地区的重点建设项目数量明显减少。中共八大前后,中央开始向地方放权。加之"大跃进"的背景,地方投资扩张迅猛,特别是钢铁、机械、煤炭等产量增长迅速,"五小"工业急剧膨胀。但由于电力、交通等行业发展滞后,条块分割使得企业间协作关系被打乱,非规模经济导致成本高昂等原因,使得重工业内部比例关系严重失调、轻工业发展严重滞后、损失浪费现象严重,最终引起各方面经济关系紧张和国民经济严重困难。

1961年,中央提出了"调整、巩固、充实、提高"八字方针,对"五小"等非经济企业进行关、停、并、转,力求缩短工业战线、加强轻工业和支农产业,并通过加强管理来提高经济效益、理顺企业间协作关系、改变经济关系失调现象。期间,大庆油田的发现和开采极大地推动了东北重化工业的发展,东北由此兴建了一批大型石化企业、铁路、原油输出专用海港及输油管道网。但总体而言,由于摊子铺得太大、设备更新维修率不足、对内地支援较多且重化工产品价格较低、条块矛盾多头管理效率较低,等等原因,使得在调整期末,东北地区工业在整体技术水平方面已落后于上海等先进地区,总体上在设备水平、产品成

---

① 石建国:《东北工业化研究》,中共中央党校,2006年,第62~63、80页。
② 王玉芹:《东北地区工业振兴的历史基础》,载于《吉林日报》2004年9月10日。

本、产品质量、劳动生产率、产值利润率等方面已不占优势。

"文革"期间,由于东北特殊的地理位置及政治背景,工业发展遭受更大冲击,生产遭受巨大损失。1969 年中共九大之后,全国形势逐渐趋于稳定。期间,为解决多头管理、管得过死等问题,中央在精简国家经济管理机构的同时,将中央直属企事业单位下放地方管理,形成"全部下放"和"省部共管、以省为主"两种主要形式。放权之后,东北地区出现经济过热现象,职工人数大幅增加;"五小"工业快速发展,对于增加就业、支援农业、改善工业结构布局等都起过一定作用,后期逐步被主管部门升级、过渡到全民所有制经济范围之内。但总体而言,除了石油、电子工业等少数行业及齐齐哈尔等少数地区外,工业生产情况并不尽如人意。以辽宁为例,1973~1976 年工业总产值增长率分别为 9.8%、7%、6.9% 和 6%,呈逐年下降趋势。1966~1976 年鞍钢劳动生产率降低了 19%,吨钢综合能耗提高了 10%。辽宁工业生产的增长,近 60% 是靠增加人这种外延式增长方式实现的①。横向相比,与上海、北京等先进地区的技术和生产率水平已逐渐拉开了距离。

就新中国成立以来到改革开放期间工业增长而言,东北地区整体上要好于全国平均水平。1949~1978 年,全国工业总产值增长了 30.26 倍,而东北增长了 31.06 倍。其中,辽宁和吉林工业增长率都高于全国,分别为 33.38 倍和 31.88 倍,黑龙江低于全国,增长了 26.84 倍。该时期东北地区工业化的快速推进,得益于国家集中财力、物力和人力,对东北工业和基础设施的大规模投入。这不仅迅速恢复了战争中遭到破坏的东北经济,而且通过指令性计划强化了基础原材料工业和机器制造业,保证了社会生产和人民生活的基本需要。该时期,东北作为全国最大的工业

---

① 石建国:《从开埠设厂到"共和国长子":东北百年工业简史》,中国人民大学出版社 2016 年版,第 223 页。

基地，以出机器、出人才、出经验，来大力支援全国的工业建设。但随着经济规模的扩大和社会分工的复杂化，东北工业发展受到高度集中的计划经济体制制约，出现了轻重工业比例失调、国有经济比重过大、大中型企业过多、政企不分、企业办社会等诸多问题，使得企业普遍缺乏活力，限制了东北地区优势的发挥，也成为改革开放后东北工业调整改造的重要任务①。

三、改革开放以来东北地区的工业化

改革开放初期，基于国家短缺经济现实，在工业化方面主要采取了外延式工业化发展道路。首先在东南沿海地区通过设立经济特区等方式，大力吸引外资、技术和人才资源，发展电子、服装、日化等轻工产业。同时在"多种经济成分并存"思想指导下，鼓励民间资本投资，通过设立开发区等途径推动工业化进一步发展，各地工业化水平都有显著提升。我们的研究显示，到2000年，全国工业化平均水平大致为工业化初期后半段向工业化中期前半段转换阶段。四大区域中，东部工业化发展水平最高，达到工业化中期中段；东北次之，达到工业化中期前半段；中部又次之，为工业化初期后半段；西部最低，仅为工业化初期中段左右。而到2016年，东部地区达到工业化后期后半段，东北达到工业化后期前半段②（见图2-1）。上述看法与黄群慧③、陈群元④等的研究结论也基本一致。

---

① 陈耀：《我国东北工业发展60年：回顾与展望》，载于《学习与探索》2009年第5期，第40页。
② 和军：《东北振兴战略实施效果评价——基于2003-2014增长率视角》，载于《辽宁大学学报（哲学社会科学版）》2016年第6期，第40页。
③ 黄群慧：《中国的工业化进程：阶段、特征与前景》，载于《经济与管理》2013年第7期，第5~11页。
④ 陈群元：《中国及各省区市的工业化进程》，载于《中国国情国力》2003年第9期，第17页。

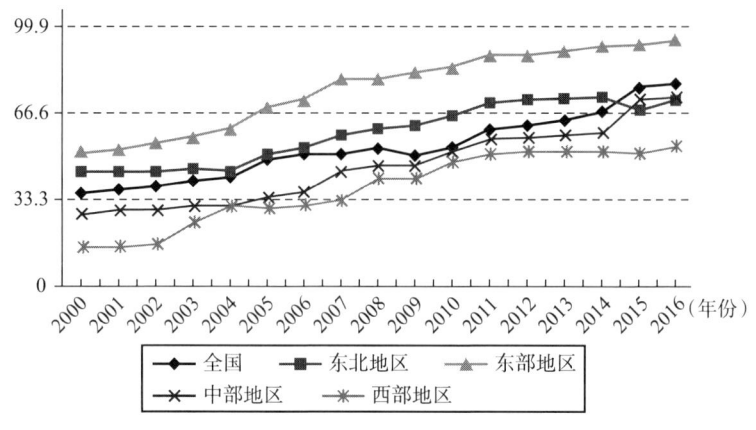

图 2-1　全国各区域工业化进程评价与比较

从第二产业占 GDP 比重变化情况来看，大致可以将东北地区 1978 年以来第二产业的发展划分为四个阶段：1978~1992 年为持续下降阶段，1992~2002 年为相对平稳阶段，2002~2011 年为逆势增长阶段，2011 年以后为急剧下滑阶段。

1978~1992 年第二产业比重持续下降，一方面是由于第三产业比重快速上升（伴随第一产业先升后降），另一方面是由于重化工业发展到一定阶段之后会遭遇需求和技术瓶颈，如不能及时转型升级则发展受限。以上是工业化普遍规律的作用。对于东北而言还有其特殊性：一是由于设备老化、低价调拨支援全国、折旧基金未及时补充设备更新和技术升级而导致传统产业衰退；二是东北许多资源型工业遭遇资源枯竭问题；三是南方轻工业快速发展和竞争导致东北许多轻工业趋于衰落，如家电等产业逐渐收缩和衰退。

1992 年我国提出建立社会主义市场经济体制，经济社会发展进入新阶段。房地产投资启动等使得经济出现过热现象，后期通过治理，经济实现"软着陆"。此期间第二产业比重也大致经历了先升后降的过程，到 2002 年期间总体比重在 50% 上下波动。该时段，东北第二产业比重高于东部的现象不复存在，个别年份反被东部地区赶超。

2003年国家提出东北振兴战略后,东北第二产业比重又得到快速提升。这一方面是由于推进东北振兴战略所实施的大项目大多为东北具有一定基础和优势的重化工业,另一方面是由于2001年年底中国正式加入世界贸易组织,外需扩张导致对能源、原材料等基础产业和重化工业的需求快速增长。期间,2003~2007年东部地区第二产业比重一度高于东北地区,这一方面是由于"入世"对于轻工业的需求增长更加直接和快速,另一方面是由于东部地区重化工业即装备制造业也开始快速发展。2008~2009年东北第二产业比重因美国次贷危机出现短暂下降,但之后又因"四万亿"而快速上升,2011年达到极大值52.29%。之后比重急剧下滑,2016年只有38.18%,既低于东部地区的42.28%,也低于全国平均水平的39.81%(见图2-2)。

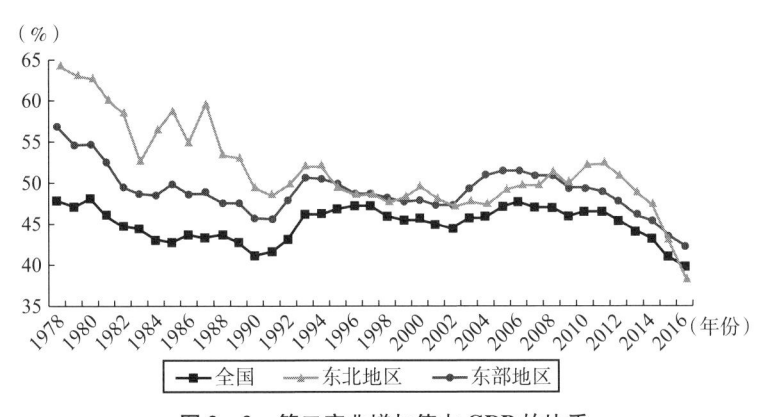

图2-2 第二产业增加值占GDP的比重

资料来源:国家统计局:1979~2017年《中国统计年鉴》《中国工业统计年鉴》。本章下同。

纵观改革开放以来东北地区工业化的发展,尽管通过加大投资、技术改造、公司制改革等途径,形成中国一汽、华晨汽车、鞍钢、本钢、哈尔滨电气、中国一重、大庆石化、沈飞、沈阳黎明、沈阳重工、沈阳机床、沈阳鼓风机、大连船舶、大连冰山等一批大型骨干企业,但就地区工业总产值占全国比重而言,却呈现不断下降的态势。以上述东北工业发展的几个关键节点年份看(见表2-2),东北工业总产值占全国比重由1978年的16.41%一路下降至2016年的4.90%,反映了东北工业总体衰落的不争事实。同期东部地区呈现先上升后下降、中西部地区呈现先下降后上升的趋势(见图2-3)。

表2-2　　　　各区域工业总产值占全国比重　　　　单位:%

年份 地区	1978	1992	2002	2011	2016
东北	16.41	10.83	8.86	8.44	4.90
东部	64.99	67.85	66.98	58.79	58.09
中部	17.93	17.98	13.21	19.10	22.18
西部	17.08	14.17	10.95	13.66	14.83

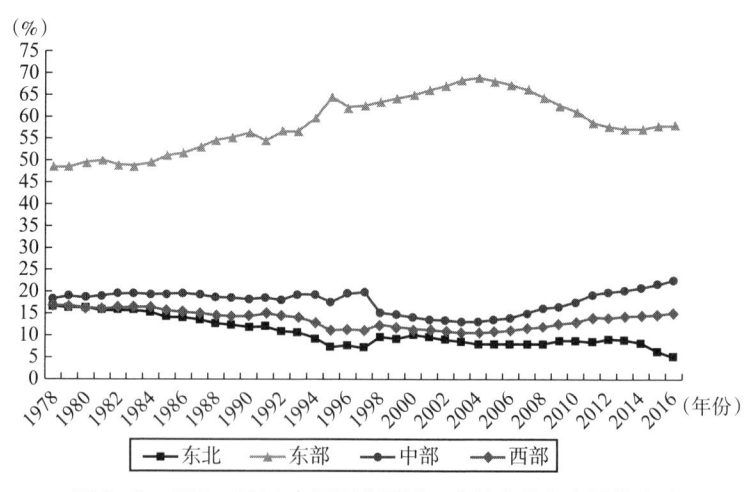

图2-3　1978~2016全国四大区域工业总产值占全国的比重

第二章 东北工业化历史演进与体制机制特殊性分析

究其原因,一是改革开放以来东部通过率先引进外资,大力发展加工工业和消费品工业而使其工业在全国的地位不断提升,产值比例最高达到2/3以上;二是中西部特别是西部地区,在改革开放初期发展相对迟缓,工业产值全国占比相对下降。但后期东部一些省份"腾笼换鸟",实施工业梯度转移,特别是2010年国务院出台《关于中西部地区承接产业转移的指导意见》后,东部工业向中西部转移加快,从而导致东部比例下降、中西部比例上升的结果。

至于东北工业衰落的根源,除了前面分析的原因之外,有学者从全球价值链分工角度进行了探讨。东三省的传统优势工业产业包括采矿业、装备制造业、化工和金属冶炼行业等。这几类产业近年来均取得了较大程度的发展,但从价值链角度分析,这几类产业实质上是"大而不强"。研究发现,东三省除化工和金属冶炼仍具有一定比较优势外,其余产业均存在不同程度的分工环节低端锁定的问题。采矿业等基础工业贸易增值量较大,但存在严重的产能过剩和低端锁定威胁;而制造业在全球价值链中分工地位较低,对外贸易表现出明显的比较劣势,并且这一劣势还存在恶化倾向。就各省来看,基础工业方面,辽宁在采矿业上的比较劣势相对较小,而吉林在制造业上的比较劣势则较大,黑龙江在采矿业上存在更为严重的产能过剩和低端锁定风险。因此,东三省要转变传统的产业发展和外贸理念,加强创新能力建设,将高新信息技术与传统工业生产相结合,发展新型工业化,走创新驱动的集约化发展道路,以实现全球价值链分工地位提升和产业结构升级[①]。另有实证研究发现,东北农业发展则仍以传统农业为主,乡村工业化基本处于停滞甚至倒退状态。工业内部则仍然按照重重—轻轻的轨迹发展,重工业内部结构仍以采掘业和初级

---

① 余振、顾浩:《全球价值链下区域分工地位与产业升级对策研究——以东北三省为例》,载于《地理科学》2016年第9期,第1371~1377页。

加工业为主；服务业质量不高，呈现一种低水平上的扩张。改革开放后东北地区随着工业化推进，工业劳动力构成却在下降，从工业中转移出的劳动力不是流向第三产业，而是倒流回农业中，导致农业劳动力构成反倒上升的现象[①]。

第二节 东北地区体制机制特殊性分析

如上所述，东北地区特殊的工业化历史演进，形成了东北特殊的经济结构，主要包括三次产业结构、工业内部结构、所有制结构等。这些经济结构特征，与东北经济社会发展的体制机制特征之间存在一种相互作用、相互支撑、相互制约的关系。结构问题与体制机制问题，不可以抛开一个而仅去探讨另一个问题，而是必须相互兼顾、通盘考虑，才能找到问题之症结所在与突破路径。

一、东北地区的经济结构

（一）三次产业结构

为探讨东北三次产业结构问题，特选取改革开放以来全国及东部、东北三次产业结构变动情况进行对比分析。1978年，全国第一、二、三产业产值之比为27.69∶47.71∶24.60，东部为23.31∶56.82∶19.87，东北为20.05∶64.30∶15.66。显然，该时期东北第二产业比重远高于全国和东部地区，第三产业和第一产业比重远低于全国水平，略低于东部地区。

第一产业比重方面，1994年东北为18.56%，首次超过东部

---

① 胡琦：《东北产业结构的逆工业化变动特征及转型思路》，载于《上海经济研究》2005年第6期。

的16.16%，但仍低于全国的19.47%。之后，东北与全国的比重已经非常接近，一直比东部高3%～3.5%，全国与东部都呈现明显的下降趋势。2003年之后，东北第一产业比重首次超过全国水平，并且在2010年全国下降趋势的情况下，东北第一产业比重出现了异常的上升趋势，由2010年10.63%上升至2016年的12.10%，远高出全国8.56%和东部5.35%的水平。

第二产业比重方面，总体看，除2016东北低于全国水平外，东北和东部都高于全国平均水平。1995年之前，东北第二产业比重为全国第一。1995年东部为49.79%，首次超过东北的49.25%，二者都高于全国的46.72%。1995～2002年期间，东北和东部比重非常接近；2003～2007年，东部高于东北；2008之后，东北高于东部；但由于"新东北现象"，2011年东北第二产业比重达到极大值52.29%之后急剧下滑，2016年只有38.18%，低于全国平均水平。当然，从总体看，2006年特别是2011年之后，全国第二产业比重就呈现下降态势，期间2009～2011年间东北第二产业比重逆势上升就显得极不正常。这与"四万亿"投资关系密切，也是后期东北重化工业产能过剩、第二产业比重急剧下降的主要原因。

第三产业方面，1991年，东北比重为33.36%，首次略高于东部的33.32%，但低于全国的34.48%；之后直到1994年，东北与东部、全国水平三者都非常接近。但1995年之后，东北第三产业比重全都低于全国及东部水平，并在2002年之后出现了下降趋势；但东部与全国第三产业比重在1993年之后就非常接近，并且一直呈现不断上升趋势。因而在2002年之后东北与全国及东部第三产业比重差距扩大，到2012年东北第三产业比重为37.94%，远低于东部地区46%的水平，落后8.06个百分点，之后差距开始缩小（见图2-2、图2-4、图2-5）。

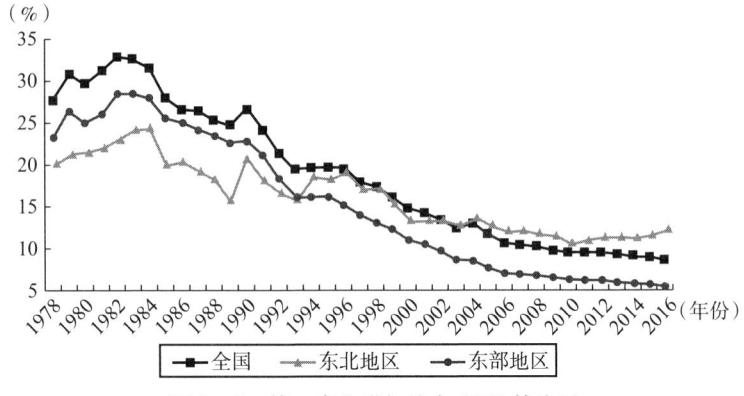

图 2-4 第一产业增加值占 GDP 的比重

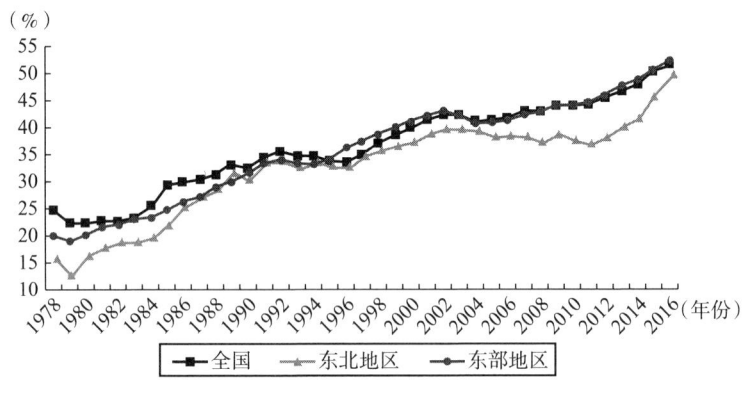

图 2-5 第三产业增加值占 GDP 的比重

综观改革开放以来东北三次产业结构变迁，第一产业比重的奇特之处在于 2010 年之后出现异常上升趋势。第二产业比重在 2002 年入世之后开始提升本属于正常现象，但在 2009 年出现下降之后再提升，则是"四万亿"刺激计划导致的扭曲现象，之后由于产能过剩出现急剧下滑也就不难理解了。2009 年全国第二产业比重出现下降，一方面是产业结构升级规律的作用，另一方面也是外需疲软及劳动力等成本相对上升导致制造业转移的结果。第三产业比重方面的主要问题在于 2002~2012 年之间出现了下降趋势，反映出东北第三产业创业环境不佳、第二产业投资拉动型增长未能带动生产型服务业等第三产业快速发展的现实。2012年之后第三产业比重快速上升,则是由于第二产业比重快速下降所致。

(二)工业内部结构

这里主要从工业内部结构来考察东北经济结构问题,主要包括重工业与轻工业的比例结构、重工业与轻工业中各个细分行业的具体比例关系、新技术新产品的比例关系等方面。重工业比重方面,2006年,东北重工业产值占区域工业产值比重达80%左右,高于全国70%左右的平均水平,均高于长三角、珠三角平均水平(2005年江浙粤分别为67.32%、56.39%、56.32%,上海为72.92%)[1]。2014年,黑龙江重化工业占比达80%左右,其中能源工业占比达54%;在一汽所在地长春,汽车制造占工业产值的60%(2008年峰值时占比为67.8%)[2]。辽宁规模以上企业中,重工业的资产占比高达85.3%,主营业收入占79.3%,利税占79%[3]。

细分行业结构方面,如表2-3所示,东北地区普遍重工业化明显高于对比省份。以1983年、1992年、2002年、2011年和2015年五个关键节点年份为例(1983年为有统计数据的起始年),在1983年,纺织还是辽宁、吉林两省排行前五的行业,分别名列第三、第四位,但2002年,纺织已经排名前五之外了,石油加工、炼焦和核燃料加工业,石油和天然气开采业,黑色金属冶炼和压延加工业,汽车制造业,化学原料和化学制品制造业成为东北工业的主导行业。此时,轻工业主要只有食品制造业、农副食品加工业排在前五,且排位靠后;而同期江浙粤排位第一、第二的行业则为纺织业、电子及通信设备制造业、电气机械和器材制造业、

---

[1] 中国社会科学院工业经济研究所:《中国工业发展报告(2006)》,经济管理出版社2006年版。
[2] 陈鑫:《东北经济:传统产业比重过高 结构怎么调?》,载于《经济日报》2015年9月6日。
[3] 陈梦阳、王炳坤:《东北振兴要升级到2.0版 呼唤体制转型》,载于《经济参考报》2016年9月26日,第8版。

并且服装、普通机械、交通运输设备制造业等排在前五位。2011年之后，东北重工业化程度有所减轻，酒、饮料和精制茶制造业，家具，造纸、医药、食品等轻工业进入前五位行业，特别是农副食品加工业成为东三省每个省份前三位的行业，在黑龙江省居第一位，占比达23.18%。当然，即使此时，石油、石油天然气、黑色金属冶炼和压延加工业、非金属矿物制品业等资源型产业和汽车仍是东三省前五位主要行业。而此时期，江浙粤三省则主要以计算机、电气等行业为龙头，化学、通用设备、汽车甚至黑色金属冶炼和压延加工业等重工业地位提升，而纺织、电子产业比重下降了，表明即使是东北居于优势的基础产业和装备制造业，也遭遇南方发达省份的激烈竞争，甚至取而代之。例如化学原料和化学制品制造业，传统化工大省吉林2015年产值只有1559.70亿元，只有浙江和广东的不到30%、不到江苏的10%。辽宁排名第二的黑色金属冶炼和压延加工业，产值只有江苏的三分之一稍强一点。

新技术新产品方面，改革开放以来，东南沿海地区凭借地理及政策优势，引进先进设备，建立起重轻工业合理搭配的产业结构，逐渐赶超东北地区，使工业重心逐渐南移，东北地区原先占据优势的部分主导产业也被经济发达地区的新兴产业替代。近年来工业部门涌现出一批战略性新兴产业、高端产业，诸如计算机电子设备、机器人、航空装备、先进轨道交通制造等。受技术创新限制，东北地区在这些高新产业领域实现的产值不高，在全国所占份额逐年缩减。如东北地区的计算机电子设备制造业，1990年产值在全国占比为7%，2014年已下降到1.2%。机器人产业发端于东北，但由于东北地区投资环境恶劣、市场发育不足等原因，其产业重心已转移至长三角、珠三角地区，当前东北地区的市场份额仅占全国的10%左右[1]。

---

[1] 赵儒煜、王媛玉：《东北经济频发衰退的原因探析——从"产业缺位"到"林制固化"的擅变》，载于《社会科学战线》2017年第2期，第51~52页。

第二章 东北工业化历史演进与体制机制特殊性分析

表2-3 各省产值前五位的行业变动情况

地区	2015年 行业	产值(亿元)	比重(%)	2011年 行业	产值(亿元)	比重(%)	2002年 行业	产值(亿元)	比重(%)	1992年 行业	产值(亿元)	比重(%)	1983年 行业	产值(亿元)	比重(%)
辽宁	石油	3307.85	9.87	有色	5920.23	13.82	石油	759.56	15.58	黑色	251.20	15.06	机械	122.71	23.65
	黑色	3204.74	9.57	酒、饮料	3899.57	9.10	黑色	624.48	12.81	石油	115.90	6.95	黑色	86.36	16.64
	农副	2925.30	8.73	电力热力	3413.80	7.97	汽车	376.25	7.72	纺织	98.20	5.89	纺织	80.79	15.57
	汽车	2776.42	8.29	家具	3261.38	7.61	计算机	307.41	6.30	汽车	96.60	5.79	石油	61.50	11.85
	通用设备	2352.02	7.02	造纸	2727.10	6.36	化学	298.85	6.13	食品	61.90	3.71	化学	52.61	10.14
吉林	汽车	5478.09	23.76	汽车	4608.6048	27.24	汽车	1011.95	47.17	汽车	135.89	20.50	机械	42.16	25.54
	农副	3360.56	14.58	农副	2194.63	12.97	石油	182.17	8.49	化学	72.12	10.88	化学	29.61	17.94
	医药	1858.86	8.06	化学	1443.64	8.53	化学	122.59	5.71	食品	45.18	6.82	食品	20.69	12.53
	非金属	1677.72	7.28	非金属	1045.91	6.18	食品	78.22	3.65	电气	41.34	6.24	纺织	11.62	7.04
	化学	1559.70	6.76	医药	877.11	5.18	黑色	68.60	3.20	黑色	35.34	5.33	木材	9.60	5.82

续表

地区	2015年			2011年			2002年			1992年			1983年		
	行业	产值（亿元）	比重（%）	行业	产值（亿元）	比重（%）	行业	产值（亿元）	比重（%）	行业	产值（亿元）	比重（%）	行业	产值（亿元）	比重（%）
黑龙江	农副	2691.30	23.18	石油	2174.50	22.18	石油天然气	864.71	29.72	石油天然气	212.71	21.64	石油天然气	61.07	17.43
	电力热力	1154.50	9.95	农副	1669.80	17.03	石油	433.89	14.91	食品	87.26	8.88	机械	36.49	10.41
	石油	988.63	8.52	石油	1445.70	14.75	电力热力	282.79	9.72	石油	82.15	8.36	食品	36.41	10.39
	石油天然气	954.52	8.22	电力	989.70	10.09	汽车	178.30	6.13	机械	74.60	7.59	石油	20.48	5.84
	食品	559.80	4.82	食品	487.70	4.97	农副	158.80	5.46	煤炭	60.44	6.15	电力热力	12.38	3.53
江苏	计算机	18896.93	12.61	计算机	14714.02	13.66	纺织	1539.75	11.10	纺织	1623.05	23.24	纺织	132.07	25.12
	化学	16810.32	11.22	化学	11849.96	11.00	电子	1418.97	10.23	化学	734.63	10.52	普通机械	126.32	24.03
	电气	16266.32	10.86	电气	11753.47	10.92	化学	1359.74	9.81	普通机械	578.52	8.29	化学	72.31	13.75
	黑色	9263.25	6.18	黑色	9128.65	8.48	普通机械	949.72	6.85	电气	566.25	8.11	食品	61.03	11.61
	通用设备	8820.61	5.89	纺织	5740.24	5.33	电气	928.27	6.69	服装	396.99	5.69	建材	32.33	6.15

第二章 东北工业化历史演进与体制机制特殊性分析

续表

地区	行业	2015年 产值(亿元)	比重(%)	行业	2011年 产值(亿元)	比重(%)	行业	2002年 产值(亿元)	比重(%)	行业	1992年 产值(亿元)	比重(%)	行业	1983年 产值(亿元)	比重(%)
浙江	电气	6302.90	9.43	纺织	5805.65	10.29	纺织	1348.17	13.79	纺织	385.09	21.93	机械	20.93	23.13
	纺织	6026.50	9.02	电气	5052.94	8.96	电气	840.60	8.60	机械	175.11	9.97	纺织	12.84	14.19
	化学	5398.30	8.08	化学	4587.33	8.13	普通机械	614.93	6.29	电气	100.30	5.71	食品	10.33	11.41
	电力热力	4329.50	6.48	通用设备	3905.93	6.92	服装	595.75	6.09	化学	97.92	5.58	化学	9.69	10.71
	通用设备	4289.70	6.42	交通	3895.13	6.91	交通	520.86	5.33	食品	96.51	5.50	建材	6.88	7.60
广东	计算机	30658.71	24.60	计算机	22865.39	23.92	纺织	1539.75	11.10	纺织	664.91	18.91	纺织	168.61	26.72
	电气	12428.41	9.97	电气	9623.39	10.07	电子	1418.97	10.23	机械	424.36	12.07	化学	121.50	19.25
	电力热力	6405.36	5.14	化学	4731.53	4.95	化学	1359.74	9.81	化学	319.00	9.07	食品	91.20	14.45
	化学	6315.93	5.07	金属	4114.55	4.30	普通机械	949.72	6.85	器材	179.41	5.10	机械	78.10	12.38
	汽车	5955.96	4.78	汽车	3845.06	4.02	电气	928.27	6.69	食品	171.99	4.89	电气	60.80	9.63

续表

地区		2015 年			2011 年			2002 年			1992 年			1983 年	
	行业	产值（亿元）	比重（%）	行业	产值（亿元）	比重（%）	行业	产值（亿元）	比重（%）	行业	产值（亿元）	比重（%）	行业	产值（亿元）	比重（%）
全国	计算机	91378.86	8.28	黑色	63136.66	7.63	计算机	11130.96	10.25	纺织业	2899.16	10.46	机械	1440.48	23.37
	化学	83256.38	7.54	计算机	62567.28	7.56	汽车	8217.89	7.57	黑色	2680.78	9.67	纺织	956.04	15.51
	汽车	70225.35	6.36	汽车	62256.41	7.52	化学	7065.78	6.51	机械	2671.92	9.64	食品	794.25	12.88
	电气	69558.22	6.30	化学	59478.30	7.19	黑色	6472.00	5.96	化学	1811.18	6.53	化学	741.14	12.02
	农副	65835.97	5.96	电气	50141.59	6.06	纺织	6221.93	5.73	食品	1584.38	5.71	黑色	523.68	8.50

注：石油：石油和天然气开采业；石油和天然气：石油和核燃料加工，炼焦和核燃料加工业；黑色：黑色金属冶炼和压延加工业；有色：有色金属矿采选业；化学：化学原料和化学制品制造业；农副：农副食品加工业；汽车：汽车制造业；造纸：造纸和纸制品业；医药：医药制造业；酒、饮料：酒、饮料和精制茶制造业；电力、热力生产和供应业；家具：家具制造业；通用设备：通用设备制造业；煤炭：煤炭开采和洗选业；电子：电子及通信设备制造业；食品：食品制造业；电力热力：电力热力工业；机械工业；通用设备：通用设备制造业；煤炭：煤炭开采和洗选业；电子：电子及通信设备制造业；非金属：非金属矿物制品业；电气：电气机械和器材制造业；机械：普通机械制造业；器材：器材制造业；服装：服装及其他纤维制造业；木材：木材采运业；交通：交通运输设备制造业；金属：金属制品业；建材：建筑材料工业；

资料来源：《中国统计年鉴》各年。

第二章 东北工业化历史演进与体制机制特殊性分析

（三）所有制结构

长期以来，东北央企与国企比重较高，企业规模大，且存在大而全、小而全的问题，民营企业多依附其上下游发展，发展相对迟缓。2003年，辽宁国有及国有控股工业企业产值占工业总产值58.11%，吉林占76.11%，远高于全国37.87%的平均水平。2007年，黑龙江工业总产值中国有及国有控股占比72.61%，东三省大于50%，而全国平均水平不到30%，东部地区只有20%多一点，东北比东部地区高出150%。东北工业总产值中国有比重一度呈下降趋势，到2013年接近30%，但之后比重由开始上升，到2016年占比达到40%左右。而同期东部及全国工业总产值中国有比重一直呈下降趋势，到2016年东部地区只有15%左右，全国只有20%左右（见图2-6）。图2-7比较了东北工业总产值中国有比重最低的辽宁省与江苏省及全国的情况，从中也可以看出辽宁国有比重尽管呈下降趋势，但远高于江苏省的事实。

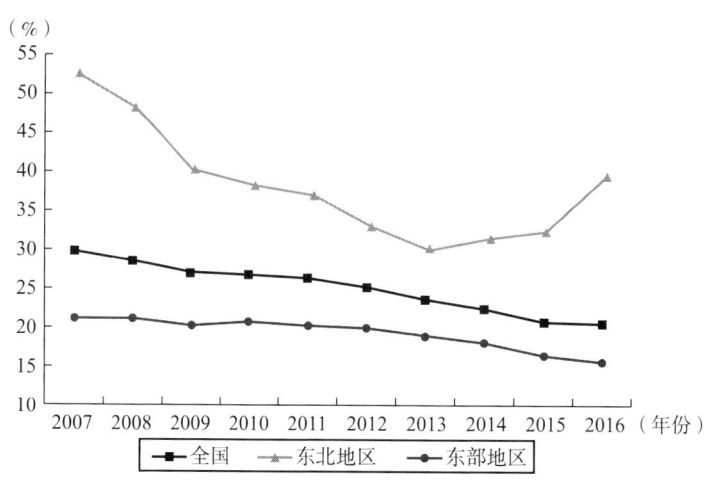

图2-6 2007~2016对比区域国有及国有控股
工业企业产值占工业总产值的比重

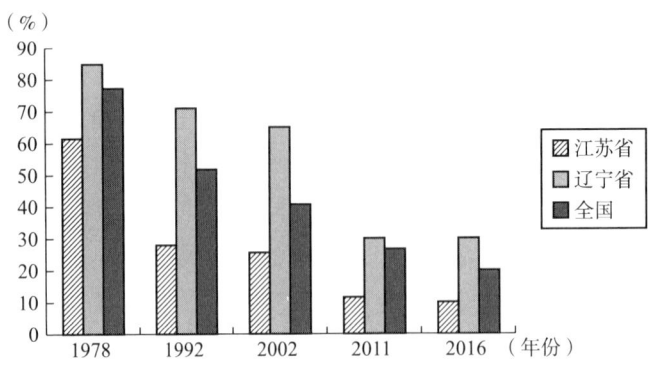

```
(%)
90
80
70
60
50
40
30
20
10
 0
    1978    1992    2002    2011    2016   (年份)
```
江苏省　辽宁省　全国

图 2-7　典型年份对比省份国有及国有控股
企业产值占工业总产值的比重

东北国有经济比重大，依附性民企发展迟缓，加之营商环境不佳，导致东北地区私人、个体企业不论在数量上还是比例上都远低于南方发达省份。2015 年，东三省万人私企数最多的辽宁省只有 122.89 户，与江浙粤三省最低的江苏省 228.36 户相差近一半。黑龙江万人私企数只有 66.32 户，只有浙江的 28%。就业数占人口数方面差距更大，黑龙江只有 1.24%，而浙江省则达到 30.56%。个体方面量区域差距稍小，但黑龙江数值都比较低，表明黑龙江民企发展尤其受限（见表 2-4）。

表 2-4　　　　2015 年对比省份私营、个体分布情况

地区	私营				个体			
	户数（万户）	万人私企数（户）	户均就业人数（人）	就业数占人口数（%）	户数（万户）	万人个体企业数（户）	户均就业人数（人）	就业数占人口数（%）
辽宁	35.84	122.89	6.40	7.87	200.63	457.81	2.72	12.45
吉林	25.83	93.80	9.46	8.87	136.67	496.38	2.46	12.21
黑龙江	25.28	66.32	1.87	1.24	126.16	330.98	2.03	6.72

续表

地区	私营				个体			
	户数（万户）	万人私企数（户）	户均就业人数（人）	就业数占人口数（%）	户数（万户）	万人个体企业数（户）	户均就业人数（人）	就业数占人口数（%）
江苏	182.15	228.36	11.49	26.24	387.22	485.46	1.80	8.75
浙江	129.21	233.27	13.10	30.56	317.75	573.65	2.28	13.09
广东	248.12	228.70	7.52	17.21	492.99	454.41	2.34	10.63
全国	1908.23	138.82	8.59	11.93	5407.94	393.41	2.16	8.50

资料来源：国务院发展研究中心企业研究所：《中国企业发展报告（2017）》，中国发展出版社2017年版，第97~99页。

图2-8反映了全国四大区域私营、外商及港澳台地区工业企业主营业务收入占本区域全部工业企业主营业务收入的情况。由图2-8中可以看出，2003年以来，东北与中部地区水平大致相当，大多数年份高于西部地区，但一直远低于东部地区。特别是2013年以来，在全国总体比重趋势上升的情况下，东北居然出现下降趋势，2016年与西部相当，居于全国最低区域。这与东北拥有沿海城市带、港口密集等区位条件极不相称。

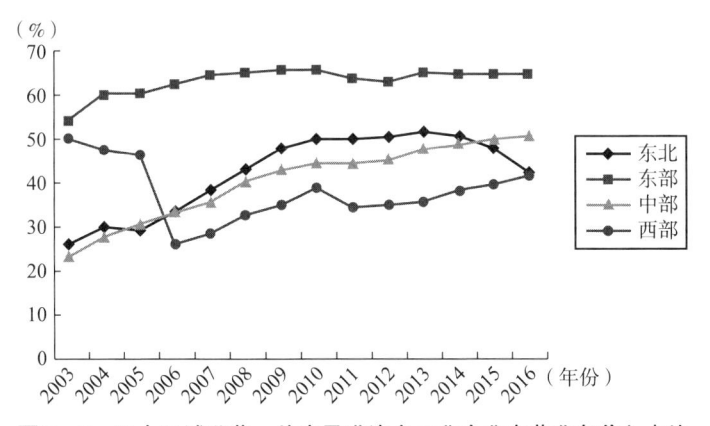

图2-8 四大区域私营、外商及港澳台工业企业主营业务收入占比

二、东北地区体制机制的特殊性分析

基于东北独特的地理条件、经济发展历史和文化环境,东北经济社会发展的体制机制有其独特性。东北地区经济结构与体制机制之间存在一种相互适应、相互加强的关系。这种关系可能在经济发展初期有助于集中力量办大事,快速推进工业化进程。不少研究也指出,政府主导的工业化进程,更倾向于发展重化工业,而市场主导的工业化,则倾向于发展轻工业。但这种政府主导的重化工业化,导致东北目前产业结构重型化、国有经济比重大、民营经济发展落后的局面,同时形成了东北经济社会可持续发展的体制机制障碍。也即:长期统制经济和计划经济导致政府作用太大市场作用受限;央企国企比重大,附属性民企发展难;"官本位"思想和统治经济思维阻碍创新创业;对外开放及结构性问题导致缺乏改革动力。

(一)长期统制经济和计划经济导致政府作用太大市场作用受限

东北解放前,早期资本主义萌芽于营口牛庄开埠,但直到民国初期一直以油坊、烧锅、磨坊三大低端轻工业为主。奉系集团统治以来,相对鼓励民间资本投资经济建设,但奉系官僚资本仍占主导地位。东北沦陷时期,日伪政府出于战争与掠夺资源需要,更是加强了对经济的统治,民族资本受到极大排挤乃至逐渐没落。该阶段,东北经济大多时期实行统制经济,政府对经济的控制大多较为严格。在解放前后,经过公私合营、"三反""五反"等运动,私人资本几近消失。东北作为全国最早解放的地区,早期国家对东北的投资最大、接收大型工矿企业并对之进行国有化范围最广、最早进入计划经济体制。尤其是因抗美援朝时期,中央层面关于优先发展重工业的思路趋于统一,而东北作为重工业基础最好的地区,理所当然地成为国家重工业投资的最佳

第二章 东北工业化历史演进与体制机制特殊性分析

区域。之后经过"一五""二五"规划的实施，东北重化工业成为为全国"出机器、出干部、出经验"的工业摇篮，为奠定全国工业基础、推动全国发展做出巨大贡献。期间，尽管由于中央放权，东北地方政府大力发展"五小"工厂推动了企业自主经营和一定程度的市场化，但后期整顿期间，这些企业要么已经撤销，要么被并入到大型工矿企业体系，未能像南方一些小企业一样得到市场化发展，并在改革开放后发展壮大。

统制经济和计划经济都需要政府的主导甚至完全控制作用。纵观东北经济发展历史，东北封禁之前更不用论述，即使近代开埠外资进入以来，也由于长期的统制经济和计划经济，导致政府作用一直比较强势，私人资本大多时期都在政府资本、外国资本的夹缝中艰难生存。计划经济以来，政府作用更是全面替代市场作用，并且在改革开放后全国推行市场化的大环境下，由于东北地区计划调配资源较多，价格放开等工作都比其他省市晚好多年，从而使东北成为"进入计划经济最早、退出计划经济最晚"的地区。这样，从经济发展历史传统看，东北就缺乏商业和市场经济较为发展的先例，这与南宋时期浙江永嘉学派和永康学派提倡"义利并立""农商并重"，南宋以后浙东学派主张"讲求实效、注重功利"，推崇工商，明末思想家黄宗羲提出"工商皆本"、反对歧视商业等思想及经济实践是完全不同的[①]。因而即使在社会主义市场经济体制建立以来，东北地区的计划经济思维和政府倾向于"管理""管制"经济而非服务于经济主体的行为也是显而易见的。强政府并不必然带来弱市场，但东北抑制市场作用的强政府，显然极大抑制了市场作用的发挥，从而对经济发展形成制约。

---

① 林木西、和军：《东北振兴的新制度经济学分析》，载于《求是学刊》2006年第6期。

(二) 央企国企比重大，附属性民企发展难

如前所述，东北国企比重较大。据统计资料，辽宁国有经济占比超过30%，吉林超过40%，黑龙江超过50%，都远高出全国平均水平。黑龙江现有规模以上企业4113家，国有企业比重接近70%。当然，国有经济并非一定没有效率，也并非要将国企全部民营化。但理论与实践都证明，国企应主要集中于战略性和非竞争性领域，在一般竞争性领域国企并不具备成本优势和市场竞争力，应尽早重组或退出。国有经济比重过大导致一系列经济问题：优先占用资源与形成垄断、内生动力不足导致效率低下、难以发挥市场机制的积极作用、结构调整与转型升级困难，等等。

东北国有经济的问题实质上是央企问题。实际上，经过改革，东北地区的地方国有企业数量已经不多了，且大多分布在市政公用事业行业。但东北央企数量、比重都比较大。截至2013年，中央企业及其子企业在东北地区共有3183户，资产总额4.5万亿元，职工人数174.8万人，在东北地区的经济发展中起着举足轻重的作用。目前，在辽宁的中央企业及所属企业有1751户，资产达2万亿元，占辽宁规模以上企业资产总额的47%，在岗职工约70万人。2013年营业收入为1.7万亿元。在吉林，2013年央企销售收入占全省规模以上工业主营收入的90%多；在黑龙江，央企占全省规模以上工业比重也在60%以上[①]。

在央企"巨无霸"快速发展的同时，是东北民营企业发展的滞后和营商环境的恶劣。由于重点行业大多被国企尤其是央企垄断，民营企业即使能够进入这些行业，大多也只能为国企或央企作"配套"，他们之间只是生产经营上的依附关系和体制上的

---

① 梁启东：《东北国企改革的核心问题是央企改革》，载于《中国经营报》2016年3月29日。

"寄生"关系。民企和国企央企之间，在市场准入、资源获取、政策支持、平等竞争、执法环境等诸多方面都处于弱势地位，极大制约了民营经济的健康发展。由表2-5可知，从2015年对比省份私营企业分布情况看，东三省企业户数加总只有86.95万户，尚不及浙江一省的129.21万户，只有广东一省248.12万户的35%。

万人拥有私营企业数方面，东三省最多的辽宁只有122.89户，远低于江浙粤220多户的水平，黑龙江只有江浙粤的不到1/3。私营企业就业数占人口数比重差距更大，数值最大的吉林省只有江浙粤中数值最小的广东省约1/2，黑龙江居然只有1.24%，反映了东北地区民营经济发展严重不足的事实。

表2-5　　　　　　2015年对比省份私营企业分布情况

地区	户数（万户）	就业人数（万人）	人口数（万人）	万人拥有私营企业数（户）	户均就业人数（人）	私营企业就业数占人口数（%）	人均GDP（万元）
辽宁	35.84	344.81	4382.40	122.89	6.40	7.87	6.54
吉林	25.83	244.26	196.76	93.80	9.46	8.87	5.11
黑龙江	25.28	47.34	3811.70	66.32	1.87	1.24	3.96
江苏	182.15	2093.30	7976.30	228.36	11.49	26.24	8.79
浙江	129.21	1692.80	5539.00	233.27	13.10	30.56	7.74
广东	248.12	1866.81	10849.00	228.70	7.52	17.21	6.71
全国	1908.23	16394.86	137462.00	138.82	8.59	11.93	4.99

资料来源：国务院发展研究中心企业研究所：《中国企业发展报告（2017）》，中国发展出版社2017年版，第97~99页。

东北民营企业发展难也与东北经济结构密切相关。如前所述，从东北工业的行业结构看，重化工业、资源型工业占很大比重，高新技术产业发展严重滞后。2014年，东北地区高技术产业主营业务收入仅占规模以上工业的5.4%，其中辽宁为4.8%，吉林为7.2%，黑龙江为4.7%，不仅低于中部（7.4%）和西部地区（8.5%），更远低于东部（14.5%）和全国平均水平（11.5%）。同时，东北地区能源和原材料工业比重高，产能过剩行业规模大，产业链条较短，加工深度和技术含量不高，抗外部干扰能力较弱。现有工业企业大多集中在制造环节，处于产业链和价值链的中低端，上游关键原材料、核心零部件研发和下游服务环节发展滞后①。尤其是一些大型资源型企业，转型升级缓慢，内部大而全、小而全，生产经营自成体系、与外部合理分工与协作生产联系不足、效率低下。央地融合发展不足、大型企业对外围小企业带动不足，阻碍了民企发展步伐。

（三）"官本位"思想和统制经济思维阻碍创新创业

东北是实践计划经济最早、时间最长、贯彻最彻底的地区，既在计划经济时期创造了辉煌，也集中了计划经济体制的所有弊端。计划经济体制很大程度上就是一种"官本位"的制度安排，在计划经济时期，企业的生产经营、物资调拨、产品分配，都由上级部门决定。在社会主义市场经济条件下，本来应由市场发挥基础性、决定性作用，但由于"官本位"思想和统治经济思维仍在东北地区广泛存在，所以现实中并未如人们想象的那样官员作为人民公仆，政府作为法治政府、服务型政府，为包括民企在内的市场经济主体服务，而是普遍存在"管理""管制"市场主体，缺乏为市场主体服务的意识，甚至故意设置障碍以便"吃拿卡要"、捞取个人好处，严重阻碍了创新创业和经济健康发展。

"官本位"和统制经济思维是创新创业的最大障碍。一是这种思维与超前意识和创新精神格格不入。"官本位"和统制经济思维讲求四平八稳、循规蹈矩、高高在上、计划经济，与创新创

---

① 魏后凯：《东北经济的新困境及重振战略思路》，载于《社会科学辑刊》2017年第1期，第26~32页。

业所推崇的鼓励冒险、不落俗套、深入实际、市场导向正好背道而驰。二是这种思维不利于人才健康成长与合理配置。这种思维导致即使在学校学习期间也热衷于当官、拉关系,在工作中将主要精力放在与上级搞好关系,而非提升技术能力等真正对经济发展有利的方面。在人才配置方面,毕业生在东北地区往往先优选政府机关、国企、事业单位等体制内工作,甚至出现博士生为了进编制而宁愿占据司机岗位的情况,造成人才资源错配与严重浪费。这种情况显然不利于创新创业与经济发展,也不利于吸引人才。东北一些地市领导到南京、杭州等高新区考察,发现在那里创业的"海归"博士中,东北人特别多。"这些政策咱也有啊,为什么不回来?"一问才得知,虽然优惠政策都不缺,真想申请,就得找路子托门子,费周折。三是"官本位"导致权力异化,降低政府服务经济发展的效率。在东北政府中,不少部门将国家为企业发展出台的政策文件扣在手头不下发,因为下发后可能会增加自己为企业服务的工作量,并且有些能"吃拿卡要"的权力可能会丢失。与南方发达地区为企业争取便利条件相反,东北某些部门主要是为本部门争取审批收费权,甚至人为增设办事环节,借加强管理服务之名,行收费或捞取个人好处之实。不少企业家的主要精力是围着领导转,一些民企靠政府项目、国企采购链条生存,不以市场需求为主,缺乏创新动力,这或许可以解释为什么中国民营企业 500 强里,东北的数量最少[①]。

创新创业的影响因素,包括政府和政策支持、社会环境氛围、人才、资金投入、知识产权保护等多个方面的良好条件。东北地区政府服务于经济主体观点淡薄、社会重官轻商氛围浓厚、人才外流严重、投资不过山海关、技术创新相对迟缓等方面,显然都需要下大力气予以克服。

---

① 鲁平:《官念淡一点 振兴快一点》,载于《人民日报》2016 年 11 月 2 日,第 10 版。

(四) 对外开放及结构性问题导致缺乏改革动力

东北地区对外开放程度不高,缺乏倒逼改革的外部动力。东北地区虽居东北亚跨国贸易核心区域,但是周边贸易环境较差,东北地区成了事实上的贸易死角。一是朝韩对立使得周边局势处于"准冷战"状态;二是俄罗斯与中国体制差异较大,大规模企业自由贸易障碍较多;三是日本与东北在制造业方面存在潜在竞争。在关键技术方面,日本始终对中国严防死守。较低的对外开放水平,让东北地区缺乏倒逼改革的外部压力和动力。

结构性问题与体制性问题相互缠绕,进一步阻碍了体制改革的步伐。东北经济仍然严重依赖重工业,结构性矛盾非常突出:一是传统重化工业比重高,依赖性强,发展难度大,产业升级任务很重。目前,东北重工业占二产比重仍达75%以上,高于全国平均水平,很多产业产能过剩,企业效益低下、发展困难。二是新兴产业虽然发展快,但是规模小、比重低,不足以替代传统产业的支柱地位。以辽宁省机器人、航空制造产业为例,2014年增长分别高达30%和10%,但占第二产业比重分别还不到1%。三是资源型地区正处在"资源陷阱"中,产业结构单一,创新能力不足,加之近年来东北地区资源逐渐枯竭,能源资源需求大幅压缩。诸种原因导致资源型城市经济发展非常困难。

东北经济的结构性问题与体制性问题相互缠绕,给市场化改革造成极大困扰。由于占主导地位的重化工业中分布着大量国有企业,而这些国企体量太大,在经济中分量过重,以至于地方政府对这些企业不敢放手,也不舍得放手。这种情况让地方政府陷入"强化扶持"与"减少干预"的两难境地,让这些没有市场前景,产能过剩企业垂而不死,严重制约着市场化改革的进程①。

---

① 王琛伟:《破解东北经济转型发展的体制机制问题》,国家发改委紧急通知与管理研究所网站,2017年1月11日,http://www.china-reform.org/?content_672.html。

第三章

两轮东北振兴战略分析

第一节　两轮东北振兴战略背景比较

本节主要从经济总量与增速、产业结构、所有制结构、企业效益、市场化程度、人民生活六个方面进行两轮振兴战略背景比较。此处所提的"两轮",是指 2003 年中共中央、国务院出台《关于实施东北地区等老工业基地振兴战略的若干意见》,开启的首轮东北振兴;以及 2014 年国务院出台《关于近期支持东北振兴若干重大政策举措的意见》,开启的新一轮东北振兴。为便于比较分析背景及判断振兴战略效果,特别加入新一轮振兴期与东三省对口合作的苏、浙、粤三省相关数据进行比较研究。数据来自国家统计局网站数据库、历年《中国统计年鉴》、各省统计年鉴及《中国劳动统计年鉴》。为保证数据的科学性,对于涉及价格的增长率指标,均按照 1990 年不变价格进行折算;为保证各省间对比的合理性,采取人均、每万元等比例数值。

一、经济总量与增速

由表 3 - 1 可知,1990 年,东三省 GDP 总量为 2203.18 亿元,占全国比重 11.8%。到 2002 年,东三省 GDP 总量为

11443.9亿元，占全国比重下降为9.46%。2013年，东三省GDP占比进一步下降为9.26%。作为对比，苏浙粤三省GDP占比则由1990年的20.79%上升到2002年的26.54%；2013年进一步上升为27.02%。人均GDP方面，1990年东三省为2218.89元，为苏浙粤三省的98.84%。2002年东三省为10729.93元，为苏浙粤三省的69.44%；2013年东三省为49601.03元，为苏浙粤三省的75.17%。

表3－1　　　　　　　　　　经济总量

指标	年份	辽宁	吉林	黑龙江	江苏	浙江	广东	全国
地区生产总值（亿元），占全国比重（%）	1990	1062.70	425.28	715.20	1416.50	904.69	1559.03	18668.00
		5.69	2.28	3.83	7.59	4.85	8.35	
	2002	5458.20	2348.50	3637.20	10606.90	8003.70	13502.40	121002.00
		4.51	1.94	3.01	8.77	6.61	11.16	
	2013	27077.70	12981.50	14382.90	59161.80	37568.50	62164.00	588018.80
		4.60	2.21	2.45	10.06	6.39	10.57	
人均GDP（元）	1990	2698	1746	2028	2109	2138	2484	1654
	2002	13000	8714	9541	14369	16841	24928	9450
	2013	61686	47191	37509	74607	68462	58540	41908

GDP增速方面，1990~2002年，东三省GDP增速多数年份低于全国平均水平，更远低于苏浙粤三省。首轮东北振兴期，年均增速达12.6%，多数年份高于全国平均水平，2007~2012年间大多高于苏浙粤三省。2013年开始东北经济增速出现大幅下降，三省增速均位于全国后10位。2014年东北经济进一步下滑，辽、吉、黑三省GDP增速分别仅为5.8%、6.5%和5.6%。2015年，辽宁省GDP增速3%，居全国末位（见图3－1）。

图 3-1 实际 GDP 增长率

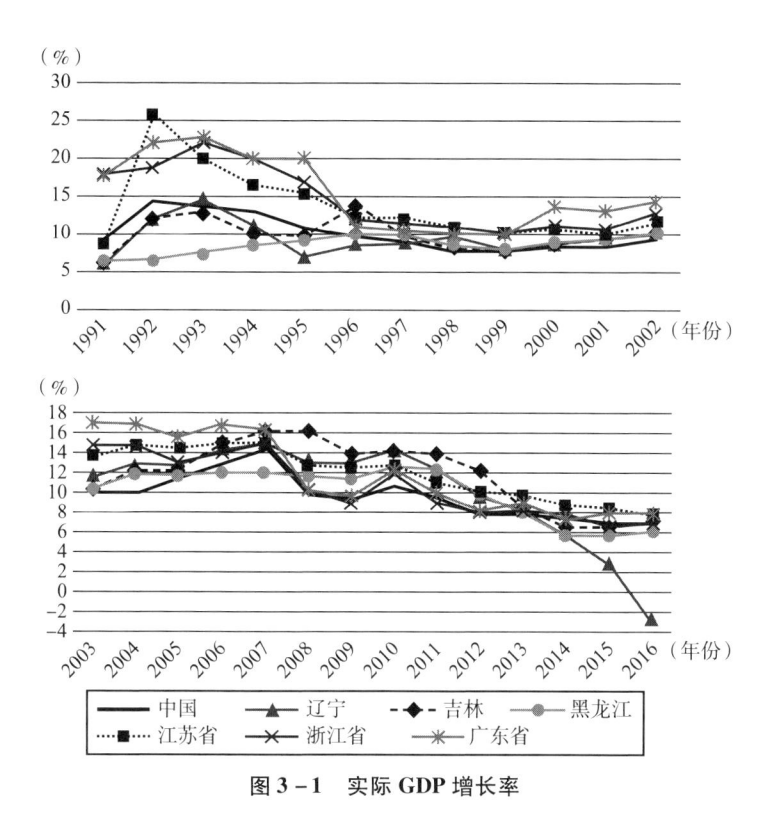

二、产业结构

由表 3-2 可以看出,1990~2002 年,东三省产业结构变化的显著特征是第三产业比重大幅提升、第一产业比重大幅下降,第二产业比重基本不变。首轮振兴期,东三省第三产业增加值占比只有黑龙江有所提升,由 2002 年的 36.3% 提升到 2013 年的 41.4%,辽宁和吉林反倒有所下降。第二产业占比,也只有黑龙江有所下降,由 2002 年的 50.7% 下降到 2013 年的 41.4%,辽宁和吉林反倒有较大幅度上升。

相比而言,首轮振兴期,苏浙粤三省第三产业占比上升约 7% 左右,第一、第二产业则都有所下降。特别是从第二产业占比变化来看,辽宁是先下降后上升、吉林是不断上升,黑龙江是长期不变后下降。相比而言，同期苏浙粤第二产业占比变化都呈现先上升后下降态势，符合工业化演进一般规律。特别是广东省，产业结构已从"二、三、一"格局转变为"三、二、一"格局。

表3-2　　　　　　　　　　产业结构对比

地区	1990年			2002年			2013年		
	第一产业	第二产业	第三产业	第一产业	第二产业	第三产业	第一产业	第二产业	第三产业
辽宁	15.9	50.9	33.2	10.8	47.8	41.4	8.6	52.7	38.7
吉林	29.4	42.8	27.8	19.9	43.5	36.7	11.6	52.8	35.5
黑龙江	22.4	50.7	26.9	13	50.7	36.3	17.5	41.1	41.4
江苏	25.1	48.9	26	10.5	52.2	37.3	6.2	49.2	44.7
浙江	24.9	45.1	30	8.9	51.1	40	4.8	49.1	46.1
广东	26.1	39.9	34	8.8	50.4	40.8	4.9	47.3	47.8
全国	26.7	40.9	32.4	13.4	44.3	42.3	10	43.9	46.1

东三省产业结构演进之所以出现上述逆规律化现象，与第二产业中的行业结构有关。从各省营业收入前3名的行业看，辽宁、黑龙江二产营业收入比重较高的行业主要包括石油、天然气、煤炭、电力、黑色金属冶炼等原材料开采及初级产品加工业，2008年的刺激政策使得这些行业产能迅速扩大，挤出效应及原初产业联系效应较低的特征，使得第三产业发展受限。但原初产业受经济收缩影响最大，煤炭、电力行业首当其冲，所以煤炭、石油资源大省黑龙江三产比重提升，很大程度上只是二产比重降低所导致，并非三产发展表现优异。但总体而言，东三省第一产业农业发展较快，这从农副食品加工业进入营收前3名的行业就可得到体现。相比而言，同期苏浙粤三省营收较前的行业则主要分布在计算机、通信、电子、电气机械、化工、纺织等技

术、知识密集型产业及消费工业。在外需疲软、制造业增速放缓情况下，原初产业受影响最大，产能过剩问题尤其突出，成为"新东北现象"重要成因（见表3-3）。

表3-3　　　　　各省营业收入前3名的行业

地区	年份	行业		
辽宁	2002	石油加工及炼焦业	黑色金属冶炼及压延加工业	交通运输设备制造业
	2013	黑色金属冶炼和压延加工业	农副食品加工业	通用设备制造业
黑龙江	2002	石油和天然气开采业	电力、煤气及水的生产	煤炭采选业
	2013	农副食品加工业	石油和天然气开采业	石油加工、炼焦及核燃料加工业
江苏	2002	纺织业	电子及通信设备制造业	化学原料及制品制造业
	2013	计算机、通信和其他电子设备制造业	化学原料和化学制品制造业	电气机械和器材制造业
浙江	2002	纺织业	电气机械及器材制造业	普通机械制造业
	2013	纺织业	电气机械和器材制造业	化学原料和化学制品制造业
广东	2002	电子及通信设备制造业	电气机械及器材制造业	化学原料及化学制品制造业
	2013	计算机、通信和其他电子设备制造业	电气机械和器材制造业	电力、热力生产和供应业
全国	2002	电子及通信设备制造业	电力蒸汽热水生产供应业	交通运输设备制造业
	2013	计算机、通信和其他电子设备	黑色金属冶炼和压延加工业	汽车制造业

注：吉林省未进行相关统计，故数据缺失。

三、所有制结构

由表3-4可以看出，从新增固定资产投资占比看，2002年东三省国有经济占比44.10%，远高于苏浙粤的33.27%，但比重与1990年的80.77%相比已下降了近一半，2002年接近全国水平43.40%。2013年，东三省国有经济固定资产投资比重进一步下降为23.73%，与苏浙粤及全国水平相差无几。2002~2013年，固定资产投资中集体经济比重都呈大幅下降、私营个体经济比重都呈大幅上升趋势。

表3-4　　　　　　新增固定资产投资所有制结构　　　　单位：%

年份	1990				2002				2013			
经济类型	国有	集体	私营个体	其他	国有	集体	私营个体	其他	国有	集体	私营个体	其他
东三省	80.77	5.86	13.37	0.00	44.10	7.12	12.08	36.70	23.73	1.14	23.63	51.50
苏浙粤	52.65	18.21	29.13	0.00	33.27	13.38	15.28	38.07	21.38	4.39	32.35	41.89
全国	65.60	11.90	22.50	0.00	43.40	13.76	14.99	27.85	24.61	2.98	29.94	42.46

由表3-5可知，从就业人数占比看，2002年东三省国有经济占比46.73%，远高于苏浙粤三省的33.67%，但与全国水平46.96%相近。2013年，东三省国有经济就业比重进一步下降为20.16%，苏浙粤则更下降为10.22%，在两地区国有经济投资占比接近情况下，上述就业占比的巨大差距表明，在首轮振兴期，东三省国企职工退出不够，冗员严重。

由表3-6可知，从规模以上工业新增固定资产投资占比看，2002年东三省国有经济占比平均值为83.12%，远高于苏浙粤的40.89%。2013年，东三省该值下降为52.39%，苏浙粤下降为27.45%，前者仍为后者的1.9倍。从就业人数占比看，2002年东三省规模以上工业国有经济占比为68.81%，远高于苏浙粤的16%。2013年，东三省该值下降为35.37%，苏浙粤下降为6%，前者为后者的6倍。

表3-5　　　　　　　　就业所有制结构　　　　　　　　单位：%

年份	1990				2002				2013			
经济类型	国有	集体	个体	其他	国有	集体	私营个体	其他	国有	集体	私营个体	其他
东三省	65.99	28.60	4.50	0.90	46.73	7.69	32.14	13.44	20.16	1.77	44.55	33.52
苏浙粤	59.48	31.82	5.36	3.33	33.67	6.92	35.53	23.88	10.22	1.34	48.96	39.48
全国	70.24	24.09	4.55	1.11	46.96	7.36	27.98	17.70	19.59	1.74	44.27	34.40

注：以上数据是指城镇就业人员数据。经济类型中"其他"包括股份合作单位、联营单位、有限责任公司、股份有限公司、港澳台商投资单位以及外商投资单位等其他登记注册类型单位。1990年无私营就业数据。

表3-6　　规模以上国有及国有控股工业企业相关指标占比　　单位：%

指标	年份	辽宁	吉林	黑龙江	江苏	浙江	广东	全国
固定资产投资占比	2002	79.48	84.66	88.81	41.53	33.06	44.74	67.87
	2013	43.83	53.59	70.74	22.71	26.90	34.46	46.21
就业人数占比	2002	58.77	73.51	80.56	24.67	9.66	12.88	43.90
	2013	28.36	37.79	53.05	6.85	4.58	5.62	19.00

四、企业效益

由表3-7可知，2002年，辽、吉国有及国有控股工业企业、私营工业企业流动比率、成本费用利润率和主营业务利润率均低于苏浙粤三省。

2013年，辽、吉国有、私营工业企业流动比率均有所提升，但在国有企业成本费用利润率和主营业务利润率方面，吉林有较大幅度提升，而辽宁则有较大幅度下降，2013年辽宁国有工业企业主营业务利润率甚至下降为负值。2002~2013年，东三省私营工业企业表现突出，成本费用利润率和主营业务利润率两项指标值增长1倍左右。相比而言，苏浙粤三省国有工业企业上述指标总体变化不大，私营工业企业总体上也表现突出，尤其是苏、粤二省。

总体而言，首轮振兴期东三省与苏、粤二省私营工业企业表现突出，国有企业则表现不一，江苏、吉林表现最好，辽宁表现最差。

表3-7　　　　　　　　　企业经济效益对比

企业类型	省份	流动比率		成本费用利润率（%）		主营业务利润率（%）	
		2002年	2013年	2002年	2013年	2002年	2013年
国有及国有控股工业企业	辽宁	0.92	0.92	2.16	0.09	1.73	-0.39
	吉林	0.80	1.00	4.39	6.95	2.31	5.85
	江苏	1.05	0.87	3.58	5.41	3.08	4.85
	浙江	1.23	0.88	6.27	5.83	4.83	4.81
	广东	1.11	0.97	6.48	4.82	5.48	4.00
私营工业企业	辽宁	0.88	1.32	3.48	7.75	3.14	7.83
	吉林	1.11	1.22	3.03	5.68	3.02	6.34
	黑龙江	1.19	1.12	3.91	7.05	3.70	6.81
	江苏	0.98	1.11	2.94	6.90	2.98	6.53
	浙江	1.01	1.06	5.27	5.16	4.77	4.75
	广东	1.13	1.17	2.78	6.71	3.04	6.30

注：黑龙江有关数据缺失或异常。

五、市场化程度

区域市场化程度是区域经济社会发展重要指标，完善的市场体系才能使供求机制、竞争机制、价格机制和激励机制的作用得到最有效发挥，实现资源优化配置，提升经济效率。这里使用樊纲、王小鲁等学者构建的中国市场化指数相关数据进行分析。

由表3-8可知，从市场化指数总体情况看，2002年，东三省得分最高的是辽宁（6.06），排名全国第9位；相对而言，苏浙粤三省得分最低的江苏也达到7.40分。2002~2013年，东三省的市场化指数均有所提升，但从排名来看，仍然处于全国中等偏下水平。吉林和黑龙江排名略有提升，但辽宁排名却下降了两位，东三省市场化整体水平与苏浙粤仍存在较大差距。

表3-8　　　　　　　市场化指数得分及排名

地区	年份	总得分	排名	a	排名	b	排名	c	排名	d	排名	e	排名
广东	2002	8.63	1	7.96	4	10.13	2	10.06	1	7.29	3	7.69	2
	2013	8.69	6	7.84	3	9.82	2	9.66	3	6.47	8	9.65	6
浙江	2002	8.37	2	7.97	3	10.65	1	9.62	2	6.46	2	7.16	4
	2013	9.44	2	7.51	5	9.75	3	8.39	8	5.57	13	15.98	1
江苏	2002	7.40	5	8.25	1	8.13	5	8.78	4	6.14	5	5.69	6
	2013	9.88	1	8.62	2	10.38	1	8.25	9	7.32	4	14.82	2
辽宁	2002	6.06	9	6.08	18	6.35	9	8.51	6	4.85	8	4.51	8
	2013	6.70	11	5.42	18	8.46	8	8.56	6	6.17	11	4.91	13
吉林	2002	4.58	18	5.26	24	4.58	16	8.04	9	1.33	25	3.69	14
	2013	6.23	16	6.06	13	7.18	17	8.57	5	5.09	19	4.23	17
黑龙江	2002	4.09	21	4.90	28	3.22	22	7.09	14	0.99	30	4.24	9
	2013	6.20	17	6.26	11	5.49	24	7.93	14	5.47	14	5.86	10

注：a：政府与市场关系；b：非国有经济发展；c：产品市场发育程度；d：要素市场发育程度；e：市场中介组织发育和法律制度环境。

六、人民生活

由表3-9数值计算可知，1990年，东三省城乡消费水平比值为 2.43，略高于全国水平。失业率为 2.16%，低于全国平均水平。东三省居民消费水平均值为 1017 元，为苏浙粤三省的 91.31%。2002 年，东三省城乡消费水平比值为 3.05，低于全国水平 3.6，但高于苏浙粤三省均值 2.9；失业率为 5.88%，高出全国水平 47%；居民消费水平均值为 4079.33 元，为苏浙粤三省的 71.97%，差距进一步扩大。2013 年，东三省城乡消费水平比值为 2.38，低于全国和广东的 3.10，与苏浙粤三省差距逐渐缩小；失业率为 3.83%，低于全国水平，但高于苏浙粤三省均值 2.8；居民消费水平均值为 15603.33 元，与苏浙粤三省的比值进一步下滑至 64.93%。

表 3-9　　　　　　　　　　人民生活情况

指标	年份	辽宁	吉林	黑龙江	江苏	浙江	广东	全国
城乡消费水平比值（农村居民=1）	1990	2.97	2.20	2.12	—	2.40	2.48	2.24
	2002	3.00	3.10	3.70	2.50	2.60	3.60	3.60
	2013	2.40	2.40	2.30	2.00	1.90	3.10	3.10
城镇居民失业率（%）	1990	2.20	1.90	2.20	2.40	2.20	2.20	2.50
	2002	6.80	3.60	4.90	4.20	4.20	3.10	4.00
	2013	3.40	3.70	4.40	3.00	3.00	2.40	4.05
居民消费水平（元）	1990	1144.00	955.00	952.00	903.00	1227.00	1211.00	831.00
	2002	5095.00	3627.00	3516.00	4708.00	6098.00	6199.00	4301.00
	2013	20156.00	13676.00	12978.00	23585.00	24771.00	23739.00	15632.00

由此可见，2002 年东三省失业率居高不下，城乡居民消费水平差距不断扩大，是首轮东北现象的重要内容。相比于 2002 年，2013 年东三省居民消费水平增长了近 3 倍，城乡间消费差距逐渐缩小，失业情况大为改善。但同期东三省与苏浙粤的居民消费水平相对差距进一步扩大了。

由以上六个方面的数据分析可知，20 世纪末 21 世纪初，东三省 GDP 增速多数年份低于全国平均水平，远低于经济发达省份；GDP 总量占全国比重不断下滑，人均 GDP 与发达省份差距拉大。第二产业中产值较大行业以石油、天然气、煤炭、电力、黑色金属冶炼等原材料开采及初级产品加工业为主，与发达省份以通信、电子等技术、知识密集型产业及消费工业为主形成鲜明对比。国有经济比重高，效益差、亏损面大。市场化程度总体排名全国中下游水平。失业率大幅上升，城乡居民消费水平差距不断扩大。这些构成了"东北现象"的主要内容，也是首轮东北振兴战略出台的重要背景。

第二节 首轮东北振兴战略实施效果总体评价

一、评价指标体系

东北振兴不仅仅是经济振兴。为更加科学、合理地对东北振兴战略实施以来的主要成效与问题进行评价，我们特别构建了评价指标体系。其中指标的选取依据，主要是《东北振兴"十一五"规划》中的观测指标四大类共 16 项、《东北振兴"十二五"规划》中的观测指标四大类共 25 项、国家统计局《全面建设小康社会统计监测方案》中的观测指标六大类共 23 项，最后我们综合东北振兴战略实施效果评价的主要目标、特点，结合数据的可得性与权威性，最后确定了四大类共 26 项指标的评价体系（见表 3 – 10）。

表3-10　　　东北振兴战略实施效果评价指标体系

指标大类	经济发展	科技教育文化	资源环境	人民生活
指标内容	1. 地区生产总值增长率（%） 2. 人均GDP（元） 3. 城镇化率（%） 4. 第三产业增加值占GDP比重（%） 5. 私营、外商和港澳台地区经济工业主营业务收入比重（%） 6. 货物进出口总额与GDP比值（%） 7. 粮食综合生产能力（万吨）	1. 研究与试验发展经费支出占GDP比重（%） 2. 每万人（有效）发明专利数（件/万人） 3. 规模以上工业企业新产品销售收入（亿元） 4. 人均教育经费（元/人） 5. 人均文化产业收入（元）	1. 耕地面积（万亩） 2. 森林蓄积量（亿立方米） 3. 万元GDP电力消费量（千瓦时/万元） 4. 万元GDP用水量（吨/亿元） 5. 万元GDP废水排放量（吨/亿元） 6. 亿元GDP二氧化硫排放量（吨/亿元） 7. 亿元GDP烟（粉）尘排放量（吨/亿元） 8. 一般工业固废利用率（%） 9. 工业污染治理完成投资（亿元）	1. 城镇居民人均可支配收入（元） 2. 农村居民人均可支配收入（元） 3. 城镇登记失业率（%） 4. 城镇职工基本养老保险参保人数（万人） 5. 每千人卫生技术人员数（人）

本节主要针对东北振兴战略实施以来，东三省在经济发展、科技教育文化、资源环境、人民生活4方面指标实现情况进行综合评价。由于第二轮东北振兴战略起始于2014年8月19日国务院出台的《关于近期支持东北振兴若干重大政策举措的意见》，因此这里选取2014年数据与首轮战略开启之年2003年数据进行比较分析。重点对2003~2014年期间国内四大区域：东北3省、东部10省市、中部6省、西部12省市区以及全国的指标实现情况进行对比分析，以判断东北振兴以来取得的主要成效与存在的主要问题。指标数值来自历年《中国统计年鉴》，在指标对比中，对于涉及价格的数值、比值指标，采取按照当年价格计算的数值；对于涉及价格的指标增长率，按照基于基期的不变价格进行计算，以保证增长率的科学性。为保证区域对比的合理性，多采取人均、每万元、每千人平均等比例数值，以增强比较的合理性。

二、东北振兴战略实施的主要成效与问题

(一)经济发展方面

由表 3–11 可知,2003~2014 年,7 项年均增长率指标中东北有 2 项指标优于全国水平:(1)私营、外商和港澳台地区经济工业主营业务收入比重:东三省年平均增长率为 6.41%,高出全国同期水平 3.28% 近 2 倍;东北地区非公经济发展迅速,国有、集体经济比重偏高的情况不断得到改善。(2)粮食综合生产能力:东三省年均增长率为 5.69%,是全国同期年均增长率的 1.7 倍。5 项指标差于全国水平:(1)地区生产总值:东北年均增长率为 9.16%,比全国同期水平 9.98% 低 0.82%,处于四大区域末尾;(2)人均 GDP:东北年均增长率为 8.94%,低于全国同期水平 9.26%,只高于东部的 7.93%;(3)第三产业的增加值占 GDP 的比重:东北年均增长率为 0.45%,远低于全国同期水平 1.68%;(4)货物进出口的总额占 GDP 的比重:东北年均增长率为 -2.29%,降速高于全国同期水平 -2.18%;(5)城镇化率,东北地区的城镇化基础较好,年均增长率相对较低,仅为 1.67%,低于全国同期年均增长率 3.78%。

表 3–11 东北经济发展方面的增长率指标(2003~2014)

指标	年份	东北	东部	中部	西部	全国
私营、外商和港澳台地区工业主营业务收入比重(%)	2003	25.63	41.81	37.94	32.43	38.01
	2014	50.74	64.87	48.84	37.81	54.97
粮食综合生产能力(万吨)	2003	6269.90	11786.72	12557.20	12706.41	43320.23
	2014	11528.93	14768.52	18247.9	16157.71	60703.06
地区生产总值(亿元)	2003	12722.02	76969.07	25870.89	23975.21	139537.19
	2014	57469.77	350052.52	138671.66	138073.53	684267.48

续表

指标	年份	东北	东部	中部	西部	全国
人均 GDP（元）	2003	11857.60	16888.06	7257.90	6733.42	10929.79
	2014	52357.67	67099.71	36990.96	35564.88	49066.78
第三产业增加值占 GDP 比重（％）	2003	39.55	39.18	39.45	41.42	39.64
	2014	41.54	48.76	39.06	40.15	44.45
货物进出口总额与 GDP 比值（％）	2003	28.51	81.50	9.63	12.15	51.18
	2014	19.16	62.16	10.56	14.87	38.55
城镇化率（％）	2003	50.27	40.62	33.58	30.38	40.53
	2014	60.33	63.64	49.64	47.55	54.77

(二) 科技教育文化方面

由表 3-12 可知，2003~2014 年，5 项年平均增长率指标中东北有 2 项指标优于全国水平：(1) 研究与试验发展经费支出占 GDP 比重：东北地区年平均增长率达到 1.63％，高于全国同期水平 1.36％；(2) 规模以上工业企业新产品销售收入：东三省年均增长率为 16.86％，高于全国同期水平 16.78％。3 项指标差于全国水平：(1) 每万人（有效）发明专利数：东北年均增长率为 20.39％，低于全国同期水平 23.32％，处于四大区域末尾；(2) 人均教育经费：东北年均增长率为 9.95％，低于全国同期水平 10.54，只高于东部的 8.86％；(3) 人均文化产业收入：东北年均增长率为 11.85％，低于全国同期水平 23.32％，从文化产业收入来看，东北地区的人均文化产业收入的年均增长率为 11.85％，低于全国同期水平 15.41％，与东部、中部的年均增长率 17.70％、17.40％分别相差 5.85％、5.55％，差距较大。

表3-12 东北科技教育文化方面的增长率指标（2003~2014）

指标	年份	东北	东部	中部	西部	全国
研究与试验发展经费支出占GDP比重（%）	2003	0.74	3.22	0.59	0.86	1.83
	2014	0.91	4.12	1.11	0.66	2.32
规模以上工业企业新产品销售收入（亿元）	2003	11449.90	97646.50	20440.89	7706.00	137243.29
	2014	85143.69	626108.10	247158.85	54221.15	1012631.79
每万人（有效）发明专利数（件/万人）	2003	0.46	0.14	0.37	0.05	0.20
	2014	3.66	2.11	4.24	0.36	2.32
人均教育经费（元/人）	2003	188.99	688.25	333.37	156.19	398.06
	2014	719.28	2347.02	1625.86	844.32	1606.71
人均文化产业收入（元/人）	2003	122.87	294.49	135.70	228.46	217.31
	2014	564.56	2370.05	1061.55	693.05	1409.34

（三）资源环境方面

由表3-13可知，2003~2014年，9项年均增长率指标中东北有5项指标好于全国水平：（1）耕地面积：东北地区年均增长率达到3.67%，是全国同期水平1.76%的2倍以上；（2）万元GDP电力消费量：东北地区年均增长率为-5.29%，低于全国同期水平-4.47%；（3）工业污染治理完成投资：东北地区年均增长率为13.41%，高于全国同期水平10.87%；（4）万元GDP废水排放量：东北地区年均增长率为-10.34%，低于全国同期水平-7.83%；（5）亿元GDP烟（粉）尘排放量：东北地区年均增长率为-14.71%，低于全国同期水平-13.14%。4项指标差于全国水平：（1）森林的蓄积量：东北年均增长率为1.63%，低于全国同期水平2.94%，处于四大区域末尾；（2）万元GDP用水量：东北年均增长率为-10.39%，减速低于全国同期水平

-12.25%，处于四大区域末尾；(3) 亿元 GDP 二氧化硫排放量：东北年均增长率为 -11.10%，减速低于全国同期水平 -14.34%，处于四大区域末尾；(4) 一般工业固废利用率：东北年均增长率为 0.40%，低于全国同期水平 1.20%，只高于东部地区。

表 3-13　东北资源环境方面的增长率指标 (2003~2014 年)

指标	年份	东北	东部	中部	西部	全国
耕地面积（万亩）	2003	28103.22	23378.00	36208.77	48932.88	136622.87
	2014	41790.45	25536.00	40556.27	54790.96	162673.68
万元 GDP 电力消耗量（千瓦时/万元）	2003	1122.47	1225.57	1429.00	1724.77	1342.09
	2014	573.11	757.03	752.40	1096.34	809.10
工业污染治理完成投资（亿元）	2003	70.96	126.55	35.49	54.03	287.03
	2014	379.69	479.95	160.21	176.61	1196.46
万元 GDP 废水排放量（吨/万元）	2003	37.17	20.93	18.48	63.27	29.09
	2014	11.62	10.03	11.97	10.73	10.65
亿元 GDP 烟（粉）尘排放量（吨/亿元）	2003	153.75	51.46	223.04	45.89	91.89
	2014	31.31	11.08	32.48	51.99	22.47
森林储蓄量（亿立方米）	2003	23.59	8.31	7.46	62.61	101.97
	2014	28.18	15.52	14.75	70.09	128.54
万元 GDP 用水量（吨/万元）	2003	371.72	248.23	446.65	632.79	361.31
	2014	111.17	58.62	103.32	107.32	81.92
亿元 GDP 二氧化硫排放量（吨/亿元）	2003	114.05	97.85	183.13	141.64	122.62
	2014	33.09	17.75	33.47	32.94	25.13
一般工业固废利用率（%）	2003	50.28	75.79	51.25	41.22	55.80
	2014	45.75	70.90	70.50	56.15	62.75

(四) 人民生活方面

由表3-14可知，2003~2014年，5项年均增长率指标中东北有2项指标好于全国水平：(1) 城镇居民人均可支配收入：东三省年均增长率达到12.23%，高于全国同期水平11.30%；(2) 城镇登记失业率：东三省年均增长率为-2.54%，减速大于全国同期水平-1.78%。3项指标差于全国水平：(1) 每千人卫生技术人员数：东北年均增长率为2.16%，低于全国同期水平4.47%，处于四大区域末尾；(2) 农村居民人均可支配收入：东北年均增长率为11.58%，低于全国同期水平12.04%，只高于西部地区；(3) 万人城镇职工基本养老保险参保人数：东北年均增长率为5.75%，低于全国同期水平7.43%，处于四大区域末尾。

表3-14 东北人民生活方面的增长率指标（2003~2014年）

指标	年份	东北	东部	中部	西部	全国
城镇居民人均可支配收入（元）	2003	7200.32	10483.41	7155.29	8133.68	8732.18
	2014	25620.44	32507.19	24887.99	25901.83	28518.65
城镇登记失业率（%）	2003	5.13	3.74	3.89	3.50	3.86
	2014	3.86	2.83	3.32	3.34	3.14
每千人卫生技术人员数（人）	2003	4.57	3.53	3.83	3.03	3.39
	2014	5.78	5.93	3.01	4.78	5.40
农村居民人均可支配收入（元）	2003	3232.27	3849.77	2346.31	1531.11	2690.19
	2014	10796.00	13312.62	10011.92	4195.71	9392.19
万人城镇职工基本养老保险参保人数（人/万人）	2003	1993.66	1563.59	922.23	577.18	1143.70
	2014	3318.03	3509.96	1633.00	1144.48	2331.78

(五) 其他方面

全社会固定资产投资来源反映了经济发展的市场化程度以及

发展主体的广泛性程度,是经济发展内生动力的衡量指标之一。按经济类型分类的全社会固定资产投资来看,2014年,东北内资中国有经济占比23.43%,比2003年的40.42%降低了16.9%;而股份制、私营个体分别为33.28%、30.78%,比2003年分别增加了2.4%、15.5%,表明固定资产投资来源更加多元化。

工业化水平与阶段是区域经济发展的重要判别标准。这里,我们参照陈佳贵(2012)的研究方法,对各区域工业化水平与阶段进行了衡量,结果显示,东部地区工业化程度最高,基本指标标志值已由2003年的57.97上升为2014年的93.06,由工业化中期后半段发展到工业化后期后半段,接近后工业化社会;其次为东北,由2003年的41.58(中期前半段)发展到2014年的69.40(后期前半段),工业化水平程度提高较大;西部最低(见图3-2)。

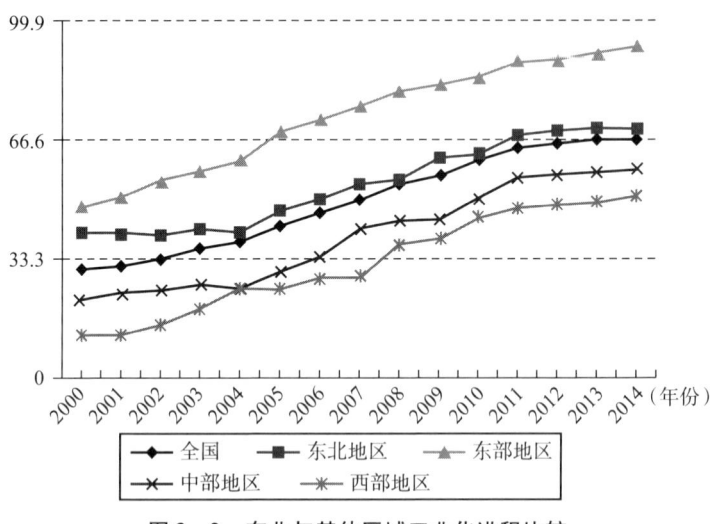

图3-2 东北与其他区域工业化进程比较

三、东北振兴战略总体效果测算与评价

(一) 测算方法

首先,根据《国民经济和社会发展第十二五规划》、国家统计局《2013年地区发展与民生指数(DLI)统计监测结果》主要指标的实现情况及其权重确定,参照《"十三五"规划纲要》中提出的发展目标,结合东北地区经济社会发展实际情况,就东北振兴战略实施效果评价指标体系的各项指标设定目标数值(一般以2020年目标值为基准)。其次,结合国家统计局主要指标评价权重设置,并科学运用德尔菲法,确定各项指标权重(经济发展、科技教育文化、资源环境、人民生活大类指标权重分别为26%、25%、23%、26%)。最后,利用东北及其他区域指标数据对各区域发展效果进行全面测算,其中,正指标用实际值/目标值×100、逆指标取倒数/目标值×100(最大值都取100),然后再加权计算。

(二) 测算结果与评价

由测算结果(见表3-15)可知,2003~2014年间,东北地区经济社会发展指数上升幅度最大,由2003年的35.16上升到2014年的79.59,上升了1.26倍;其他区域上升幅度依次为中部1.19倍、西部1.06倍、东部1.00倍,全国由2003年的41.50上升为2014年的85.13,上升了1.05倍。结果表明经济社会发展相对落后区域,由于后发优势的作用,发展速度反而越快的事实;同时,也反映了2003年国家开始提出并逐步实施的东北振兴战略,总体上取得了一定的成效。

从各区域经济社会发展程度绝对数值看,则是东部第一,其后依次为东北、中部、西部,十年间区域排序并未发生变化。但就区域间差距而言,比较显著的是东北与东部的差距在缩小,由

2003 年的 1.36 倍缩小为 2014 年的 1.20 倍；而中部与西部的差距在明显扩大，由 2003 年的 1.04 倍扩大为 2014 年的 1.11 倍。这可能是由于 2003 年开始提出东北振兴战略，而西部大开发战略却已经实施了 15 年；近两年来，东北振兴、中部崛起战略效果都呈现递减趋势，特别是东北地区经济出现的快速下滑态势。

表 3-15　　各区域经济社会发展程度测算结果（2003 年和 2014 年）　　单位：%

指标	2003 年经济社会发展程度					2014 年经济社会发展程度				
	东北	东部	中部	西部	全国	东北	东部	中部	西部	全国
总体发展程度	35.16	47.70	34.00	32.58	41.50	79.59	95.19	74.79	67.27	85.13
一、经济发展	53.43	59.88	45.47	44.54	57.86	88.01	96.15	79.62	79.04	87.94
二、科技教育文化	0.11	33.52	13.97	12.84	24.55	64.64	97.60	71.13	55.32	82.63
三、资源环境	40.63	46.13	34.41	34.90	40.09	76.29	88.30	76.51	71.37	83.04
四、人民生活	45.76	50.56	41.44	37.55	43.00	87.24	96.74	69.64	61.96	84.43

具体到大类指标，东北在科技教育文化方面成就最大，分值由 2003 年的 0.11 上升为 2014 年的 64.64，为全国上升幅度之首，表明东北振兴战略在科技教育文化方面取得了显著成效。其次为人民生活，东北分值由 2003 年的 45.76 上升为 2014 年的 87.24，上升了 0.91 倍。发展相对不足的方面主要是资源环境和经济发展，低于全国上升幅度。

四、战略效果总体评价

首轮振兴中，东三省 GDP 总量占全国比重进一步下降，但人均GDP与苏浙粤三省的比值有所上升，反映了东三省人口流出、苏浙粤三省人口流入的影响。GDP增速方面，六个省份大多数年份数值都高于全国水平，东三省个别年份甚至高于苏浙粤三省，但从2013年起出现断崖式下跌。

产业结构方面，辽宁和吉林第二产业比重反倒大幅上升；黑龙江三产比重提升，很大程度上只是煤炭、石油等二产发展受阻所导致，资源型产业遭遇到发展瓶颈。主要亮点在于农业有较大发展，期间东三省粮食综合生产能力年均增长率达到近5.7%，是全国同期年均增长率的1.7倍；农副食品加工业发展较快，成为营业收入前三的行业。

所有制结构方面，从新增固定资产投资占比看，东三省国有经济固定资产投资比重大幅下降，与苏浙粤及全国水平相差无几，各省集体经济比重都呈大幅下降、私营个体经济比重都呈大幅上升趋势。从就业人数占比看，东三省国有经济就业比重下降了一半多，但在投资比重接近的情形下，就业比重是苏浙粤三省的近2倍，表明首轮振兴期东三省国企职工退出不够，冗员负担严重。

企业效益方面，东三省与苏、粤二省私营工业企业表现突出，国有企业则表现不一，江苏、吉林表现最好，辽宁表现最差。

市场化程度方面，东三省市场化指数均有所提升，但从排名来看，仍然处于全国中等偏下水平。吉林和黑龙江排名略有提升，但辽宁排名却下降了2位。江苏由第5位上升到第1位，广东则由第1位下降到第6位。

人民生活方面，东三省城乡差距逐渐缩小，接近苏浙粤三省水平；失业率大幅降低，但高于苏浙粤三省水平。居民消费水平与苏浙粤三省的比值进一步下降，差距扩大。

总体而言，首轮振兴期东三省经济增速较快，城乡差距逐渐缩小，城镇居民人均可支配收入增长较快、城镇登记失业率下降较快。市场化指数均有所提升,所有制结构进一步优化,特别是投资结构与对比省份及全国水平基本一致,全社会固定资产投资来源更加多元化,私营工业企业效益大幅改善,有助于经济发展内生动力培育。尤其在农业及农副食品加工业发展方面是一大亮点。以上是首轮振兴战略取得的主要成效。

但东三省产业结构非但没有得到优化,反倒与普遍规律背道而驰,同时原字号、初字号为主的行业结构未得到根本改善。规模以上工业国有投资独大现象仍未得到根本改变,特别是黑龙江情况更为严重;国企冗员负担沉重,特别是辽宁国企效益表现极差,利润率整体上为负值。市场化排名总体仍处于全国中下水平,特别是辽宁排名出现了进一步下降。2013年起东三省GDP增速出现断崖式下滑,GDP总量占全国比重、居民消费水平与苏浙粤三省的比值进一步下降。科技教育文化方面,人均文化产业收入年均增长率远低于全国同期水平。资源环境方面,主要是单位GDP烟(粉)尘排放量下降幅度较小,间接反映了经济结构、产业结构转换升级速度较慢。投资拉动型经济发展特征明显,产业结构调整迟缓,重化工、原字号产业发展面临较大压力,经济发展具有脆弱性,可持续发展面临较大障碍。由此可见,首轮振兴并未从根本上解决东北经济深层次的产业、就业、大型工业企业所有制等结构性问题和市场化体制机制问题,这也构成了推进新一轮振兴战略的重要背景①。基于上述情况,需要明确东北振兴问题实质,从战略高度、长远视角进行统筹规划,以利于东北经济社会实现可持续发展。

---

① 和军:《东北振兴战略实施效果总体评价——基于2003~2014年增长率视角》,载于《辽宁大学学报(哲学社会科学版)》2016年第6期,第36~43页。

第四章

东北老工业基地地方政府制度创新

第一节 打造国际化营商环境

"网上有一种说法,叫'投资不过山海关'。东北可千万不能让这种说法变成现实啊!"2016年10月18日在国务院振兴东北地区等老工业基地推进会议上,李克强总理语重心长地说。"我听东北一些企业家讲,现在想在东北搞一个项目,仍需盖200多个章,没有几百天根本办不成。还有不少企业家反映,东北的营商环境和南方一些地区相比确实存在不小的差距。""必须痛下决心优化营商环境,真正激发社会潜能,释放东北发展的内生动力。"李克强总理铿锵有力地对参会东北老工业基地地方政府领导进行指示。① 针对当前东北地区所面临的情况来说打造国际化营商环境已是迫在眉睫,关乎东北老工业基地能否再振兴。本部分主要是从国际化营商环境的内涵与特征,国际化营商环境评价体系,东北地区营商环境建设现状,以及东北地区在打

---

① 李克强:《东北要痛下决心优化东北营商环境》,中国政府网,2016-10-19,http://www.gov.cn/xinwen/2016-10/19/content_5121699.htm。

造国际化营商环境的过程中如何发挥地方政府的作用等几个方面进行展开论述。以期为东北老工业基地打造国际化营商环境提供决策参考。

一、国际化营商环境的内涵及特征

营商环境是指一个国家或地区的企业在开设、经营、贸易活动、纳税、关闭及执行合约等方面遵循政策法规所需要的时间和成本。良好的营商环境不仅可以留住该区域内的生产要素，而且还能吸引外部生产要素。不佳的营商环境会导致生产要素流入少、流出多和生产要素配置效率的低下。[①] 营商环境本质上是政府管制环境，政府的越位、缺位和错位都会影响到营商环境。营商环境是一个地区制度的软环境。营商环境包括影响企业活动的社会要素、经济要素、政治要素和法律要素等方面，是一项涉及经济社会改革和对外开放众多领域的系统工程。一个地区或国家营商环境的优劣直接影响着招商引资的多寡，同时也直接影响着区域内的经营企业，最终对经济发展状况、财税收入、社会就业情况等产生重要影响。概括地说，包括影响企业活动的法律要素、政治要素、经济要素和社会要素等。良好的营商环境是一个国家或地区经济软实力的重要体现，是一个国家或地区提高综合竞争力的重要方面。国际化营商环境是指一个国家或地区营商环境的建设符合国际惯例和世贸规则，能够实现与国际接轨，生产产品或生产要素可以在国际市场自由流动，可以吸引外资到本区域内进行投资创办企业，促进地区的产业升级、技术进步与经济增长。所以打造国际化营商环境有利于实现地区、国内与国际市场的对接，实现经济的快速发展。国际化营商环境的特征包括：

第一，国际化市场执行标准与惯例。按照国际通用的市场标

---

① 武靖州：《振兴东北应从优化营商环境做起》，载于《经济纵横》2017年第1期，第31~35页。

准和惯例执行，容易减少在对外贸易或者对外投资中的矛盾，容易实现贸易和投资的便利化。比如，如果实现行业测试、检验和认证的国际化，一个国家或者地区的企业在进出口贸易通关时就可能会实现部分流程的简化，这会很大程度上提升通关的效率，节省了企业和海关的资源及成本，实现了一定程度上的贸易便利化。

第二，具有多边贸易体系。地区与地区间的自由贸易协定已成一种新的发展形势，高标准的国际投资和贸易规则正在形成。比如说 WTTP（跨太平洋战略合作伙伴协议）、TTIP（跨大西洋贸易与投资伙伴协定）为代表的区域自由贸易协定的谈判和《国际服务贸易协定》（TISA）为代表的双边谈判，当前中国倡导的"一带一路"经济走廊，以及东北亚经济合作组织等。[①]

第三，良好的创新创业氛围。在新发展理念中，创新居于首位，创新是发展的第一动力。创新的落脚点是创业。创新型企业可以占领制高点，引领新潮流[②]。当今社会每个人都有一个终端手机，每个人都会产生好的想法，每个人都可能成为创客。国际化营商环境拥有更多的创新创业机会，国际化营商环境是生产创客的土壤。当今中国政府提出"双创"，即"大众创业，万众创新"，就是为了创造良好的创新创业氛围。国际化营商环境良好的地区，也一定是创新创业氛围较好的地区。

二、国际化营商环境评价体系

衡量一个国家或地区营商环境的好坏，必须有一套可操作性的指标，否则人们无法了解一个国家或地区的营商环境。世界银

[①] 张同:《中国营商环境水平与 FDI 流入量分析》，天津财经大学，2015 年。
[②] 厉以宁:《中国经济双重转型之路》，中国人民大学出版社 2013 年版，第 253~257 页。

行为了对各个国家与地区的营商环境进行评价，于2001年成立营商环境（Doing Business）小组来构建营商环境指标体系。从2003年开始发布2004年营商环境报告时至今日已发布到了2017年营商环境报告，总计14份营商环境报告。评价指标体系从最初5项一级指标（开办企业、员工聘用与解聘、合同保护、获得信贷和企业倒闭），20项二级指标，逐步完善到2017年的11项一级指标，43项二级指标（实际适用41项指标，其中劳动力市场监管指标未引入评价系统）。

2017年营商环境报告从法制化和便利化角度，将11项一级指标分为两类，一类反映监管过程的复杂程度和费用支出，包括开办企业、办理施工许可、获得电力、产权登记、纳税、跨境贸易等6项指标；一类反映法制保障程度，包括获得信贷、保护少数投资者、合同执行、破产办理和劳动力市场监管等5项指标。从企业生命周期角度，世界银行的研究以企业日常运营为核心，将企业全生命周期分为启动、选址、融资和容错处理等四个阶段。日常运行包括跨境贸易、纳税等2项指标，启动阶段包括开办企业、劳动力市场监管等2项指标，选址阶段包括办理施工许可、获得电力、产权登记等3项指标，融资阶段包括获得信贷、保护少数投资者等2项指标，容错处理阶段包括合同执行、破产办理等2项指标，共11项指标。具体如表4-1所示。世行营商环境测度模型的核心是反映保障私营企业建立、运营和发展壮大的制度环境和法制环境；重点是营商的便利性、效率、成本和公平的市场环境，突出私营部门追求平等市场地位的诉求；针对的对象是内资中小型企业。这也反映了该模型存在的局限，它忽略了许多重要的领域，比如安全、市场规模、宏观经济稳定性、市场经济条件下的政商关系等，但它客观地反映了国际化营商环境的水平，具有一定的参考价值。

表4–1　世界银行营商环境2017年指标体系

一级指标	二级指标
1. 开办企业	1.1 办理程序
	1.2 办理时间
	1.3 费用
	1.4 开办有限责任公司所需最低注册资本金
2. 办理施工许可	2.1 房屋建筑开工前所有手续办理程序
	2.2 房屋建筑开工前所有手续办理时间
	2.3 房屋建筑开工前所有手续办理费用
	2.4 建筑质量控制指数
3. 获得电力	3.1 办理接入电网手续所需程序
	3.2 办理接入电网手续所需时间
	3.3 办理接入电网手续所需费用
	3.4 供电稳定性和收费透明度指数
4. 产权登记	4.1 产权转移登记所需程序
	4.2 产权转移登记所需时间
	4.3 产权转移登记所需费用
	4.4 用地管控系统质量
5. 获得信贷	5.1 动产抵押法律指数
	5.2 信用信息系统指数
6. 保护少数投资者	6.1 信息披露指数
	6.2 董事责任指数
	6.3 股东诉讼便利指数
	6.4 股东权利保护指数
	6.5 所有权和控制权保护指数
	6.6 公司透明度指数

续表

一级指标	二级指标
7. 纳税	7.1 公司纳税次数
	7.2 公司纳税所需时间
	7.3 总税率
	7.4 税后实务流程指数 7.4.1 增值税退税申报时间 7.4.2 退税到账时间 7.4.3 企业所得税审计申报时间 7.4.4 企业所得税审计完成时间
8. 跨境贸易	8.1 出口报关单审查时间
	8.2 出口通关时间
	8.3 出口报关单审查费用
	8.4 出口通关费用
	8.5 进口报关单审查时间
	8.6 进口通关时间
	8.7 进口报关单审查费用
	8.8 进口通关费用
9. 合同执行	9.1 解决商业纠纷的时间
	9.2 解决商业纠纷的成本
	9.3 司法程序的质量指数
10. 破产办理	10.1 回收率
	10.2 破产法律框架的保护指数
11. 劳动力市场监管	11.1 就业监管灵活性
	11.2 工作质量控制方面的灵活性

资料来源：Group W. B. Doing Business 2017. World Bank Publications，2016。

三、东北地区营商环境建设现状

东北地区计划经济的巨大惯性仍束缚人们的思维方式，发展活力不足，市场化程度不够。"政府太强、市场太弱"是人们对东北地区营商环境的普遍感受。据东北地区一些企业家反映，在东北上一个项目需盖200多个章，没有几百天根本办不成。即使当前，东北地区经济仍面临有效投资需求不足、新旧动能转换任务艰巨、国企改革需进一步加大力度、投资营商环境亟待改善、地方主体作用发挥不够等问题。

根据世界银行与中国社科院联合编制的《2008年中国营商环境报告》数据显示，长春（吉林）开办一个企业需要14步、花费37天、成本占省人均GDP比重的9.5%，综合来看在全国的排名为第10位；登记物权需要8步、花费55天、成本占财产价值的4.2%，综合来看在全国的排名为第8位；获取信贷——设立和登记担保物权需要22天、成本占贷款价值比重的3.3%，综合来看在全国的排名为第21位；强制执行合同需要540天、成本占标的物价值比重的18.4%，综合来看在全国的排名为第25位。哈尔滨（黑龙江）开办一个企业需要14步、花费42天、成本占省人均GDP比重的11.9%，综合来看在全国的排名为第18位；登记物权需要8步、花费55天、成本占财产价值比重6.1%，综合来看在全国的排名为第14位；获取信贷——设立和登记担保物权13天、成本占贷款价值比重的3.1%，综合来看在全国的排名为第10位；强制执行合同需要290天、成本占标的物价值比重的31.5%，综合来看在全国的排名为第20位。沈阳（辽宁）开办一个企业需要14步、花费41天、成本占省人均GDP比重的6.0%，综合来看在全国的排名为第9位；登记物权需要12步、花费51天、成本占财产价值比重3.1%，综合来看在全国的排名为第14位；获取信贷——设立和登记担保物权需20天、成本占贷款价值比重的2.8%，综合来看在全国的排名为第15位；强制执行合同需要260天、成本占标的物价值比重的24.8%，综合来看在全国的排名为第10位。具体情况如表4-2～表4-5所示。总体来看东三省在开办企业、登记物权、获取信贷、强制执行合同四个方面与全国其他省份的比较来看处于中等偏下，东北的营商环境整体落后于全国的平均水平。2017 年中国营商环境在全球的排名为第 78 位。东北地区要达到国际化营商环境平均水平还有一定的距离，需要更加努力。

表 4-2　　　　开办企业成本指标及营商环境排名

开办企业				
城市	步骤数	时间（天）	成本（占省人均 GDP 的比重，%）	排名
北京	14	37	3.2	6
长春	14	37	9.5	10
长沙	14	42	14.6	22
成都	13	35	19.1	19
重庆	14	39	9.5	17
福州	12	40	6.7	7
广州	13	28	6.3	3
贵阳	14	50	26.6	30
海口	13	38	12.1	13
杭州	12	30	5.7	1
哈尔滨	14	42	11.9	18
合肥	14	42	19.4	27
呼和浩特	14	48	7.9	11
济南	13	33	6.0	4
昆明	14	42	13.9	23
兰州	14	47	14.1	29
南昌	14	40	14.6	21
南京	12	31	5.8	2
南宁	14	46	16.5	28
上海	14	35	3.1	5
沈阳	14	41	6.0	9

续表

开办企业				
城市	步骤数	时间（天）	成本（占省人均GDP的比重，%）	排名
石家庄	14	42	9.8	16
太原	14	55	9.3	20
天津	14	41	3.7	8
乌鲁木齐	13	44	9.0	14
武汉	13	36	13.6	15
西安	14	43	15.2	25
西宁	14	51	12.0	23
银川	14	55	12.0	26
郑州	13	41	11.6	12

资料来源：表4-2～表4-5数据均来自世界银行集团：《2008年中国营商环境报告》，社会科学文献出版社2008年版。

表4-3　登记物权成本指标及营商环境排名

城市	步骤数	时间（天）	成本（占财产价值的比重，%）	排名
北京	10	59	3.1	12
长春	8	55	4.2	8
长沙	10	53	6.9	24
成都	11	39	3.9	11
重庆	7	28	7.0	9
福州	7	37	4.1	3
广州	8	35	3.7	2
贵阳	9	77	12.6	28
海口	10	76	4.8	23
杭州	8	50	3.7	7
哈尔滨	8	55	6.1	14

续表

城市	步骤数	时间（天）	成本（占财产价值的比重，%）	排名
合肥	10	46	5.6	17
呼和浩特	11	47	4.6	18
济南	8	39	4.1	4
昆明	9	66	5.4	22
兰州	10	78	7.8	29
南昌	10	50	6.1	20
南京	7	31	4.6	5
南宁	12	66	6.8	30
上海	4	29	3.6	1
沈阳	12	51	3.1	14
石家庄	10	58	5.2	21
太原	10	62	5.4	26
天津	5	42	4.4	6
乌鲁木齐	11	45	4.2	13
武汉	9	60	6.2	25
西安	8	50	5.1	10
西宁	8	69	5.3	19
银川	10	59	4.4	16
郑州	11	60	5.1	27

表4-4　　获取信贷——设立和登记担保物权成本指标及营商环境排名

城市	时间（天）	成本（占贷款价值的比重，%）	排名
北京	15	2.7	7
长春	22	3.3	21
长沙	20	3.7	20

续表

城市	时间（天）	成本（占贷款价值的比重，%）	排名
成都	12	3.2	11
重庆	15	5.0	19
福州	7	2.3	1
广州	11	2.4	3
贵阳	17	6.9	25
海口	14	5.1	18
杭州	11	3.0	8
哈尔滨	13	3.1	10
合肥	20	2.8	14
呼和浩特	15	3.3	16
济南	10	2.9	4
昆明	18	4.0	23
兰州	20	8.0	29
南昌	17	5.9	24
南京	10	2.1	2
南宁	47	3.9	30
上海	8	2.9	4
沈阳	20	2.8	15
石家庄	15	2.8	9
太原	16	2.9	12
天津	14	2.7	6
乌鲁木齐	24	3.4	26
武汉	13	3.3	12
西安	21	4.0	28
西宁	20	3.8	22
银川	25	3.6	27
郑州	16	3.3	17

表4-5　　强制执行合同成本指标及营商环境排名

城市	时间（天）	成本（占标的物价值的比重，%）	排名
北京	340	9.6	9
长春	540	18.4	25
长沙	382	26.6	27
成都	295	35.5	23
重庆	286	14.8	8
福州	342	13.7	12
广州	120	9.7	1
贵阳	397	23.0	24
海口	310	14.5	11
杭州	285	11.2	3
哈尔滨	290	31.5	20
合肥	300	41.8	26
呼和浩特	330	23.7	19
济南	210	22.0	5
昆明	365	36.4	29
兰州	440	29.9	30
南昌	365	16.5	15
南京	112	13.6	2
南宁	397	17.1	20
上海	292	9.0	4
沈阳	260	24.8	10
石家庄	397	12.2	14
太原	300	26.4	18
天津	300	11.3	5
乌鲁木齐	392	20.5	22
武汉	277	33.1	17
西安	235	21.7	5

续表

城市	时间（天）	成本（占标的物价值的比重，%）	排名
西宁	458	24.8	28
银川	270	28.7	13
郑州	285	31.5	16

四、东北地区打造国际化营商环境的过程中如何发挥好地方政府的作用

营商环境本质上是政府管制环境，因此，东北地区在打造国际化营商环境时离不开地方政府的作用。要更好地发挥地方政府作用，主要是要规范政府作用范围，明确政府的职责范围，让政府做到依法行政、依法执政，以营造一个良好的营商环境，然后让市场在资源配置中起决定性作用。打造国际化营商环境需要发挥地方政府作用的范围包括[①]：

（一）打造廉洁高效的政务环境

（1）实施"多规合一"改革。坚持统筹规划、规划统筹，把"多规合一"改革作为推进城市治理体系和治理能力现代化的重要举措，作为建立可持续发展新机制的重要平台，推动由项目为主导向规划为主导转变，建立以规划为主导的经济发展管理体系。推进一个战略、一张蓝图、一个平台、一张表单、一套机制"五个一"为主要特征的"多规合一"改革。（2）加快政府职能转变。进一步理顺政府和市场关系，着力解决政府直接配置资源、管得过多过细以及职能越位、缺位、不到位等问题。以建设法治政府、诚信政府、廉洁政府、服务型政府为目标，进一步

---

① 中共沈阳市委. 沈阳市人民政府关于打造国际化营商环境的意见［EB/OL］. 中国沈阳政府网，2016-12-9，http：//www. shenyang. gov. cn/zwgk/system/2016/12/09/010167438. shtml.

推进简政放权、放管结合、优化服务改革。深入推进机构改革，按照精简统一高效的原则，科学设置政府机构，着力推进"大部制"改革，并积极稳妥推进事业单位分类改革。依法履行政府职能，建立完善权力清单、责任清单、负面清单管理模式，实行动态管理。强化行政职权事中事后监管，建立责任明确、协同联动的监管体系。以市场主体需求为导向，坚持"六个一律"，即向企业和社会充分放权，市场机制能有效调节的经济活动，一律取消审批；直接面向基层、量大面广、由地方管理更方便有效的事项，一律下放地方和基层管理；企业投资项目，除特殊情况外，一律由企业依法依规自主决策，政府不再审批；其他同类城市已取消的审批项目，一律取消；非行政许可审批项目，除国务院明确规定外，原则上一律取消；已改为备案的事项，一律不得搞变相审批。（3）深化行政审批制度改革。依托"多规合一"平台，精简审批事项，再造审批流程，积极推广"一个窗口受理、一站式办理、一条龙服务"。健全行政审批运行机制，建立完善全市网上审批服务平台，构建市、区（县）、街道（乡镇）三级服务体系。（4）加强诚信政府建设。完善政府守信践诺机制，建立健全政务和行政承诺考核制度。加强各种所有制经济产权保护，减少利用行政手段干预经济活动。规范招商引资行为，严格履行各项政策承诺和兑现已签订的各类合同。（5）提高政务公开水平。建立清单公开制度，提高政府工作透明度。创新公开载体和形式，完善新闻发布制度，运用报刊、广播、电视、网络等各种传媒手段提高政府信息发布的及时性、准确性和权威性。通过社会公示、公众参与、听证制度、专家咨询等形式，增强政府决策的透明度和公众参与度，树立政府廉洁透明的良好形象。（6）强化行政效能监察。建设以"亲""清"为主要特征的新型政商关系，制定干部联系服务企业制度、企业问题收集处理制度，坚决整治政府部门不作为、虚作为、乱作为等问题。开展整治吃拿卡要、服务窗口质量差、乱检查、乱收费等专项行动，进一步提升效能、优化服务。严肃监督执纪,加大行政问责力度,规范行政管理行为。完善政府绩效评估体系,建立政务服务行政效能奖惩机制。加强人大依法监督和政协民主监督,强化社会监督,拓宽社会评议和投诉渠道,实现公众对政府服务的实时监督。

(二)打造功能完善的设施环境

(1)完善交通网络体系。构建全方位、立体化的对外大交通格局。(2)提升市政基础设施承载力。增强城市保障能力,加大城市地下管网建设和改造力度,加快推进"海绵城市"及综合管廊建设。加强节水型城市建设,推进城乡供水一体化,提升城市应对内涝积水危害和防洪能力。实施生活垃圾"减量化、无害化、资源化"处理。增强能源保障能力,深入开展电能替代试点,推进一批热电联产项目建设,加快输变电工程建设,提供便捷的电力接入和稳定的电力供应。(3)健全多层次社会服务设施。建设国家学前教育改革发展实验区、老工业基地产业转型技术技能人才双元培育改革试点城市,构建学前教育、义务教育、高等教育、职业教育、老年教育完整的教育体系,全面提升各类教育办学条件和水平,支持国际性高水平大学建设,加快引进创办国际学校。完善公共文化服务和全民健身设施,加快建设一批达到国际水准的文化体育设施,推进文化、体育、教育等产业融合发展。完善旅游基础设施,建设东北亚旅游集散中心,提升城市吸引力。推进国家医养结合试点城市和国家养老服务业试点城市建设,建成一批兼具医疗卫生和养老服务的医养结合机构。优化医疗机构布局,科学合理配置医疗卫生设施,增加开发区、新城和农村地区的医疗卫生资源供给,有效提升医疗卫生保障能力。(4)优化城市生态环境。实施"青山、碧水、蓝天"工程,构建城市空间新格局,打造北国风光宜居家园。在确定市域主体功能区的基础上,划定城市开发边界和生态保护红线,稳定城市长期发展格局。推进生态绿地建设,保育生态廊道,新建城市综合公园和街旁绿地，完善城市绿地系统。实施城市水系综合提升工程，推进水系环境综合整治。实施抗霾攻坚行动，落实燃煤总量控制、防治机动车尾气污染等重点工程。推进节能减排，建设国家循环经济示范城市。

（三）打造温馨包容的社会环境

（1）打造稳定安全的公共环境，健全社会和谐共治机制。按照"核心是共同、基础在社区、群众为主体"的基本原则，创新社会治理体系，转变社会治理模式，提升社会治理水平，完善矛盾纠纷"大调解"工作体系，构建全民共谋、共建、共管、共评、共享的社会治理格局。推进和谐社区共治，完善社区网格化规范化治理机制。建立健全"纵向到底"的管理服务机制、"横向到边"的多元共治机制、群众广泛参与社会治理的协商共治机制。尽可能把资源、服务、管理放到基层，鼓励居民、社区组织有序参与社区治理，塑造共同精神。（2）完善均衡优质公共服务。提高公共服务供给效率，推进城乡基本公共服务均等化。积极推进教育现代化，优质均衡发展义务教育，加强职业培训和教育，推动职业教育和高等教育与地方经济发展深度融合。提升教育国际化水平，形成与国际化相适应的教育体系和运行机制。

（四）打造公平公正的法治环境

（1）健全营商环境法制体系。深化法治东北建设，尽快建立符合国际化营商环境发展方向和改革创新要求的法规体系。充分借鉴国际先进地区在权责界定、程序设定等方面的内容，科学制定市场综合监管和政府行政管理基础性、关键性制度和规则。适时废止或者修改不适合商事改革要求的地方性法规、规章和规范性文件。（2）建立规范文明执法体系。完善各级行政执法部门执法程序，实行执法报批制度，明确行政执法主体资格和涉企行政执法行为依据，全面推开监管改革，建立随机抽查事项清单。加强跨部门、跨区域协同监管，完善综合行政执法体系，探索跨部门综合执法。（3）建立行政裁量权基准制度，科学细化、量化行政裁量权，完善适用规则，严格规范裁量权行使，避免执法随意性。健全企业执法检查回访机制，严格执行处罚案件问责制。（4）构建公正司法运行体系。以高效解决商事合同纠纷为导向，积极参与国际司法交流合作，提高商事司法活动的国际化水平，形成权责明晰统一、规范有序的司法运行体系，保障各类投资主体公平竞争，维护公平公正的司法环境。（5）推进行政部门和司法部门信息资源共享，建立联合惩戒机制。着力推进强制执行案件信息公开，完善执行联动机制，提高生效法律文书的执行率。（6）建立多元化商事纠纷解决机制。推进"一站式"纠纷解决服务平台建设。鼓励和支持行业协会或专业机构依法设立有偿商事调解组织，探索降低调解费用的有效途径，建立符合国际贸易规则的商事调解中心。引导社会各方面力量积极参与矛盾纠纷化解，推动各类诉讼外调解组织与法院的积极互动。整合基层诉调资源和力量，在区县（市）建立诉调对接中心，设立劳动争议、商事纠纷、委托鉴定等专业调解工作室和非诉执行化解工作室，实现法院、行政部门和区县（市）政府的三调联动工作机制。健全知识产权保护机制。（7）加强知识产权立法。建立知识产权综合执法体制，加大对专利、注册商标、商业秘密等方面知识产权侵权假冒行为的打击力度，降低企业维权成本。

（五）打造诚信规范的市场环境

（1）优化市场准入机制。试行市场准入负面清单制度，组织实施公平竞争审查制度，努力在同规则、同待遇、降门槛上下功夫，凡是法律法规未明确禁止的，一律允许各类市场主体进入；凡是已向外资开放或承诺开放的领域，一律向民间资本开放；凡是影响民间资本公开进入和竞争的各种障碍，一律予以清除。培育市场主体。(2) 深入推进商事制度改革，进一步放开放活市场，激发市场内在活力。实行"五证合一、一照一码"，全面推广工商登记"双告知"工作机制。(3) 围绕打造市场化导向的产业链，完善国有企业治理模式和经营机制，真正确立企业市场主体地位，切实增强企业内在活力、市场竞争力和发展引领力，开展国有企业混合所有制改革试点，改组组建国有资本投资、运营公司。(4) 大力培育中小企业发展，建立健全中小企业服务机制。落实小微企业创业创新空间、科技成果转化等方面的财税政策，设立创业投资引导基金，强化创业就业政策扶持。(5) 加快社会信用体系建设。培育和规范信用服务市场，推进在行政管理和公共服务领域广泛使用信用记录和信用产品。强化重点领域守信联合激励机制和失信联合惩戒机制。加强诚信文化建设与考核推进机制，全面提升信用体系建设水平。(6) 健全市场监管体系。制定市场监管规则、流程和标准，健全监管责任制。推进市场监管规范化建设，建立健全"打、控、防、管"市场综合监管体系，强化对垄断、不正当竞争等违法行为的查处。加大企业违法违规惩戒力度，维护公平公正的市场环境。创新监管方式，推进协同监管、大数据监管和智能监管。完善质量监管体系，加强质量技术标准、质量检验检测、质量预警和风险防范工作。(7) 提升市场服务能力。扶植和规范行业协会、商会等社会组织，强化服务定位，维护市场契约实施、行业规范和行业发展秩序。构建创新创业培训、专业咨询、金融服务、人才服务等一体化、全方位的服务体系，积极壮大各类专业服务机构，为企业提供多元化专业服务。建立政府职能转移目录清单和购买公共服务目录清单，健全政府采购、定向委托等多元化社会购买服务机制。

(六) 打造完备优质的要素环境

(1) 打造东北科技创新中心。实施创新驱动发展战略，积极开展创新政策先行先试,激发各类创新主体活力。扩大高等学校和科研院所在经费使用、成果处置、职称评审、选人用人、薪酬分配、设备采购等方面的自主权。加快组建以企业为主体,科研院所、高校、职业院校、科技服务机构等参加的若干产业技术创新战略联盟。扶持引导骨干企业和科技型企业建设一批国家级工程(技术)研究中心、工程实验室、重点实验室、企业技术中心。(2)打造创新创业人才高地。深入实施"东北人才"战略,加快人才引进、培养、发展、服务保障等体制机制改革和政策创新,制定出台推进人才管理改革试验区建设的若干意见,突破人才竞争、评价、流动、薪酬等制度瓶颈。积极引进各类高端人才和创新创业团队,实施"引博"工程和"东北人才支持计划",营造吸引人才回流的良好环境。建立与国际接轨的专业人才培养质量标准和评估认证体系,优化创新领军人才和优秀专家评选,加强人才智库建设。大力倡导企业家精神,培养造就一大批勇于创新、敢于创业的企业家。(3)深入推进优化金融生态试验,促进各类金融法人机构和金融创新业态集聚。鼓励企业设立融资租赁公司、政策性再担保公司等产业金融机构,推进产融结合。推动"银政企保"合作,积极建立符合企业发展特点的信贷体系和融资担保体系,争取银行、担保、保险等各类金融机构加大对我市企业的金融服务力度,建立应急转贷、风险补偿等机制。培育发展金融要素市场,促进金融服务产品创新,打造东北地区资金流动最活跃平台。全面推进跨境人民币创新业务试点建设,支持企业和金融机构赴境外融资。加快推进专利权、商标权质押融资试点和流动性债权基金试点,开展科创企业投贷联动金融改革试点,加快发展金融租赁、消费金融、法人保险、法人信托等创新业务,积极引进天使投资、风险投资、私募股权投资等各类投资机构,支持龙头企业、民营企业和中小微企业发展,切实提升金融服务实体经济能力。(4)打造东北亚物流枢纽。着力打造装备制造全球供应链枢纽,大力扶持、发展装备制造业全球供应链管理服务平台，整合研发、加工、安装等资源，提供一站式解决方案，构建集物流、资金流、信息流、商流服务为一体的全球供应链枢纽。建设国家现代物流创新发展试点城市，加大政策支持力度，构建公共服务信息平台，加快发展第三方物流，完善拓展物流园区、物流集中发展区、专业物流中心等服务功能，全面提升物流服务水平。（5）打造区域信息枢纽。加快大数据综合试验区、信息惠民、电子商务等国家试点示范城市建设。加快发展云计算、大数据、物联网等产业，引导知名互联网企业深度参与我市电子商务发展。

（七）打造互利共赢的开放环境

（1）加快推进自由贸易试验区试点改革创新，尽快形成以负面清单管理为核心的投资管理制度，以贸易便利化为重点的贸易监管制度，以服务实体经济发展为主的金融开放创新制度，及时总结推广一批可复制的改革试点经验。（2）建立与国际接轨的营商规则。接轨国际规则、国际惯例，引入国际通用的行业规范和管理标准，支持企业积极参与制定国际标准。鼓励境外研发机构参与科技创新计划，建立符合国际通行规则的科研项目管理和成果分享机制。推进口岸通关便利化。（3）创新贸易管理和服务体制，加快建设投资贸易便利、监管高效便捷的监管服务体系。建立电子口岸通关服务平台，推进"三互"通关、"单一窗口"服务和无纸化通关，推进货物贸易通关的联网监管。（4）扩大对外经贸合作，实施更加积极主动的开放战略，全面提升开放层次和水平，主动融入"一带一路"国家战略，主动对接国家多双边产能合作机制，积极参与中蒙俄经济走廊建设。打造一批重大开放合作平台，构建中俄、中蒙、中日产业投资贸易合作平台，以及中以、中新合作园区。创建新型外经贸合作模式，实施技术、品牌、营销、服务带动出口战略，逐步提升服务贸易国际竞争力。（5）加强区域对口合作，积极对接京津冀协同发展战略,推进与环渤海地区合作发展。充分发挥比较优势,创新合作机制,拓展合作领域,进一步建立互利共赢、长期稳定的合作关系,实现共同发展。开展互派干部挂职交流和定向培训,深化科技创新等方面的合作,通过市场化合作方式积极吸引项目和投资落地东北。

第二节 "放管服"改革

"放管服"改革,即简政放权、放管结合与优化服务改革,是党中央、国务院加快转变政府职能,深化行政体制改革的重要举措,着力在行政审批、投资审批、商事登记等方面下功夫,对于降低制度性交易成本,促进经济提质增效升级,激发市场活力和创造力,推动大众创业万众创新,提高政府治理能力,全面履行政府职能等具有重要意义。本节主要介绍"放管服"改革的主要内容和"放管服"改革的两个案例:"放管服"改革的长春样本与青岛经验,以期深化对"放管服"改革的认识,为东北老工业基地"放管服"改革提供决策参考。

一、"放管服"改革的主要内容

2016年5月9日在国务院召开全国推进放管服改革电视电话会议中李克强总理提出"放管服"改革,并语重心长地说:"'放管服'改革实质是政府自我革命,要削手中的权、去部门的利、割自己的肉。计利当计天下利,要相忍为国、让利于民,用政府减权限权和监管改革,换来市场活力和社会创造力释放。以舍小利成大义、以牺牲'小我'成就'大我'。"各地区各部门纷纷进行"放管服"改革落实工作。"放管服"改革,即简政放权、放管结合与优化服务改革。"放"是指政府下放行政权,减少没有法律依据和法律授权的行政权;理清多个部门重复管理的行政权。

"管"是指政府部门要创新和加强监管职能,利用新技术新体制加强监管体制创新。"服"是指转变政府职能减少政府对市场进行干预,将市场的事推向市场来决定,减少对市场主体过多的行政审批等行为,降低市场主体的市场运行的行政成本,促进市场主体的活力和创新能力。

"放管服"改革对企业、群众、市场、政府都有利,能为企业松绑,能为群众解绊,能为市场腾位,能为廉政强身。所以政府工作方案中提出"放管服"改革是"五个为",为促进就业创业降门槛,为各类市场主体减负担,为激发有效投资拓空间,为公平营商创条件,为群众办事生活增便利。[①]"放管服"改革是政府转变治理方式、提高治理能力、提升治理水平的重要抓手,应把推进"放管服"作为宏观调控的工具,着力推动供给侧结构性改革,在更大范围、更深层次,以更有力举措推进简政放权、放管结合、优化服务改革,使市场在资源配置中起决定性作用和更好地发挥政府作用,破除制约企业和群众办事创业的体制机制障碍,着力降低制度性交易成本、优化营商环境,激发市场活力和社会创造力,与大众创业、万众创新和发展壮大新经济紧密结合起来,进一步形成经济增长内生动力,促进经济社会持续健康发展。

二、"放管服"改革的实践

(一)"放管服"改革的长春[②]样本

1. 在"放"的方面改革

长春市将简政放权工作列为"市长工程",大刀阔斧持续推

---

① 国务院办公厅:《关于印发全国深化简政放权放管结合优化服务改革电视电话会议重点任务分工方案的通知》,中国政府网,2017年6月22日,http://www.gov.cn/zhengce/content/2017-06/30/content_5207000.htm。

② 杨敬东、张鹏:《长春稳步推进放管服改革》,载于《中国机构改革与管理》2016年第8期,第20~22页。

进"放管服"改革。自2014年以来,长春市先后进行了6次集中减权放权工作,累计取消下放了行政审批事项596项,保留249项,市级设定的非行政许可审批项目实现"零审批"。取消企业资金证明和前期工作咨询函等一系列投资项目审批前置要件;清理职业资格许可认定事项,杜绝"一证多挂、人证分离"行为和"考培挂钩"现象;取消、免征及降低收费标准40项,调整管理方式4项,凡没有法律法规依据越权设立的收费项目一律取消;凡擅自提高征收标准、扩大征收范围的一律停止执行,通过清费减负预计每年可减轻企业负担11172万元。同时进行商事登记改革,放宽市场准入条件。企业注册资本登记条件由实缴登记改为认缴登记;放宽市场准入条件,实行"先照后证";放宽住所登记限制,申请提交市场主体住所合法使用证明给予登记;在全市范围内推行工商营业执照、组织机构代码证、税务登记证、社会保险登记证、刻制公章许可证"五证合一、一照一证"登记制度改革,并进行工商登记、税务(国税地税)登记、组织机构代码和企业公章"四证一章"一个窗口联办试点,在联办窗口就可以办完企业设定的全部手续,审批由原来的5个窗口变为1个窗口,时限由6个工作日缩短到2个工作日,最快可40分钟办完所有手续。据统计,2015年全市新登记各类市场主体103694户,各类市场主体总量达512666户,同比增长了16.3%。

2. 在"管"的方面改革

2015年长春市在政府所属部门和依法承担行政职能的事业单位建立权力清单和责任清单。全市共有11类3325项行政职权纳入权力清单,并逐项对应建立行政权力基本信息表和运行流程图。根据法律法规"立改废"和部门实际重新梳理明确各部门主要职责,分解细化2702项具体事项,将应对责任精确落实到处室和具体岗位,进一步明确追责情形和追究依据。明晰市场监管食品安全、安全生产等社会关注度高、群众反映强烈的部门职责边界21项；梳理明确部门公共服务事项246项。权力清单和责任清单内容相互对应，在网上实现互联互通，为群众检索、查询提供了更多便利。通过建立权力清单和责任清单，进一步明确了部门的"权力家底"和"责任家底"，规范了权力运行，强化了责任追究，坚持"法无授权不可为，法定职责必须为"，有效纠正了政府部门不作为、乱作为的现象。在制定责任清单中，逐步强化事中事后监管，长春市建立了436项事中事后监管制度，印发了《关于做好"先照后证"衔接加强事中事后监管的实施意见》，按照"谁审批、谁监管，谁主管、谁监管"的原则，进一步厘清部门职责，建立健全许可审批部门、行业主管部门和工商登记机关有效衔接、责权一致的市场监管责任机制，加大事中事后监管力度。进一步完善企业信用信息公示系统功能，推进企业信用信息公示"全国一张网"建设，将企业违法违规信息列入经营异常名录，在全省企业信用公示系统中向社会公示，构建起以信息归集共享为基础，以信息公示为手段，以信用监管为核心的监管制度，强化信用约束力度，让失信主体"一处处罚，处处受限"。建立健全登记注册、行政审批、行业主管相互衔接的市场监管机制和各部门依法履职信息互联互通、联动响应，分工明确、沟通顺畅、齐抓共管的监管格局。

3. 在"服"的方面改革

长春市进行规范优化政务服务行动。一是进一步规范审批行为，特别是重点部门和重点领域的关键审批环节，在依法合规的前提下，不断简化优化审批流程，提高审批效率。在基本建设领域实行并联审批，实现由单向串联审批向多项平行并联审批转变、由单一的市本级并联审批向多元化县（市）区、开发区横向和纵向联动式延伸并联审批转变；实现一个项目编号、一套审批表单、一个审批平台、一套跟踪系统的"四个一"审批新流程。建立提前介入、一口受理、领办代办、抄告相关、联合会审、容缺受理、缺席默认、一次收费、限时办结和跟踪督办等办理制度，确保审批公开透明、运转高效。对市发改委、建委等12个部门46项建设项目审批环节进行重新设计，减少审批环节17个，建设规划许可申报材料由78项减至21项，施工许可申报材料由67项减至30项。二是实行重大投资项目行政审批"直通车"和"容缺受理"制度。把投资在3000万元以上的项目和年纳税额在亿元以上大企业全部纳入行政审批"直通车"服务，全程代办、领办，动态管理，跟踪服务，确保项目快速审批。三是依托审批服务平台，实行"一网进、一网批、一网出、一网监督"，实现全过程、可留痕、可追溯；努力解决与国家专网数据互联接入、窗口单位与政务中心行政审批系统联网不全、审批数据不同步等问题，"以网传媒"，实现部门之间与部门内部的审批信息共享与利用；结合长春市智慧城市建设，实现市、县（区）、街道、社区四网互联，在网上查询、网上咨询的基础上，接续开通网上申报、网上缴费、网上投诉和在线评价等便民服务功能，建设电子审批服务的"高速路"。四是围绕便民利民，不断创新服务方式，主动为群众和企业服务。实行集中年检、联合年检和网上年检，把服务推送到企业最急需的地方；坚持审批服务大厅午间不间断办公制度；强化动态管理制度，政务公开办第一时间将发现的问题向窗口单位反馈，及时进行整改，确保问题得到及时有效地解决。为解决行政审批中介服务环节多、耗时长、收费乱、垄断性强等问题，2016年5月，在清理行政审批中介服务项目的基础上，进一步扩大清理范围，同步开展行政审批条件（审批时要求申请人提供的材料）的清理。针对市本级249项行政审批涉及的中介服务和行政审批条件，全面进行摸排、甄别和清理。制定12个"一律取消"的清理标准：对"国家和省、市已决定取消的；法律法规未明确规定的；有法律法规明确规定，但在实际工作中未发挥作用的；由市级、市级以下规范性文件设定的；属于企业经营自主权事项的；通过加强事中事后监管能够解决的；核准机关通过征求部门意见能够解决的；擅自设定强制性中介服务机构和指定中介机构的；相同行政审批条件其他同等城市已取消的；将同一行政审批条件拆分为多个环节的；依法应由审批部门委托相关机构为申请人提供的技术性服务、评估、专家论证等，却强制要求申请人办理的；由申请人提供的身份证、申请表、申请报告、报表等普通复印材料"的12类行政审批条件，全面彻底进行清理。目前，已形成市本级拟保留中介服务项目清单和拟保留非中介行政审批条件清单。

为进一步规范审批管理，推进审批提速提效，强化对放管服改革的统筹谋划和组织领导，2016年长春市对市政务公开办进行了调整加强。一是增设负责市政府推进职能转变协调小组办公室日常工作的专门处室，强化工作统筹；激活市政府电子政务管理和服务机构，加强市政府门户网站建设、行政审批信息网络体系建设和政务大厅信息化建设职责。二是强化市政务公开办的行政审批效能监督管理职能。另外，为打破政府"信息孤岛"，推进政府数据资源共享开放，整合智慧城市建设和信息化建设职能，成立了大数据管理工作机构。

（二）放管服改革的青岛[①]经验

1. 在"放"的方面改革

自中央提出"放管服"改革以来，青岛市市政府本着依法依规应减尽减便民高效原则。一是着力削减审批事项，行政审批事项数量从799项削减至目前的349项，累计削减450项，精简率达56.3%。彻底取消了非行政许可事项，堵死了变相增加行政审批的后门。在削减的过程中，不做表面文章，不盲目追求削减数量，坚持一事一项，不设子项，方便当事人办理。二是做好上级下放事项的衔接落实，对国务院、省下放至青岛市实施的行

---

① 陈志强：《青岛市深化"放管服"改革营造政务发展好环境》，载于《机构与行政》2017年第3期。

政审批事项，均在1个月内及时组织市直属部门逐项制定衔接落实方案，确保"接得住、办得好"。近年来，共承接国务院、省下放审批事项107项，均得到落实。三是积极稳妥下放管理权限，先后向国家级新区西海岸新区（黄岛区）、青岛新区等下放行政审批110余项。在实施的过程中，既积极推进，将各个功能区和区（市）希望下放的事项尽可能下放；同时，又细心稳妥，做到严把关、适度放，事前深入研究论证，征求功能区和区（市）的意见，事后做好工作指导和业务培训，加强有效监管，确保放得稳、接得住，有效促进区域经济发展。

2. 在"管"的方面改革

青岛市在"管"的方面改革。一是加强规范管理，针对监管过程中普遍存在的监管职责不清问题，青岛市积极探索，大胆创新，构建制度完善、职责清晰、协同有序、运转高效的事中事后监管"青岛模式"。出台青岛市行政审批批后监督检查管理办法，对监督检查的方式方法、程序步骤及配套措施作出详细规定，构建政府监管与行业自律、社会监督、公众参与相结合的综合监管体系。组织部门对全市正在实施的审批事项逐项编写批后监管办法，明确监管措施，落实监管责任，推进事中事后监管的规范实施。二是强化示范带动。在即墨市打造"1（加强事中事后监管推进政府职能转变的意见）+1（事中事后监管工作责任制规定）+X（系列基本监管制度）"制度体系。建立监管事项清单制度，将各部门面向市场主体实施的480余项监管事项明确了监管内容、监管依据和监管措施，面向社会公布，倒逼部门依法规范按职履责。在城阳区推行"监管全过程控制"，将审批事项的监管范围、监管内容等分解到周计划、月计划，全部录入控制平台，实施全过程亮牌管理，实现对监管工作实时、动态监督。在崂山区推行"有因检查"制度，通过"提前预警、风险预控"和"可疑必查、风险管控"，有效解决了建筑施工、劳动用工、食品安全等领域盲目执法、执法效率低等问题，提高了监管的针对性,降低了行政检查成本。这些做法和经验在全市起到了有效的示范带动作用。三是搭建监管平台。首先是建立商事登记审批信息互联共享平台。在前期全省首家公布工商登记前置审批事项目录的基础上,将商事登记注册信息通过平台实时告知同级相关审批部门,并向审批部门的工作人员和申请人发布短信提示,最大程度实现了第一时间告知、全智能推送,有效确保了工商部门和审批部门信息互联互通、及时共享、无缝对接,从而实施有效监管。平台建设工作得到了国家工商总局的高度评价,省政府已确定在全省推广青岛市做法。其次是开发建设全市统一的双随机监管平台。大力推进实施"双随机、一公开"监管,建立"一单、两库、一细则",合理确定随机抽查的比例和频次,做好监督检查全流程动态监督,加强抽查结果运用,着力解决行政检查中的不作为、乱作为和执法扰民、执法不公、执法不严等问题。在市工商局、市文化执法局和黄岛区食药局试点,通过在监管平台摇号的方式随机产生检查对象和检查人员,避免检查任性。将在市、区(市)和镇(街)三级推广,实现市场监管执法事项全覆盖。

3. 在"服"的方面改革

青岛市在"服"的方面改革,一是打通网办瓶颈。制定了《青岛市实名制个人用户统一身份认证平台建设方案》,全市统一身份认证平台基本建成,借助各类实名制认证手段为个人和企业用户提供注册、身份认证、历史办件查询、热点信息推送服务。整合行政审批大厅、民政、公积金、市政公用、工商、人力资源社会保障、公安等重点部门网站用户体系,整合后注册用户超过25万,实名制用户超过15万,所有用户实现"一次认证、全网通行"。组织建成涉及777万自然人和33万法人的基础数据库,组织30余个部门分别向基础数据库提供信息123项,用于部门信息资源交换共享,2016年全年数据交换达到4.4亿条。建立全市统一的证照信息数据库,累计入库证照数据1.27万余条。

市机构编制、档案、电政信息、政务服务管理、法制等部门共同研究制定《青岛市行政审批电子档案管理办法》，明确行政审批电子档案的整理归档、保管、统计、利用、鉴定销毁和移交进馆工作规范，为网上审批和政务服务过程中电子材料的传输和认定提供制度依据。二是推进网上审批标准化。以材料最简、流程最优、时限最短为原则，对市级及各区（市）的7000余项行政审批及相关服务事项的事项名称、申请材料、办理流程、办理时限等内容进行了全面梳理，统一本系统标准，确保申请要件、办理流程、办理时限等信息一致，加快全市网上审批平台标准化建设，推动实现全市网上审批互联互通。三是深化四级网办，围绕"服务型政府"建设目标，以青岛市获批国家"互联网+政务服务"试点城市为契机，市编委办、市政务服务管理办、市电政信息办依托全市机关统一使用的金宏网电子政务平台，创建"实体大厅+网上大厅"双重集中统一的行政审批模式。创新制定网上审批"四级网办"标准（一级实现外网查询，二级实现外网申报、内网预审、现场办理，三级实现外网申报、内网受理、只需到审批大厅一次、领取结果，四级实现外网申报、内网受理、全程无须到审批大厅、寄送结果），大力推进实现三、四级网办的办件比率和办件数量。目前，市级行政审批事项100%达到了一级和二级标准，61.4%达到三级以上标准，22.3%达到四级标准，全市实现三、四级网办的审批事项办件量已突破40万件。药品经营许可等行政审批事项率先实行了全流程网上办理，办事群众足不出户就可以办理审批事项，达到了方便群众、提高效率、减少腐败、释放改革红利、激发经济活力的效果。网上审批系统运行后，青岛行政审批事项办结时限比法定时限提速50%以上。其中，依托网上审批平台开发建成的企业注册联合办理系统，大幅提升了企业注册效率，平均办理时间由大厅启用时对外承诺的18个工作日缩短至实际仅需1.39个工作日，居全国领先水平。

第三节 法治政府、创新政府、廉洁政府、服务型政府建设

2015年《政府工作报告》中提出:"我们要全面推进依法治国,加快建设法治政府、创新政府、廉洁政府和服务型政府,增强政府执行力和公信力,促进国家治理体系和治理能力现代化。"在深化行政体制改革中,新一届政府提出建设法治政府、创新政府、廉洁政府的目标,是根据当前经济形势做出的新的研判。"四个政府"建设是行政体制改革不断深入的表现,"四个政府"建设的行政体制改革为经济体制改革扫清障碍,为经济持续健康发展提供了保障。本节主要是针对"四个政府"的含义、特征,以及加快"四个政府"建设的主要内容进行展开论述,以期深化对"四个政府"建设的认识,为东北老工业基地"四个政府"建设提供决策参考。

一、"四个政府"的含义与特征

(一)法治政府含义与特征

法治政府就是法治之下的政府,是信奉"宪法法律至上"的政府,而不是法治之外、更不是法治之上的政府;法治政府就是"有权不可任性"的政府,就是依法运行的政府。法治政府的理论基础是"政府法治论",笔者将其归结为五句话:政府依法律产生、政府由法律控制、政府依法律善治并为人民服务、政府对法律负责、政府与公民法律地位平等。由此可以推断:法治政府必定是以民主政府、阳光政府、有限政府、廉洁政府、善治政府、程序政府、服务政府、高效政府、责任政府、诚信政府、平权政府、亲民(便民)政府、回应政府等政府形态呈现,这

是一个具有全面法治形态的政府。其中,民主政府、有限政府、高效政府、责任政府、平权政府是法治政府最基本的特质。

法治政府的特征主要有:第一,法治政府是以人民利益为出发点的民主政府。法治政府就是人民代表大会制度框架下的政府,它由人民代表大会选举产生,对人民代表大会负责,向人民代表大会报告工作,接受人民代表大会的监督。人民主权原则是最根本的宪法原则,为此必须控制政府权力、规范政府权力,使政府权力高效为人民服务,从而真正体现"权为民所赋,权为民所用"的理念,体现"把权力关进制度的笼子"的伟大思想。法治的最本质含义是民治,而不是治民,就是法大于权——法产生权、法控制权,权力必须在法的轨道上运行。第二,法治政府是由人民通过法律控制的有限政府。康德哲学告诉我们:人是目的,而不是手段。在这个意义上说,政府是手段,而不是目的。政府权力必须被控制,其作用必定是有限的。从政府权力来源上说,仅从政府权力的来源足可清晰地判定政府的权限边界,而这正是法律为政府划定的最为清晰的边界。从政府权力作用场域上说,政府权力与市场具有各自不同的运行规律,市场为政府权力又划定了一个不得没有法律依据即可跨越的边界。第三,法治政府是一个崇尚为人民服务理念并致力于社会治理的高效政府。从法治政府自身立场出发,我们认为当代西方经济分析法学家注重研究法的效益价值,符合行政执法成本的现实需要,也满足了行政公私协力兴起这一现实需要,并且能够广泛适用于福利行政时代的行政行为体系。另外,我国《宪法》第 27 条对国家机关工作效率的规定可视为宪法对效益原则的肯定。因此,高效政府亦是行政效益原则对法治政府的本质要求。第四,法治政府是一个有权必有责的对人民、对法律负责的责任政府。责任型政府是法治政府的落脚点,也是检验"主权在民"的标尺。法治政府的建设必须从政府行为后果的角度严格进行规范,至少应包括对行为后果的监督、对行为后果的矫正、对行为后果引起的法律责任必须依法承担这三个方面的内容。法治政府包含职权法定、机构法定、行为法定、程序法定和责任法定五种要素。其中责任法定有利于明确行政主体责任，特别是通过行政复议、行政诉讼这两种强有力的制度能够追究违法行政。第五，法治政府是体现政府与公民法律地位平等的平权政府。从人民仰视政府到人民平视政府是历史的巨大进步。平权型政府的孕育和诞生意味着政府与公民关系的重新定位，这是一个漫长的过程，因而，平权政府是对建设法治政府终极目标的阐述。平权政府表明政府所孜孜奋斗的目标是实现其与公民关系的最大和谐，具体表现为公共利益与个人利益之间由紧张对峙走向良性互动，政府与公民之间由猜疑对抗走向信任合作。当前出现的种种官民之间不和谐的情况，包括城市拆迁、农村征地等引起群体性事件的频繁发生都源于此。以抵抗为表征的不合作行政正反映着社会裂痕的存在，如果不及时予以弥合必将成为危及社会稳定的萌芽，因此政府的执法方式和管理方式需要深刻反省，与时俱进，不断探索和改革。平权政府要求政府按照法治思维和法治方式实现社会治理，深入探索依法行政与以德行政相结合、软法灵活适用、行政指导方式巧妙运用等实践性命题。①

(二) 创新政府的含义与特征

中共十八大以后产生的新一届政府上任伊始，便正式提出了建设"创新政府"的目标，这是我国政治体制改革的一个重要发展。创新政府建设即政府创新，就是公共权力部门为增进公共利益而进行的创造性改革。政府创新首先是一种行政改革，包括行政管理体制、行政机构和行政程序的改革，它是政治体制改革的重要内容。但政府创新不是一般的改革，它是为了增进公共利

---

① 杨海坤：《"四个全面"战略布局下如何全面推进法治政府建设》，载于《法学评论》2015 年第 5 期，第 10~21 页。

益而进行的创造性改革。没有创造性，不是为了公共利益的那些政府改革，不属于政府创新的范畴，也不能称之为创新政府建设。

创新政府的主要特征，就是政府部门将创造性的改革作为提高行政效率、改善服务质量、增进公共利益的基本手段。一个创新政府必须及时适应社会经济环境的变化和人民群众的新需求，因此它必须是一个适应型政府；一个创新政府必须在体制和机制方面，对公共服务部门进行持续不断的改革和完善，因此它必然是一个改革型的政府；一个创新政府，必须随时破除那些僵化的和不合时宜的观念和制度，因此它必然是一个开放型的政府；一个创新政府，必须通过不断的学习，来更新思想观念和行为方式，因此它必然是一个学习型的政府。创新政府的根本目的，是为了推动民主法治，改善公共服务，提高行政效率。因此，一个创新政府，不仅应当是民主的、法治的和文明的政府，而且应当是变革的、进取的和高效的政府。创新政府不仅直接关系到行政效率和执政能力，也从根本上关系到经济发展、政治民主和社会稳定。创新政府属于政治改革的范畴，事关价值理性。但创新政府的直接目标是改善国家的治理，更是一种工具理性。无论在哪一种社会政治体制下，每一个国家的政府都希望有更高的行政效率，更好的公共服务，更多的民众支持。①

（三）廉洁政府的含义与特征

廉洁政府的基本内涵是指在新的形势下，廉洁政府自身所具备的若干要素，以及建设廉洁政府所必须跨越的一些障碍。它在不同时期具有不同的表现形式，但是在基本含义层面，却是具备了一些基本的要素。这些要素将成为我们建设廉洁政府重要的发

---

① 俞可平：《大力建设创新型政府》，载于《探索与争鸣》2013 年第 5 期，第 3~5 页。

展方向和着力点。对于"廉洁"一词,可以说是属于真正意义上的本土词语。早在战国时期屈原《楚辞·招魂》中,就有其身影:"朕幼清以廉洁兮,身服义尔未沫。"《现代汉语词典》对"廉洁"的解释是:不损公肥私;不贪污。如从这方面来理解,它主要是用于个人,特别是公职人员的身上,用来形容人之品质高洁,可以组成成语如"廉洁奉公"、"刚正廉洁"等。但是本书所说的"廉洁政府",如果仅仅从"廉洁"一词来考量其基本内涵是不够的,而更加应该着眼于政府建设过程中公共权力、行政行为、行政成本和行政人员等方面的特性,考察廉洁政府到底"是什么"。

廉洁政府的主要特征有:一是行政权力公共性。从权力本质而言,廉洁政府所具有的行政权力是公共的,而非私权。一般看来,公权和私权的区分应该是十分明晰的,审判权、司法权、行政权、立法权等都是公权,财产权和人身权是私权。也就是说"行政权力公共性"不但决定了它是要为人民服务,而且从维护人民利益的角度出发,是不容许以权谋私,决不容许把行政权力作为谋取个人或者集团利益的工具。二是行政行为公开化。政府的行政管理行为主要是对经济社会的管理,不论是行政权力的使用,还是公共行为的进行,这都是一个公开透明的过程。现实经验也告诉我们,行政权力使用和行政行为运行一旦脱离了公共的视野,就会有权力被滥用、被私用,行政行为暗箱操作、违法违规等等危机发生。廉洁政府自然也就必然要求行政行为是公开透明的。三是行政成本有节制。政府的行政成本是由全体公民来提供的,虽然行政行为产生行政成本有其必然性,但是这个成本一旦超出其合理范围,同样也是对于公民利益的一种直接损害。廉洁政府对于行政的成本,有着必然的约束力,只有利用最少的费用做好更多的事情才符合"廉洁"的要求。四是行政人员守廉洁。廉洁政府以"廉洁"为中心,最终是指向政府行政的主体——公务员,特别是领导干部。公务员是否廉洁守法,是廉洁政府一个最明显的标志。行政人员守廉洁，就是指廉洁政府对于其公务员的要求，不以权谋私，不收受贿赂，不贪赃枉法，等等。①

（四）服务型政府的含义与特征

服务型政府，即在以人为本和执政为民的理念指导下，将公共服务职能上升为政府的核心职能，通过优化政府结构、创新政府机制、规范政府行为、提高政府效能，以不断满足城乡居民日益增长的公共需求的政府。

服务型政府的主要特征有：第一，在政府职能结构中，公共服务职能成为政府的主要职能或核心职能。2006年10月11日，党的十六届六中全会通过的《中共中央关于构建社会主义和谐社会若干重大问题的决定》明确提出："建设服务型政府，强化社会管理和公共服务职能。"党的十七大提出"加快行政管理体制改革，建设服务型政府"，再次强调"强化社会管理和公共服务"。根据党的十七大关于加快行政体制改革，建设服务型政府的精神，2008年2月27日，党的十七届二中全会通过的《关于深化行政管理体制改革的意见》明确要求："通过改革，实现政府职能向创造良好发展环境、提供优质公共服务、维护社会公平正义的根本转变。"党的十七届二中全会关于政府职能转变的精神实质，是实现政府职能向公共服务的根本转变。因为，创造良好发展环境和维护社会公平正义，也是现代政府所必须提供的公共产品和公共服务。只有将公共服务职能提升为政府的核心职能，并通过深化体制改革和加强法制建设，真正实现政府职能向公共服务的根本转变，服务型政府建设才能取得实质性的突破和进展。第二，在政府组织结构中，公共服务部门成为政府的主要

---

① 李一鸣：《论建设廉洁政府的现实障碍与路径选择》，载于《宁夏党校学报》2012年第1期，第37~40页。

部门或核心部门。政府机构是政府履行职能的组织载体。建设服务型政府,实现政府职能向公共服务的根本转变,必须调整政府的组织结构,加强政府公共服务部门建设。否则,政府职能转变就可能成为一句空话。今天,我们要建设服务型政府,就必须根据服务型政府的本质和实现政府职能根本转变的要求,调整政府的组织结构:(1)根据完善社会主义市场经济体制的要求,进一步精简和整合政府经济管理部门,优化这些部门的结构,使之成为宏观调控和为经济发展创造良好环境的部门;(2)提高公共服务部门在政府机构中的比重和地位,使之真正成为政府的主要部门或核心部门;(3)加强政府公共服务部门建设,在政府公共服务领域探讨和实行大部门体制,以切实提高政府公共服务效能。第三,在政府财政支出结构中,公共服务支出应成为政府的主要支出。建设服务型政府,使各级政府积极有效地提供公共服务,就必须调整政府的财政支出结构,增加政府公共服务支出的比重。因为,无论是政府直接提供的公共服务,还是政府通过合同外包或购买等方式间接提供的服务,都需要政府掏腰包,需要加大政府公共服务支出。国际经验表明,随着一国发展水平的提升,政府公共服务支出在政府支出中的比重呈现逐步上升趋势。特别是人均 GDP 在 3000~10000 美元阶段,随着居民消费逐步由耐用品消费向服务消费升级,公共服务在政府支出中的比重将显著提升。以教育、医疗和社会保障三项主要公共服务为例,国际平均升幅达到 13 个百分点。其中,教育支出保持相对稳定,而医疗和社会保障支出分别大幅增加 4 个和 10.7 个百分点。当人均 GDP 超过 1 万美元后,政府公共服务支出占比将逐步趋稳。第四,服务型政府同时必须是法治政府、创新政府和廉洁政府。依法明确各级政府公共服务的职责,对于没有很好履行公共服务职责的,要依法承担法律责任、政治责任和道义责任。公共权力部门为增进公共利益而进行的创造性改革服务,即为服务型政府也为创新型政府。按照服务型政府的本质要求,廉洁从政,坚决杜绝各种消极腐败和铺张浪费现象。第五,服务型政府的运行机制必须规范有序、公开透明、便民高效。服务型政府的本质要求其运行机制必须规范有序、公开透明、便民高效。所谓规范有序,即依法明确规定政府运行的标准和程序,使政府按照法定的标准和程序运行,防止和克服政府乱作为现象。所谓公开透明,即按照公开为原则、不公开为例外的要求,及时、准确、全面公开群众普遍关心、涉及群众切身利益的政府信息,使政府在阳光下运行,切实保障人民群众的知情权。所谓便民高效,即按照便民利民的要求,改进服务方式,提高工作效率,优质高效、方便快捷地为人民群众提供公共服务。①

二、加快"四个政府"建设②的主要内容

(一)加快法治政府建设的主要内容

针对加快法治政府建设的主要内容:首先坚持权责法定,建立清单制度。针对现实中存在的"权力无限"和"责任有限"的"二律背反"状况,政府的所有行政行为都要于法有据,任何政府部门都不得法外设权,切实做到法无授权不可为、法定职责必须为,以此确保政府不越位、不错位、不缺位。地方各级政府要尽快公布权力清单、责任清单和负面清单,把行使的各项行政职权及其依据、行使主体、运行流程法定化并及时公开公布,没有列入权力清单的,政府就没有权力去做。同时,把政府的相应权力主体、办事的程序、结果等相联系的责任与权力清单一并公布于众,并进行追责问责,让民众能够知道承办的部门、办事的流程、办理的时限、监督环节等,避免执行中的推诿扯皮,甚

---

① 薄贵利:《准确理解和深刻认识服务型政府建设》,载于《行政论坛》2012年第1期,第8~12页。
② 梁翠华:《加快"四个政府"的建设步伐》,载于《管理观察》2015年第11期,第34~35页。

至出了问题找不到责任人等现象。其次加大简政放权,继续行政审批制度改革。简政放权是本届政府改革的"当头炮",是激发社会和市场活力的良方、释放改革红利的重要措施。简政放权的抓手就是进行行政审批制度改革,要进一步取消和下放一些行政审批事项,全部取消非行政许可审批,进一步简化注册资本登记,逐步实现工商营业执照、组织机构代码证和税务登记证合并核发一个营业执照的"三证合一"登记制度。同时要建立政府转变职能的有力推进机制,给企业松绑,为创业提供便利,用政府权力的"减法"来换取市场活力的"乘法"。最后严格执法,综合执法。公正文明执法很大程度上反映着政府法治水平,体现着国家法治文明程度。要加大关系群众切身利益的重点领域的执法力度,完善执法程序,建立执法全过程记录制度。执法要公正文明,既要坚持以事实为依据、以法律为准绳,严格执法、不枉不纵,又要准确把握社会心态和群众情绪,理性文明执法,力求实现执法效果最大化。同时要加快推进综合执法,大幅减少市县两级政府执法队伍种类,避免基层多头执法、多层执法、重复执法的乱象。

(二)加快创新政府建设的主要内容

针对加快创新政府建设的主要内容:首先尽量购买公共服务,这是政府创新管理中的一个重要方面,政府通过公开招标、定向委托、邀标等形式,把原来由自身承担的公共服务交给社会组织、企业事业单位履行,以提高公共服务供给的质量和财政资金的使用效率,同时满足公众多元化、个性化的需求。其次实行第三方评估。这是政府绩效管理的重要创新,政府工作的绩效怎么样,不能自己说了算,需要引入第三方评估。由第三方评估更能体现客观性和公正性,找出政府自身存在的问题,评估结果要以适当的方式向社会公布。这种做法能够弥补传统的政府自我评估的缺陷,避免政府"自我陶醉"和"自说自话"。再次决策科学化民主化。十八届四中全会明确把公众参与、专家论证、风险评估、合法性审查、集体讨论决定确定为重大行政决策的六大法定程序，同时建立重大决策终身责任追究制度及责任倒查机制，保证领导干部的决策更加谨慎和精准。科学决策还要充分发挥智库作用，统筹推进党政部门、社科院、党校、行政学院、高校、军队、科研院所和企业以及社会智库协调发展，建立健全决策咨询制度，领导干部要重视听取智库的意见，决策前通过智库来提交咨询报告，为决策提供科学支撑。最后全面推进政务公开。政务公开不是政府可以自由选择的权力，而是对社会公众应尽的义务。提高政府公信力必须做到信息公开透明。政府要坚持以公开为常态、不公开为例外的原则，所谓全面就是推行决策公开、执行公开、管理公开、服务公开、结果公开这五公开原则。提高权力运行的透明度，政府工作人员要养成在"放大镜""聚光灯"下行使权力的习惯。

（三）加快廉洁政府建设的主要内容

针对加快廉洁政府建设的主要内容：首先严格落实中央"八项规定"，充分认清当前作风建设新常态，"八项规定"的出台不是一阵风。加强教育引导和廉政提醒，进一步提高党员干部廉洁从政自觉性。要对公费旅游、公款吃喝、公车私用、接受礼金礼品有价证券和支付凭证、违规发放福利和奖金等行为严格禁止，给予违反者党纪政纪处分并进行曝光，营造守纪律守规矩的氛围。其次充分发挥中央巡视和专项巡视的作用。党的十八大以来，中央巡视组已经实现了对31个省市和新疆建设兵团全覆盖。全面开展专项巡视，加大对国有企业的巡视力度，实现对中管国有企业和金融企业巡视全覆盖，还要对已经巡视过的地方或部门杀个回马枪，检查整改落实情况。完善巡视报告公开的制度性约束，巡视报告能公开的就公开，为避免打草惊蛇，可以适当做些技术处理，同步建立问责制度，促进整个反腐败体系有效运转。

组建巡视人员库，涵盖司法、审计系统专业人员甚至廉政专家学者等，不断提高队伍的专业性，形成专门的巡视队伍。再次对腐败分子零容忍。对反腐倡廉要有"常态心"，反腐败是党心民心所向，中央提出反腐败斗争永远在路上，反腐的决心勇气和强劲势头不减，上无禁区下无死角，一反到底。坚持无禁区、全覆盖、零容忍，严肃查处腐败分子，发现一起查处一起，发现多少查处多少，把反腐利剑举起来，形成强大震慑，凡腐必反，除恶务尽。又次坚持制度反腐。十八大以来两年多"打老虎""拍苍蝇"取得重大进展，但反腐败仍然面临着严峻复杂的形势。要继续清除腐败的存量，还要遏制腐败的增量，就必须走制度反腐的道路，建构一整套严密的不想腐、不敢腐、不能腐的反腐制度体系，并以法律的形式呈现出来，加快反腐立法。最后把权力关进制度的笼子里。不受监督制约的权力必然导致腐败。习总书记提出把制度的笼子要编好，编得强一点，编得密一点。要以权力瘦身为廉政强身，紧紧扎住制度围栏。所以要把决策权、执行权、监督权进行分权治理，对领导干部手中的权力进行限权治理，依法独立地对权力进行监督制约，使领导者的权力在执行过程中受到有效的管控，使权力在阳光下运行。

（四）加快服务型政府建设的主要内容

针对加快服务型政府建设的主要内容：首先树立勤政为民的理念。服务型政府要求政府和公务员要以为人民服务为根本指导，把公共服务职能作为核心职能。增强公务员特别是领导干部的责任意识，忠诚履责、尽心尽责，公正有效地为公民提供满意的高质量的公共产品和公共服务。其次完善政绩考核的评价机制。对公务员进行政绩考核评价是打造能够提供优质服务的公务员队伍的需要。要摒弃过去比较片面的、单一化的考核评价，摒弃政绩考核"唯 GDP 论"、"唯票取人"、"唯分取人"、甚至"唯年龄取人"等。按照习总书记考察干部、提拔干部的"五个标准"和"四有条件",即信念坚定、为民服务、勤政务实、敢于担当、清正廉洁和心中有党、心中有民、心中有责、心中有戒,全面考察公务员和领导干部。同时要增加服务对象的评价在政府考核中的分量,把群众的认可度作为考核干部德能勤绩的重要依据。再次治理为官不为,懒政怠政。党的十八大以来,随着中央"八项规定"的执行,一些失去"利益好处"的官员失去了干事的动力,变得消极无为,整天怠惰混日子。拿着俸禄不作为的懒政也是腐败,为官不为给改革发展大局造成的隐性危害,正在逐渐显现。今年两会释放整治懒政怠政强烈信号,治理庸官懒政,已从口头强调上升到国家治理层面。对这种官场不正之风要进行严肃治理,采取约谈、诫勉等,要公开曝光、坚决追究责任。抓紧制定为官不为问责办法,明确对哪些不作为情形要进行追责。

第五章

东北老工业基地非正式制度创新

第一节 非正式制度与经济发展的理论分析

一、非正式制度的内涵与特点

制度可分为正式制度与非正式制度。其中，非正式制度是指从未被人们有意识地设定过，并在人们长期交往的生活中无意识形成的具有持久生命力和文化特征的行为规范，包括价值信念、道德观念、意识形态、风俗习惯、宗教信仰等内容。

非正式制度具有以下特点：一是规范性。作为制度构成的一部分，非正式制度与正式制度一样都具有规范和约束人们行为的作用。二是自发性。非正式制度是人们在长期社会交往中无意识、不自觉形成的，并得到社会认可的行为准则，人们对其遵守与执行也是出于习惯而非理性计算。三是非强制性。与正式制度不同，非正式制度的形成与变迁史依靠人们自觉自愿维持运行的，而非强制性的执行。四是广泛性。非正式能够从人们生活中的方方面面进行约束，作用范围广阔、涉及内容宽泛。五是持续性。与正式制度不同，非正式制度的变迁速度是缓慢的，一旦形成就会长期地、持续地传承下去，在变迁过程中不断发挥作用。

二、非正式制度的作用

在任何经济体系中，正式制度都只能对人们的行为进行一部分约束，不能进行有效的行为规范。因而，人们的行为选择在很大程度上需要不成文的非正式制度进行有效约束，在弥补正式制度的缺失与错位的同时，与正式制度相互协调发展，降低交易成本，提高经济绩效，共同促进经济增长与社会进步。具体来说，非正式制度的作用有以下几个方面：

第一，降低交易成本。非正式制度是得到社会群体认可，自觉去遵守和执行的行为准则。在内在个体与外部环境确定关系的过程中，利用这种长期存在的习惯准则与意识形态，可以有效地简化选择过程，缩短认知时间，降低市场交易中的不确定性，进而达到降低交易成本的目的。

第二，弥补正式制度的缺失与错位。从制度的产生来看，大部分正式制度是在非正式制度基础上逐步形成的。非正式制度可以说是正式制度充分发挥作用的必要条件，在正式制度运行过程中，非正式制度作为一种价值导向，可以不断纠正人们的行为、规范自身的行为，弥补正式制度的不足，保证其正常运行。

第三，规范人们的行为选择。经济主体在经济活动过程中往往追求的是个人利益最大化，"搭便车"、不劳而获、偷懒耍滑等行为不可避免地会产生，这些行为单纯地依靠正式制度的强制性约束，很难完全遏制。因而，只能借助社会认可的非正式制度，通过伦理道德、风俗习惯等软约束来自觉地引导经济主体的行为，消除不利于社会稳定发展的因素。

第四，激发人们的凝聚力。非正式制度作为一种观念文化的表现形式，无时无刻不对行为主体产生影响，因而，在同一非正式制度框架下生活的人们往往会具有相同的价值观念，会缩短群体之间的距离，增进彼此的认同感。在特殊情况，如战争出现的时候，人们自发的团结起来，迸发出强大凝聚力。

第五，行为评价尺度。非正式制度是得到社会认可，社会群体共同恪守的行为准则，在规范人们日常行为选择的过程中，非正式制度作为评价尺度，能够按照主流道德原则对人们的行为进行合理的评判。当然行为主体的选择没有绝对的对错之分，它只是特定区域内人们价值取向的一种体现。

三、非正式制度对经济发展的影响

非正式制度的作用是双重的，因而对经济运行产生的影响，既可能是促进发展，也可能是阻碍发展。在本章的这一部分中，将就非正式制度对经济发展影响进行具体的分析。

（一）非正式制度对经济发展的积极影响

在非正式制度适应经济发展要求的情况下，非正式制度对经济的积极影响有如下几个方面：

1. 非正式制度是约束经济活动的有力保障

非正式制度是人们在长期社会交往中形成的，以意识形态、价值信念、道德观念、风俗习惯、宗教观念为主要内容，在制度变迁过程中被不断传承下来，在社会生活的方方面面中不断渗透，影响着社会群体的文化价值观。经济作为一个非独立的领域，在经济活动过程中不可避免地会受到人们的行为偏好影响，这种影响究其根本可以说是一个社会的文化背景造成的。在一定的非正式制度框架下，社会文化因素规范了社会群体行为，社会群体作为经济活动的行为主体，在谋求自身利益的过程中，会无意识地不自觉地去遵守一定的文化制度规范，进而使经济活动、经济过程受到深深的影响。因而，非正式制度对经济活动存在着约束作用。

2. 非正式制度是促进经济增长的精神动力

一个国家的经济增长除了自然资源、政治环境、经济环境等影响因素之外，非正式制度构造的社会文化体系也是不可忽略的重要因素。社会群体作为经济活动的主体，不同的风俗习惯、道德观念、价值取向等因素会使他们的行为偏好产生差异，具体来说，非正式制度所构成的社会文化体系是否适合经济发展的客观要求，会决定社会群体意志力的强弱、创业热情的有无以及创新动机的大小。强大的意志力、强烈的创新精神、高昂的创业热情以及对财富、权利、成功、奉献社会的强烈愿望会造就成功的企业家或者优秀人才，他们又会成为推动经济快速增长的关键因素。因而，非正式体制所构建的社会文化体系造就了社会群体的成功欲望与创业动机，而它们又成为推动经济增长的强大精神动力。

3. 非正式制度是影响经济决策的重要因素

有效的决策是保证经济活动正常运行的关键，而以意识形态、价值信念、风俗习惯为主要内容的非正式制度又是影响经济决策的重要因素。决策可以说是贯穿整个管理体系的关键要素，任何经济活动的有效运行都是离不开决策的。决策者在制定计划、实施战略的过程中，需要运用理性的思维方式，掌握市场动向、指导计划实施、保障决策行之有效。但是人的理性有限，这就需要通过风俗、习惯等非正式制度因素来进行补充。这是因为，市场经济制度究其本质是由"固有的思维习惯"所构成的，社会群体在交易活动中会不自觉地去遵守、执行这种固有的风俗习惯、道德观念，进而对市场经济的运行产生一种不成文的约束。因而，非正式制度的存在可以及时应对各种市场因素的变动，保障市场交易可以正常进行。

4. 非正式制度是维护市场秩序的关键要素

健康良性的市场秩序是保障经济效率的关键，而道德观念、价值观念等非正式制度因素对于维护、规范市场秩序具有重要作用。这是因为，经济主体在交易过程中，在很大程度上都是按照追求利益最大化的原则行事的，所以在缺少伦理道德、价值观念等非正式制度约束的情况下，自私自利、利用不正当的手段谋求自身利益的"机会主义倾向"可能会在经济活动中不断出现，破坏良好的市场竞争环境，损害经济个体甚至整个社会的利益，遏制市场秩序的有效运行。因而，一个健全的市场经济运行体系除了要有完备的正式制度作为基础，还需要辅以道德观念、价值观念的非正式制度进行约束，进而使市场秩序得到有效的规范，保障经济活动正常进行。

（二）非正式制度对经济发展的消极影响

在非正式制度供给不足的情况下，会在某种程度上阻碍经济发展。我国是一个具有千年历史传承的国家，并在长期的社会发展过程中遗留下多种历史文化。然而正是由于传统文化不断积淀的原因，导致了这些以文化为基础的非正式制度变迁缓慢，在市场经济体制的影响与日俱增的同时，非正式制度出现了供给不足，与市场经济发展要求不契合的状况。具体来说，主要表现在以下几方面：

一是家族文化思想。家族观念是中国悠久历史文化中的一个重要组成部分，对政治、经济、文化生活有着深远影响。因而，在最初市场经济发展不健全，法律、法规等正式制度不完善的情况下，我国民营企业更重视血缘、亲缘等伦理关系在生产经营过程中发挥作用，并认为这种家族治理可以降低企业的管理成本与交易成本。但是在市场经济秩序不断被规范，市场竞争愈加激烈的情况下，如果家族企业想要继续扩大生产规模，那么这种家族式的经营模式将必然与现代市场经济体制的基本原则不适应，传统家族文化中裙带关系、人情关系会与现代企业制度中的产权制度、治理模式、组织结构等方面发生冲突，阻碍现代企业制度的建立，进而影响民营企业在市场上的竞争力。

二是"官本位"思想。中国是一个拥有两千多年封建君主专制历史的国家，"官本位"思想可以说是牢牢地印刻在人们的脑海中，这在一定程度上限制了民营经济的发展，遏制了市场机制的完全确立。具体来说，一方面"官本位"思想不利于企业资本的积累。对一些民营企业主来说，他们多数抱有"商而优则仕"的想法，在经营过程将放弃扩大生产规模、资本积累，而是将资本作为自己的政治资源，为自己的政治活动提供服务，民营经济的发展受到了局限。另一方面"官本位"思想不利于政府职能的转变。完善社会主义市场经济体制的关键在于处理好政府与市场之间的关系，"官本位"思想的存在使得政府官员在追求自身利益最大化的过程中，过多地干预市场运行，破坏了市场秩序，没有为民营企业提供良好的营商环境。

三是轻商思想与平均主义思想。在中国两千多年封建君主专制历史中，"农本商末"观念是传统经济思想的主调，而由此形成的"重农抑商"观念也成为封建王朝最基本的经济政策。新中国成立后，尽管商品经济得到了发展，但是在传统文化背景下，私营经济仍然被认为是贪利阶层、剥削阶层。此外，又由于平均主义思想在中华传统文化中的深远影响，计划经济体制与平均主义"大锅饭"的做法使得私营经济在改革开放前几乎绝迹。后来，随着官方对私营经济的正式认可，社会主义市场经济体制逐步得到了发展，虽然正式制度的变迁可以瞬间完成，但是一些陈旧的传统观念和习惯仍然会在很长一段时间内存在下去，影响着新的非正式制度的形成与运行。因而，在这样的一个大背景下，民营经济不可避免地会受到这些制约的影响，进而阻碍市场公平竞争机制正常运行。

第二节 东北经济发展的非正式制度障碍

自党的十六届三中全会以来，东北老工业基地改造与振兴的问题一度成为学术界研究的热点。针对东北老工业基地困境的成因，学者们给出了许多种解释，有政治倾斜论、要素缺乏论、文化差异论等。通过对东北地区阶级社会历史轨迹及改革中所遇到问题的分析，可以看出东北面临的困境是由诸多历史因素和复杂的制度环境造成的。① 非正式制度障碍也是其中重要原因。

一、东北经济发展的主要困难

东北老工业基地作为新中国工业的摇篮，凭借着丰富的自然资源和战略优势，在新中国成立后相当长的一段时间内成为全国经济最发达地区。但是在改革开放后，东北经济发展相对落后，目前处于发展较困难的阶段。

（一）民营经济发展不充分

国有大型企业是东北地区经济发展的主力军，这导致东北地区的市场化程度偏低，民营经济的营商环境不佳，民营企业发展滞后。与东南沿海地区相比，东北地区民营企业无论是数量还是质量都不高。具体来说，从民营企业数量上看，据中华全国工商联发布的"2017 中国民营企业 500 强榜单上"数据显示，全国排名前三位的分别是浙江省 120 家，江苏省 82 家，广东省 59 家，而东北地区总共 9 家，占比仅为 1.8%，其中黑龙江省以 1 家与广西壮族自治区并列全国省市倒数第一；从营业收入总额占比来看，在全国范围内呈现着东强西弱的特点，东北地区民营企业营业收入总额占比依旧偏低，仅为 2.38%，同比减少 0.58 个百分点。由此可见，东北地区民营企业的生产规模偏小，缺少大而强的龙头企业，使得东北地区民营企业在市场中缺少核心竞争。此外，又由于在东北经济陷入"失速"困境之后，民营经济受到冲击，营商环境遭受破坏，这使得东北地区民营经济发展

---

① 张伟东：《东北老工业基地制度分析：路径依赖与制度创新》，载于《开发研究》2005 年第 5 期，第 123~125 页。

又进一步受到了阻碍。

(二) 对外开放度低

东三省位于我国东北地区的边陲地带,虽然自然资源要素丰富,但区域经济发展开放度不足。随着改革开放的不断深入,东三省呈现出对外开放空间大,但实际开放空间很低的态势,远远落后于东南沿海地区。具体来说,2015 年,东三省进出口总额是 1344 亿美元,仅占全国的 3.4%;东三省对外依存度是 14.6%,低于全国平均 21.8% 的水平,与 2003 年东北地区 24.7% 的对外依存度相比,下降了近 10 个百分点;吉林省、辽宁省高新技术产品进出口额占外贸进出口总额的比重分别为 10.9%、9.6%,分别低于全国平均水平 19.6%、20.8%。随后,虽然在"一带一路"倡议下形成了东北地区对外开放的大格局,东三省对外依存度上升到 2016 年的 16.4%,但与全国平均水平相比,仍然仅为全国平均水平的一半,进出口总额仅占全国的 3.5%,对外开放程度低依旧是东北地区经济发展最大的短板。①

(三) 新兴产业发展滞后

东北地区作为新中国工业的摇篮,如何振兴老工业基地一直是党中央十分关注的重点。随着振兴战略的实施,东北地区以高新技术为主的创新产业取得了快速发展,但产业运行中还是存在着创新能力薄弱、产业规模偏小、产业结构不合理等诸多问题。与东南沿海地区相比,东北地区高新技术产业和战略新兴产业发展严重滞后。具体来说,截止到 2014 年,东北地区高新技术企业数量占全国高新技术企业数量 5% 左右,同比减少 50 家;辽宁、吉林、黑龙江规模以上工业企业新产品销售收入占主营业务

---

① 王元:《东北振兴的国策》,载于《辽宁经济》2015 年第 7 期,第 30~31 页。

收入比重分别为8.3%、7.1%、3.9%，远低于全国12.9%的平均水平。2015年，东北地区高新技术产业对经济发展的贡献率在6.5%左右，与全国平均水平相比，贡献率低了近13个百分点，对经济增长的支撑能力明显不足。[①] 由此可以看出，东北地区企业技术创新意识不强，科研投入比重偏低，在东北传统产业衰微的同时，高新技术产业和战略新兴产业尚未发展起来，不能有效地支撑起东北经济。

（四）产业结构尚待优化

产业结构偏重是东北经济发展的主要掣肘。由于东北地区特殊的发展历史，导致了该地区长期深陷"单一经济结构困局"。具体来说，一方面东北地区产业结构单一，经济发展主要依赖于资源产业与重工业。2014年，与全国第二产业GDP占比42.6%的平均水平相比，东北地区占比为47%，高了4.4个百分点；而第三产业发展缓慢，与全国48.2%的平均水平相比，GDP占比为仅为42%，低了6.2个百分点；另一方面，东北地区轻重产业比重失衡，重工业所占比重严重偏高。2014年，与全国重工业占比不到70%的平均水平相比，东北地区重工业占比为78%，其中，黑龙江重工业占比为80%，吉林重工业占比为79%，并且主要集中在煤炭、石油、钢铁等产能过剩行业。[②] 因而，加快推进东北地区产业结构升级，构建多元化、合理化产业结构，提高抗风险能力，是振兴东北老工业基地的关键。

二、东北文化的特征与问题

随着东北老工业基地深化改革的不断推进和市场程度的加

[①] 高国力、刘洋：《当前东北地区经济下行特征及成因分析》，载于《中国发展观察》2015年第10期，第77页。
[②] 刘晓光、时英：《东北应走出"单一经济结构困局"》，载于《宏观经济管理》2016年第6期，第47页。

深,正式制度在相关决策部门的作用下已经开始变迁,与当前社会主义市场经济体制相适应的新制度在不断地生成。但是非正式制度是一个渐进的过程,这种性质注定了非正式制度不会像正式制度那样,在很短的时间甚至一夜之间发生改变。同时由于东北地区独特的地理位置、历史进程,使得东北地区的非正式制度变迁缓慢。滞后的非正式制度使得东北地区经济发展呈现出了民营经济发展不充分、对外开放度低、新兴产业发展滞后、产业结构不合理等问题。

(一) 文化惰性长期存在

从整体上看,东北文化是一种不同于中原农耕社会的独特文化。早期东北地区的文化是在农耕和游牧文化基础上形成的,后期随着大量移民浪潮的涌现,使得东北文化呈现出了多元化与兼容性的特征。具体来说,游牧文化粗犷豪放的特征使得东北地区形成了粗放型的生产方式,虽然后期这种生产方式被逐步替代,但是它还是在一定程度上决定了东北的经济增长方式。丰富的自然资源使得东北人养成了悠闲的生活方式,形成了靠天吃饭的农业意识,阻碍了东北地区农耕文化向商业文化的有效转变。后期随着大量移民的涌入,东北的游牧文化与农耕文化逐渐发生改变,但是良好的自然条件、地广人稀的生存环境使得移民文化不仅没有孕育出进取精神和挑战意识,反而在原本封闭文化与汉族传统文化的影响下,形成了东北人安于现状、不思进取、怕变求稳的生活态度。这些特点与东北计划经济体制相结合,使东北文化呈现出了惰性特征,与构建社会主义市场经济的固有要求发生了冲突,在一定程度上导致市场营商环境差、经济对外开放度低。[1]

---

[1] 姜国强、邵婧博:《东北地区经济发展方式转变的非正式制度障碍与创新》,载于《中小企业发展》2012年第3期,第32~34页。

(二)"官本位"意识盛行

在新中国成立后,东北作为工业发展的重点区域,中央政府长期对其进行政策引导与权力干预,并由此形成了一套完善的计划经济体制。因而在这样的大背景下,东北人为计划经济思想束缚,经济发展呈现出了浓厚的依附色彩。后来,随着计划经济体制向社会主义市场经济体制转变,东北经济一度发生断崖式下跌,这与计划经济时期形成的根深蒂固的价值体系脱不了干系。具体来说,一方面东北人在计划经济长期作用下形成了"等、靠、要"的思维逻辑,高度依赖政府;另一方面东北人对权力和领导的高度依赖,使得"官本位"意识盛行。因而,在计划经济体制惯性与"官本位"意识的双重作用下,东北地区不仅对现代市场经济文明的接受度差,市场经济理念没有得到很好贯彻,而且"做官"而非"创业"也成了衡量人价值的主要指标。[①] 从整体上看,东北人这种固有思维惯性的存在,在一定程度上破坏了市场经济秩序,限制了民营经济的发展,提高了社会经营成本,遏制了东北地区经济的健康发展。

(三)商品意识薄弱,创业精神缺失

由于东北地区特殊的发展历史与丰富的自然资源,使东北人形成了自给自足的小农意识,这种意识的长期存在阻碍了商品经济的形成与发展,进而抑制了东北经济的创新活力。具体来说,一方面,计划经济体制的惯性与"官本位"意识的盛行使得东北地区不仅没有形成尊商、重商的文化氛围,反而形成了轻商文化氛围,创业意识十分淡薄。另一方面,在东北长期惰性文化的熏陶下,东北民众大多数追求稳定的生活方式,性格中固有的不

---

① 殷晓峰、李诚固、王颖:《东北地域文化对区域经济发展的影响研究》,载于《东北师大学报(哲学社会科学版)》2010年第6期,第41~44页。

思进取、怕变求稳使得他们对经商这种行为存有畏惧，更愿意选择"铁饭碗"的工作或者外出打工，而不愿意经商冒险。再加上东北民众思想上的保守与迟滞，接受新事物过程缓慢，市场经济理念作为一种现代思想理念在短期内很难被接受。因而，在多种因素的作用下，形成商品经济意识薄弱、创业精神匮乏的东北文化体系，进而导致东北地区市场化程度不高，尤其是民营经济缺少创新发展动力，没有良好的营商环境，限制了东北经济的增长。

（四）重义轻利

虽然东北人性格中的重感情、讲义气，可以使他们在商界获得值得信赖的好名声并在公众面前树立诚实、正直的形象，但是从发展市场经济、树立契约精神的角度来看，这种性格特点也有很大局限性。具体来说，一方面东北人重义是一种感性行为，把友情看得比生命还重要，甘愿为朋友两肋插刀的行为是缺乏理性的，由此形成的"走后门"、拉关系等的做事原则是一种破坏契约精神的行为，公平、公正的市场与制度环境不可避免地会受到腐蚀；另一方面由东北人重义的感性行为产生的价值偏好，与重视物质利益、追逐利润最大化的市场经济价值观之间存在矛盾。此外，这种在一定圈子内进行资源配置的"走后门"、拉关系行为，还会在一定程度上削弱市场规则的作用，并且作为一种潜规则，也会增加关系圈之外人员的交易成本，影响资源配置效率。由此可见，重义轻利这种思想观念的存在不利于市场经济在东北地区的健康发展，会抑制东北地区市场化发展水平的提高。[①]

从上面的叙述可见，千百年以来积淀下来的文化氛围对于区域经济发展的影响往往是持久而深刻的，东北地区所固有的价值观念、风俗习惯以及长期计划经济体制作用下形成的不利于经济

---

① 于波、赫亚红：《东北地域文化创新与区域经济发展》，载于《吉林省教育学院学报》2016年第8期，第157~159页。

发展的意识形态会在很大程度上影响着东北经济的健康发展。

三、东北工业化进程中的文化及其嬗变

东北经济发展与非正式制度之间是相互影响、相互作用的。一方面在非正式制度安排不适应市场经济发展要求的情况下，会滋生出阻碍经济发展的问题；另一方面在东北工业化进程中也会促使东北文化发生改变，在不同阶段呈现出鲜明的特征。① 通过对东北地区工业化进程的梳理，我们可以发现，东北文化呈现出四种鲜明特征：一是清末民初和奉系集团统治时期，这是东北工业化的起步阶段，地域文化呈现出移民文化的特征；二是伪满时期，这是东北工业化曲折发展阶段，地域文化呈现出殖民文化的特征；三是新中国成立到改革开放之前，这是东北工业化进程快速推进阶段，地域文化呈现出创业文化的特征；四是改革开放，尤其是进入新时代之后，这是东北工业化向新型工业化转变的阶段，东北文化需要发展和创新。

（一）东北工业化的起步阶段

东北地区的工业化从晚清末期开始起步，这使东北地区的政治、经济、文化发生了巨大转变，并在这一阶段中呈现出了移民文化的特征。"闯关东"作为近代中国四大移民潮之一，从鼓励移民到后来长达200多年的严禁移民导致偷闯柳条边，再到鸦片战争之后解禁移民，这种移民运动一直持续着。在20世纪初期，随着东北地区官僚资本主义和民族资本主义的兴起，工业企业对劳动力的需求剧增，这又进一步吸引了山东、河北、河南、山西等地的百姓涌入东北，到"九一八"事变前夕，移民到东北的人数已经达到1500万~1700万人，增幅创历史新高。在外来文

---

① 林广正：《民营经济发展中正式制度与非正式制度的融合》，山西财经大学，2008年。

化的不断冲击下,东北地区逐渐形成了以移民文化为主导的地域文化。虽然在此过程中不断注入中原文化、齐鲁文化、晋商文化等文化元素,使东北地域文化呈现出开放性、包容性的特征,但也对东北文化产生了负面影响。具体来说,一方面,"闯关东"的内地汉人大多数是山东、河北、河南、山西等地的底层人民,没有受到良好的教育,在遭受自然灾害或者走投无路的情况下背井离乡来到东北进行谋生,这在一定程度上影响了中原优秀文化元素在东北地区的传承与发展。另一方面,由于东北地区长期处于封闭状态,固有的农耕与游牧文化使得东北没有形成崇商尊文两相济的文化氛围。

(二)东北工业化的曲折发展阶段

1931年"九一八"事变之后,东北地区沦陷,日军迅速占领东三省,建立伪满政府,并在其长达14年的统治中建立起以掠夺东北资源、支援日本侵略战争为主的殖民工业发展体系。具体来说,1931~1945年间,在伪满洲国"经济建设纲要"以及两个"产业开发五年计划"的实施下,使东北工业得到了畸形的急剧扩张,在一举成为当时领先全国的重工业基地的同时,也阻断了东北自身工业化的进程,破坏了东北的资源环境,导致东北经济结构失衡。在此期间,为了加大对东北资源的掠夺和配合日本侵华战略,日伪当局还在文化上对东北人实行奴化教育和欺骗宣传,以殖民文化对东北人进行精神侵蚀,试图从根本上消灭东北人的自主性和民族意识,达到为其谋求更大利益的目的。一方面将基础教育与殖民文化相结合。伪满政府通过建立完善殖民奴化的教育体系,在各级学校中,要求教师只能用日语授课,学生们则被灌输"中日亲善"、"日满不可分"等奴化思想,从而借助这种教育模式,培养出符合日伪当局要求的"忠良国民"。另一方面通过报纸、杂志、影像等方面的政策宣传与渗透,宣扬日本帝国主义文明,美化日本帝国主义对东北地区的殖民统治,试图让东北人变得愚昧无知、斗志涣散,心甘情愿成为顺民。①总的来说,为了方便日本对东北资源的掠夺,他们采取了"文化渗透"的方式,对东北人的思想进行控制,去支援日本的对外战争和侵略。

(三)东北工业化加速推进阶段

在新中国成立初期,面对侵华战争的创伤和国外列强势力的封锁,我国经济面临着严峻的挑战。为了尽快恢复和发展城乡的生产事业,快速实现工业化,国家将具有资源优势和地理优势的东北作为新中国工业发展的重点区域,向其投入大量的人力、物力、财力。经过恢复时期、"一五"以及"二五"时期的大规模经济建设,东北地区逐渐形成了以煤炭、钢铁、石油、化工、机械等重工业为主的工业基地,同时也承担起支援国内其他地区的重任,通过出机器、出人才、出经验的方式,为我国的经济发展做出了巨大贡献。作为"共和国的长子"和"新中国工业的摇篮",东北地区在工业化加速推进过程中,逐渐孕育出"铁人精神"、"大庆精神"、"北大荒精神"等具有鲜明特征的创业文化。例如,大庆油田在为国家创造巨大财富的同时,还培育出以"爱国、创业、求实、奉献"为主要内涵的"铁人精神"、"大庆精神"以及"三老四严"等优良传统,既在石油战线发挥了巨大作用,又激发了全国人民的顽强拼搏精神;黑龙江垦区从北大荒到北大仓的巨大转变离不开几代拓荒人的艰苦创业,在极其艰苦的环境下,他们以"艰苦奋斗、勇于开拓、顾全大局、无私奉献"为内容的"北大荒精神",在创造物质文明成果的同时,也为后人留下了名传千古的创业精髓。②

---

① 胡庆祝:《论伪满时期日本在东北实行的奴化教育》,东北师范大学,2006年。
② 郭艳文:《东北工业化历史中的文化及其嬗变》,载于《黑龙江社会科学》2009年第4期,第136~138页。

(四)东北工业化向新型工业化转变阶段

1978年,中国开始实行对内改革、对外开放的政策,东南沿海地区和中西部地区在政策优势的作用下,取得了快速发展的机遇。同时,随着工业化进程的加速推进,国内的工业经济版图逐渐发生演变,东北工业实力排名在全国位次不断下滑,"东北现象"和"新东北现象"陆续出现。在这样的背景下,东北走新型工业化道路势在必行。通过对东北工业化进程梳理,我们可以发现,不同的工业化进程可以培育出不同的文化内涵,在清末民初和奉系集团统治时期,东北工业化发轫,企业对人力资本的需求剧增,使得东北文化在此阶段呈现出移民文化特征;在伪满时期,东北工业化曲折发展,日本为了最高效地掠夺经济资源,采取"文化渗透"战略,建立起了殖民工业发展体系;在新中国成立到改革开放之前这段时间里,东北作为新中国工业发展的重点区域,在工业化加速推进的过程中孕育出具有较高精神内涵的创业文化。由此可见,东北工业化与东北文化之间的互动,构成了东北社会发展模式和经济生产形态。改革开放以来,尤其是在进入新时代之后,想要重振东北经济,重塑文化、转变陈旧观念可以说是振兴东北的前提条件。通过改变惰性文化、重塑规则文化、转变行政文化以及构建合理的功利文化,实现东北文化的发展与创新,并在东北老基地振兴与现代工业发展中借助这种优势文化,为其提供发展动力。

第三节 特色文化与经济发展的案例分析

一、国家文化与经济发展的案例分析

文化是世界各国经济发展的重要因子,接下来将以美国、日

本这两个发达国家的文化为分析对象，探究其文化背后的经济效益。

（一）美国文化与区域经济发展

1. 美国文化的特征

美国是一个高度发达的资本主义国家，经济、文化、工业等领域都处于全世界的领先地位。究其根源，这与美国特殊的地域文化密不可分，具体来说，美国的地域文化具有以下特征：

一是个人中心主义。在美国的建国之初，大量怀揣美国梦的欧洲移民蜂拥而至，他们坚信在美国只要通过自己不懈的努力就能够过上幸福生活，由此美国人逐渐形成了独立发展、坚信自我、追求个人利益的个人中心主义。这种价值观在一定程度上调动了个人积极性，激发了个人的潜力，从而促进了整个国家的振兴与发展。

二是敢于冒险和创新。美国是一个移民国家，在建国之初，欧洲移民面对的是一个未知的、未开发的新大陆，这就造就了美国人敢冒风险、顽强拼搏的性格特点。再加上美国自然资源丰富，又进一步促成了美国人开拓进取、勇于挑战传统、追求创新的精神风貌。

三是自由平等精神。作为一个没有经历过封建社会统治的国家，美国在欧洲移民资产阶级自由平等思想的作用下，逐步形成了一个崇尚自由平等的国家。无论什么出身背景，每位美国公民都有追求平等的权利、追求幸福的自由，除执法机关之外的任何机关部门都不得损害和侵犯他们享有的自由平等的权利。

四是实用主义理念。独特历史发展背景使得美国人信奉通过独立发展、努力奋斗，可以谋得事业发展、获取财富，进而逐步形成了美国实用主义哲学观念。具体来说，美国人喜欢打破常规，从实际问题出发，立足于现实生活与经验，以"有用、有效、有利"为信条，把获得效率作为行事原则。

2. 美国企业文化的特征

在经济与社会双重作用下,美国的企业文化在20世纪80年代逐步走向成熟。从发展趋势看,主要可以概括出以下几个方面:

一是突出个人能力,尊重个人价值。美国企业倾向于尊重员工的个人价值,鼓励员工的个性发展。美国企业在运营过程中,不仅充分认可员工的工作能力,相信他们有足够的能力可以处理好工作中出现的问题,而且还通过构建有效的激励机制,合理的职业规划发展体系等途径帮助员工,提升员工能力,激发员工潜力,进而达到提高经营效益的目的。

二是强调务实,追求效率。在实用主义哲学理念的作用下,美国人形成了务实的精神风貌。在企业内部,美国员工的行事风格直截了当,信奉"实干至上、行动至上"理念,即注重实际,乐于实干,用实际行动提高企业效益、增强企业竞争实力。此外,上下级之间也可以直接沟通,越级反映问题。

三是支持冒险,激励创新。美国的移民文化促成了美国人勇于冒险、敢于创新的精神风貌。冒险精神的存在使得美国企业在生产经营中能够更快地适应外部环境,勇于打破常规,挑战未知;创新精神可以说是美国企业文化的核心内容,这使得美国企业有着超强的创新意识,更愿意在技术研发项目上投入大量人力、物力、财力,开发新产品以求占领市场,并在竞争中获取高额利润。

四是顾客至上的经营理念。消费者购买产品,企业可以从中获利,购买的越多,企业获利越多,这使得顾客至上的经营理念应运而生。为了占领市场份额,获取利润,美国企业在经营过程中会围绕顾客采取一系列措施:重视顾客,让利消费者,为消费者提供高质量的产品和服务,满足消费者的各种需求,从而在与消费者建立长期的买卖关系的同时,树立企业形象,提高企业的竞争能力。

五是制度化管理,明晰权责。美国的企业文化是典型的西方理念,在生产经营中追求利润最大化。因而美国企业为此制定出一整套科学有效的管理制度和严格的工作流程体系,以此来保证生产的有序进行,从而获取经济效益。虽然在企业制度实施过程中,企业员工按章办事的行为方式会显得不太讲究情面,但不可否认,美国企业在制度高于人情的文化理念作用下,可以获得高额利润。

3. 美国文化与经济发展之间的内在关系

从美国1776年建国开始,到现在仅200多年的发展历史,但就是在这200多年里却发展成为世界超级大国。究其根源,这与美国的文化根基有着密切的关联,无论是在最初的移民时期,还是建国之后,美国文化中个人中心主义、自由、平等、冒险、创新以及实用主义等精神在经济发展中都发挥着重要作用。具体来说,首先,个人居于首要位置的价值理念,自由平等精神的存在促进了美国正式制度的建设,美国宪法、《独立宣言》等制度的确立在一定程度上维护了公民权益,也为经济的快速崛起提供了良好的制度环境。其次,勇于冒险,不断开拓精神的存在,加快了美国人对西部资源的开发利用,促使他们打破传统,在南北战争之后,废除了黑奴制度,为美国经济的全方位起飞创造了有利条件。最后,创新精神的存在使得美国重视创新,不断为提高技术水平而作出努力,再加上工业革命与世界大战、苏联解体等外部环境的推动作用,使得美国的科学技术发生了质的飞跃,进而对美国经济发展起到了有效的推动作用,使其成为世界首屈一指的经济强国。此外,随着美国企业文化的不断创新与发展,提升了员工的工作能力,激发了员工的内在潜力,为提升企业经营效益,推动国家经济发展做出了贡献。[①]

[①] 孙雪:《基于地域文化的区域特色经济发展研究——以潍坊市为例》,山东师范大学,2014年。

(二) 日本文化与区域经济发展

1. 日本文化的特征

日本的地域文化是在植根于本土文化，通过吸收、融合外来先进文化得以形成的混合文化，并在此过程中表现出了开放性、主体性与混血性这三个特征。

一是日本文化的开放性。日本文化的优越性主要在于它对其他大陆先进文化的吸收与融合。日本不仅不抵触外来文化的进入，反而从古时候开始就大规模地摄取外来的思想与文化，促进了日本文化的形成与发展。正是这种"开放性"特征的存在使得日本文化呈现出了融合东西方文化的混合特征。

二是日本文化的主体性。日本文化不仅仅是单纯的对外来文化进行效仿，在吸收的过程中还会呈现出"主体性"的特征。日本是在考虑自身特点与文化需求的基础上，选择性地学习与效仿，取其精华去其糟粕，消化与改造外来文化，最终实现本土化。

三是日本文化的混血性。日本文化是在传统文化的基础上，通过有选择地吸收、融合外来文化得以形成的一种"混血文化"。究其根源，是在"开放性"与"主体性"共同作用下，让东西方文化要素巧妙地融合到日本文化体系中，呈现出一种外来文化与传统文化并存的状态。

2. 日本企业文化的特征

日本的企业文化是一种中西合璧的文化。它在植根于本土文化的同时，还引进并吸收了中国传统儒家文化和美国市场经济文化，它们互相融合，形成了优于西方国家的独特企业文化。日本的企业文化可以说是该国经济取得巨大成功的关键所在，主要内容可以概括为以下几方面：

一是忠诚集团主义的劳动观。与西方国家提倡个人主义的文化不同，日本的企业文化融合了东方的儒家文化，打破了西方传统的企业规范，在运营管理过程中提倡集体主义。他们认为任何企业的发展依靠的都是内部上下一心的共同努力，为相同的目标而努力奋斗的集体主义行为；不认同单纯依靠管理者负责企业的运营，而员工对企业的运营漠不关心甚至对企业持有阶级敌对情绪的个人主义行为。

二是和谐至上的人际关系。在企业运营管理的过程中，日本人提倡的是和谐至上的人际关系理念。把"和为贵"的儒家思想作为企业文化的支柱，可以在企业内部营造出和睦友好的工作氛围，消除企业内部各个主体之间的不和谐。此外，"和谐高于一切"的人际关系还指企业与外部主体之间的和睦友好。在营商过程中，保持以和为贵、和气生财的行事作风，各家企业之间良性竞争，共同把市场做大才是企业永续经营的关键。

三是以人为本的人力资本理念。日本企业的人力资源管理坚持以人为本的出发点和归结点，并将此思想放在了企业文化的核心位置。日本企业在经营管理过程中追求利润最大化，但并不把利润作为衡量企业发展好坏的唯一标准。企业的发展需要"人治"，日本人认为管理者的决策力和领导力、员工的凝聚力和向心力是企业发展的重要因素，重用人才、尊重人才、广纳人才能够提高企业生产效率，促进企业发展。

3. 日本文化与经济发展之间的内在关系

在第二次世界大战以后，日本经济经历了战后复兴与高速成长、低速成长、长期低迷、经济复苏这四个历史阶段，并两次实现了对先进国家的赶超。通过对日本经济波动历史的研究可以发现，这与混合文化的发展模式是息息相关的。无论是在"二战"后，还是在"失落的十年"，日本可以迅速地摆脱负面影响，实现经济的崛起与复苏，一跃成为经济强国，这在很大程度上与日本的混血文化、企业文化有关。一方面，日本文化的"开放性"与"主体性"使得日本在经济发展过程中更容易引进、吸收、消化先进的发展理念与技术，并在此基础上不断地进行技术创新改造；另一方面，日本企业文化中"集体主义"、"以和为贵"、"以人为本"理念使得日本企业可以有效地提高生产效率。再加上大和民族强烈的集体意识、危机意识等文化意识的存在，使得政府对经济发展的建设与引导可以快速进行，从而实现了日本经济的快速发展。

二、中国区域文化与经济发展的案例分析

中国作为东亚文化圈中的主要代表国家，幅员辽阔，民族众多，拥有上下五千年的文明历史，在一国的内部形成了具有不同地域特色的文化，如徽州文化、闽越文化、吴越文化、三晋文化、燕赵文化、岭南文化、三秦文化、巴蜀文化、齐鲁文化、荆楚文化等。受不同文化差异的影响，不同区域经济主体的行为习惯、价值观念等方面会产生差异，从而造成了不同区域经济发展水平之间的差距。本部分将以长江三角洲、珠江三角洲这两个经济繁荣区域为研究对象，分析吴越文化、岭南文化对其经济发展的影响。

（一）吴越文化与长三角经济发展

吴越文化又被称为江浙文化，其影响范围包括今上海、浙江、江苏以及安徽、江西的部分地区。它起源和发展于长三角地区，随着历史发展的脚步，不断影响着长三角地区的政治、经济、文化的发展。从整体上看，吴越文化对长三角地区的影响主要包括以下两大方面：

一是勇于开拓创新，重商观念深入民心。历史上吴越地区是一个外商贸易活跃的沿海地区。依托对外贸易，受西方优越文化的熏陶，吴越地区的文化逐渐融入了开放性、创新性、包容性、重商重利的文化特征，并在一定程度上摆脱了中国传统文化中封建与保守的不利影响。一方面促使长三角地区居民对先进理念抱有兼收并蓄的态度，对新鲜事物持有开放的心态；另一方面随着重商观念发展，民营经济得到快速发展，支撑起了长三角地区的经济发展。

二是具有经世致用的务实精神。随着历史轨迹的发展，吴越文化中兼容并蓄的特征逐渐演变成功利的价值观念，进而转变成经世致用、义利并举的务实理念。在这种精神理念的影响下，大批的实干人士不断涌现，以最务实的精神出击，推动了长三角地区政治、经济、文化的建设与发展。在改革开放之后，更是在务实精神的影响下，长三角地区率先以市场为导向进行改革，大力发展民营经济，在市场建设与市场经济发展上取得了突出成绩。

具体来看，长三角地区内部又各具有独自的文化特征。从江苏来看，该地区具有鲜明的吴文化与淮扬文化特征。文化交织影响，使其除了具有长三角地区江浙文化所共有的特征之外，还具有柔和、秀慧、细腻、智巧的吴文化气质，"苏南模式"就是在该地的文化熏陶下兴起与发展的。从上海来看，该地区具有鲜明的海派文化特征。海派文化是在吴越文化的基础上，接受江南工商经济传统文化，吸收西方工业文明成果，逐渐形成的以上海为中心的文化，"浦东模式"就是在海派文化的熏陶下兴起和发展的。从浙江来看，该地区受越文化与海洋文化的影响，使浙江人呈现出了勇于冒险、不断创新的精神风貌，"温州模式"就是在以越文化为主的影响下形成的（见表5-1）。

表5-1　　　　长三角区域文化模式和区域经济模式

区域		江苏	上海	浙江
文化模式	文化共性	开放性、创新性、包容性、重商重利，经世致用的务实精神		
	文化背景	吴文化与淮扬文化	海派文化	越文化与海洋文化
	文化特质	勤劳、智慧、温和	稳重、温和、细腻	冒险、创新

续表

区域		江苏	上海	浙江
经济模式	区域模式	苏南模式	浦东模式	温州模式
	模式特征	以乡镇假体工商企业为经济载体，依靠招商引资，发展机电、纺织、IT等制造业	以大型国有企业、外资企业为经济载体，依靠政府和外商投资，发展国民经济支柱行业	以民营企业为经济载体，依靠民营资本，走小商品、大市场的经营路线

资料来源：陈柳、于明超、刘志彪：《长三角的区域文化融合与经济一体化》，载于《中国软科学》2009年第11期，第53~63页。

（二）岭南文化与珠三角经济发展

岭南文化是起源于农业文化与海洋文化，并在发展过程中不断接受我国各地文化、吸收外来文化逐渐形成的，其范围包括今广东省、海南省以及广西部分地区。位于广东省中南部与珠江入海口的珠江三角洲深受岭南文化的影响，从整体上看，岭南文化对珠三角的影响主要有以下两大方面：

一是敢为人先和兼容并蓄的开放精神。岭南位于南海之滨，独特的地理环境造就了该地区对外贸易的繁荣景象，促使岭南文化呈现出兼容并蓄的开放态势。同时，随着大量的西方知识和先进理念的传入，孕育出一批以孙中山、康有为为代表的先进人士。他们敢为人先，打破传统文化束缚，不断开拓进取，带领岭南地区成为思想革命启蒙地区和民族资本的摇篮。所以，改革开放之后，珠三角能够迅速成为对外开放试点，敢为人先和兼容并蓄的开放精神无疑为其贡献了重要力量。

二是务实性与重商性。中国传统社会的主流文化思想是以农为本，以商为末。但是岭南文化与其相反，对外贸易的繁荣改变了岭南人们的思想观念，促使重商崇利观念的形成，影响着岭南地区的各个方面。同时，追求钱财的行为还催生出了务实主义，从实际出发，用行动追求财富。在改革开放之后，珠三角经济发展水平名列前茅,这与岭南文化重商崇利观念有着密切的关联。此外,岭南文化中多元性、享乐主义、善于变通的特征,也在一定程度上对经商贸易活动起到了推动作用。

  珠三角的成功离不开岭南文化的影响与支撑。岭南文化中敢为人先、兼容并蓄、开放进取、务实、重商崇利、多元与变通等精神的存在,既是珠三角地区贸易繁荣的文化根源,也是改革开放后珠三角地区经济快速崛起的关键所在。[①] 在此基础上,岭南文化还孕育出了多种经济模式,如珠江模式、东莞模式、南海模式等(见表5-2)。

表5-2 珠三角区域文化模式和区域经济模式

地区		珠江三角洲		
文化模式	文化背景	岭南文化		
	文化特征	敢为人先、兼容并蓄、开放进取、务实、重商崇利		
经济模式	区域模式	珠江模式	东莞模式	南海模式
	模式特征	以外资企业和中外合资企业为经济载体,依靠大规模引进香港等地外资,从事对外贸易	以合资企业为主要经济载体,是依靠外资主导、外来技术、出口导向的经济发展模式	本土生成型民营经济,依靠当地农民的对外贸易发展起来的,农村土地股份合作制的实施是为工厂建设提供了便利

三、国内外实践发展的总结

  通过对国内外文化与经济发展之间的内在分析我们可以看出,以文化为主的非正式制度已经成为衡量一个地区或者国家经济发展水平高低的重要因素。具体来说,可以归纳为以下几点经验:

---

① 殷晓峰:《地域文化对区域经济发展的作用机理与效应评价——以东北地区为例》,东北师范大学,2011年。

(一) 开放性、包容性、创新性文化特征是推动经济发展的重要因素

通过美国、日本、长三角、珠三角这四个地区文化的分析,我们可以发现,它们的文化都具有开放性、包容性、创新性的特征。美国的大熔炉文化、日本的混血文化中兼容并蓄、不断创新的特征与发展市场经济的要求相契合,进而为资本主义市场经济的发展奠定了文化根基。长三角与珠三角独特的地理位置,使吴越文化与岭南文化在形成过程中融入了海洋文化的特征,进而这两个地区居民形成对新鲜事物接受度更高,善于打破传统束缚、不断开拓进取的文化特征,为改革开放后这两个地区经济快速发展提供了良好的制度环境。因而,对于东北地区来说,想要打破非正式制度障碍,加强对外开放,移风易俗、提高创新能力是必不可少的环节。

(二) 务实和重商文化特征是推动民营经济发展的关键因素

美国与日本都是资本主义国家,除了国家性质导致私有制经济高度发达之外,追求利润最大化、以效率至上的行事原则也是它们私营经济取得快速发展,成为经济强国的重要原因。长三角地区与珠三角地区对外贸易繁荣,受西方文化的影响,形成了与传统文化截然不同的文化特征,即重商崇利、务实、经世致用的文化特征。这不仅使当地人们更愿意经商而非务农,而且还培育出重商、尊商的文化氛围,为后续民营经济发展提供了良好的营商环境,也为改革开放后这两地经济快速发展做出了突出贡献。因而,对于东北地区来说,树立经商观念,培育良好的营商环境对东北民营经济发展、甚至对东北振兴都有着至关重要的作用。

(三) 企业文化是推动企业发展的不竭动力

企业文化最初是在日本实践,在美国得出理论总结,因而以

美国与日本企业文化为研究对象，对中国企业，尤其是东北企业来说具有重要的借鉴意义。日本的企业文化是在吸收中国传统的儒家文化与西方先进的市场文化的基础上形成的，兼具中西优秀文化特征。日本企业文化强调集团主义，讲求团结一致，为实现企业发展目标凝聚力量、凝聚智慧、凝聚人心。同时，日本企业还将儒家思想中的"和"、"以人文本"等理念融入文化中，既强调企业内部的和谐，又强调尊重员工，为企业提供长久的向心力与凝聚力。与日本的团队精神不同，美国的企业文化主张个人主义精神，在企业内部重视员工的个性发展，为员工提供展现的平台，达到调动员工积极性、激发员工创新性的目的，进而提高企业的生产能力。此外，美国企业文化中制度大于人情、顾客至上的经营理念，也为企业发展提供助力。

第四节　非正式制度视角的东北特色文化与产业发展

一、打造东北特色地域文化的对策建议

本节针对东北地区存在的非正式制度障碍，在综合分析发达国家（美国和日本）和发达地区（长三角和珠三角）文化优势的基础上，取其精华，去其糟粕，提出重塑东北地域文化的对策建议。

（一）打破传统思想的束缚

打破传统思想的束缚，首先要消除东北文化中的惰性，改变东北人被动的、求稳的思维方式。在传承东北人勤劳善良、热情好客、团结协作等精神风貌的基础上，通过文化宣传教育，消除负面的文化元素，重塑适合市场经济发展的价值理念、意识形

态、风俗习惯等。如培育开拓进取、不断创新、勇于挑战的性格特征，通过重塑适合市场经济发展的非正式制度激发东北经济活力。其次要吸收外来先进文化。一方面东北地区要加强对外开放程度，积极吸收国外先进文化，遵循文化发展规律，将其有机地结合起来，使之更加适应全球化的发展要求。另一方面要与国内发达地区建立联系，构建文化交流平台，吸收吴越文化、岭南文化等优秀地域文化中的优点，从而为东北老工业基地的振兴提供精神动力。

（二）弘扬创新创业文化

创新创业文化缺失是东北地区经济缺少活力的重要原因之一。在"官本位"意识盛行与文化惰性长期存在的双重作用下，东北地区商品意识薄弱，缺少创业热情。对此，一方面要从培育东北人创业意识入手，通过教育宣传等方式，树立合理的功利文化，培育经世致用的务实理念，将创业理念植根于东北人脑海中，调动东北人的创业热情，让他们自觉加入到创业队伍中，营造东北地区的重商、尊商的文化氛围，为东北振兴奠定文化根基。另一方面要重视创新。创新是驱动发展的关键，在国内外复杂经济形势和东北地区经济疲软的现状下，改变固有的思维方式，弘扬创新精神，提高创新意识，用创新思维来应对变革，这对打破东北困局，实现再次振兴有着重要意义。

（三）创建良好的制度环境

在长期计划经济体制与"官本位"意识的双重作用下，东北地区相对缺少良好的制度环境。随着外部环境的不断变化，保守型、封闭型的行政观念已经不适合市场经济的发展需要。再加上东北行政文化中的官僚主义与人治文化色彩侵蚀了公平、公正的制度环境，破坏了契约精神，使得东北地区的制度环境又进一步遭到破坏。因而，一方面要转变行政文化，强调清正廉洁的行为风范，弱化行政关系，剔除在行政官员中存在的"官本位"思想和"等级制"观念，培育开放性、创新性行政思想，使其向着更高效、更法制的方向发展。另一方面要塑造市场规则文化，强化人们的法律意识，营造公平、公正的市场竞争环境。此外，还需完善契约制度环境建设，提升人们的守约道德水准，为东北经济发展提供良好的社会环境。

（四）制定文化发展战略

目前，国内外形势复杂，国与国之间，地区与地区之间的竞争已经不单单是硬实力的比较，更是软实力的比较。建设以文化为基础的非正式制度最终目的是转化成一种软实力，为东北地区利益拓展提供良好的支撑，实现东北老工业基地再次振兴。因而在重塑文化规则的同时，还需要制定完善的文化发展战略。东北地区应该立足于东北特色地域文化，将创新性、开放性、开拓性的理念贯彻其中，从政治、经济、社会、文化、生态等多角度入手，打造东北特色文化，构建文化产业、文化市场、文化交流、公共文化服务、文化遗产保护等方面一体化发展体系，通过网络媒体等文化宣传渠道，增强外界对东北特色文化的认同性，提升东北特色文化软实力。

二、打造东北特色企业文化的对策建议

目前，越来越多的企业已经开始意识到，企业文化不仅是现代企业管理的手段，而且还是保障企业长期发展，拥有核心竞争力的关键。东北是以国有企业为主要经济载体的地区，由于历史遗留问题的存在，使得东北企业与其他地区的企业相比缺少活力。因而应大力推进东北企业文化建设与创新，展现东北企业文化自信，增强东北企业核心竞争力，提升东北老工业基地经济发展水平。

(一) 依托东北文化精髓,建设现代企业制度

东北文化中的创业精髓是东北人在长期生产经营中形成的宝贵财富,在东北振兴与现代工业发展的过程中依旧是必不可少的文化元素。企业作为经济发展的主体,东北振兴离不开现代企业制度建设。对东北企业来说,将东北优势文化融入现代企业制度建设中,在打造东北特色企业文化,发挥创业文化精髓的同时,还可以激发东北企业活力,为现代化工业发展增添助力。具体来说,建设现代企业制度是一项艰巨又复杂的任务,将企业文化的建设与创新应用到东北企业转型升级中,两者可以相互作用,相互促进。一方面可以通过企业文化的建设,发挥其独特的约束功能、激励功能、凝聚功能以及协调功能,为现代企业制度的建设与完善提供一个良好的制度环境;另一方面在建设现代企业制度中,可以使企业与员工更加适应市场经济要求,从而衍生出符合市场要求的文化理念,为打造东北特色企业文化增添一份助力。

(二) 以文化创新、重视人才来促进东北企业发展

首先,在企业内部要重视企业文化建设与创新。将"以人为本"、集体主义精神等符合时代要求的文化理念注入其中,打造尊重人才、吸引人才、激励人才、发挥人才的文化氛围。同时,转变陈旧的企业文化观念,将勇于创新、不断开拓、打破陈规的文化元素融入企业文化建设中,从而打造出具有生命力和扩张力的文化生产力,实现文化兴企、文化振企、文化强企,助力东北经济振兴。

其次,企业对外要树立良好的企业形象,重视企业信用体系的建设,将东北人诚实守信、重义等性格特点融入企业文化理念中,打造重义为本的信用诚信体系。这既可以为企业塑造良好的对外形象,也可以为企业发展凝聚力量。此外,还需要重视产品服务与质量,通过顾客至上、质量第一的理念为企业树立良好的

品牌形象。

最后,要提升企业家素质、激活企业家精神。企业家精神是企业文化的一种表现形式,因而提升企业家素质、诠释企业家精神也是企业文化建设的一部分。在面对外部复杂环境的时候,企业家要不断提升自身的能力,发挥企业家作用,带领企业抢占市场,塑造企业品牌,而国有企业家在承担经济责任的同时,还要注重社会责任的承担。这样企业才能够在市场竞争中处于不败地位。

三、打造东北特色文化产业的对策建议

文化产业是以文化为核心内容,为满足人们的精神需求而进行的生产活动。打造东北特色文化产业,就是在弘扬地域文化的同时,促进第三产业的发展,带动东北产业结构升级。因而,要大力发展文化产业,将东北地区的精神文化与物质文化有机地结合在一起,开发好、配置好、利用好东北的特色文化,以市场为导向,走集约化发展道路,实现东北文化资源向文化产业的商业化转变,为东北振兴带来新的增长点。

(一)发展独具特色的东北文化产业

一是大力推动工业文化遗产保护与产业利用。东北是老工业基地,由于其独特的历史发展进程,在鞍山、沈阳、大庆等城市留存了大量的工业遗产。工业遗产作为文化遗产中不可或缺的一部分,具有重要的经济价值。通过建设工业博物馆、文化创意园等方式,弘扬工业遗产的文化精神,在为后世留下历史印记的同时,也能够为城市经济发展带来思考与启迪,成为拉动经济发展的精神动力。

二是弘扬东北优秀文化传统。由于历史发展原因,东北文化中存在诸多不适合市场经济发展的观念与习惯,但是除此之外东北文化中还是存在优秀文化元素的。因而在文化转型优化过程

中，除了转变传统文化观念，还可以民间艺术为依托，进行文学创作、影视改编等，在展现东北乡土文化生命力的同时，将文化资源转化成文化生产力，推动东北经济发展。

三是开发具有东北文化特色的文创产品，大力发展文化创意产业。研发东北文化创意产品，一方面要将东北元素融入其中，以市场为导向，开发出具有东北特色、民族风情、文化品位的附加值产品，使之获得经济效益；另一方面要为文创产业发展提供持续创新能力，鼓励文化资源与创意设计、旅游等相关产业跨界融合，提高文化产品的设计水平，进而提供具有供给优势的文化产品，增强东北文化产业的整体竞争力。

(二) 推动"文化+"模式的全方位发展

随着文化产业的快速发展，"文化+"的内涵不断被丰富，由此衍生出"文化+"产业，并已经成了朝阳产业支柱，在未来具有广阔的发展前景。因而由文化催生的产业、产品除了局限在文化事业、公共文化服务、文化产品生产这三个方面以外，还可以将文化创新的成果与更多的领域进行融合，为东北经济发展提供创新力与生产力。

首先，要树立"文化+"的战略思维，主动向电子商务、绿色生态、民生服务等各个领域渗透，加快"文化+互联网"、"文化+工业"、"文化+金融"、"文化+绿色"等模式的发展，使"文化+"成为经济社会等领域的经营和发展理念，为东北经济的发展提供新动力。

其次，要树立"文化+"的市场意识。发展"文化+"模式的最终目的是将其转变成经济效益，因而要找准市场定位，在了解国内与国外市场现状的基础上，发展文化新型产业，将东北元素注入其中，有效地发挥文化驱动力，建立与东北经济发展相互推进、互为基础的多元文化产业。

第六章

东北老工业基地企业体制机制创新

第一节 深化国企国资改革

一、政策背景

2015年7月,习近平总书记在长春召开部分省区党委主要负责同志座谈会时强调,要深化国有企业改革,完善企业治理模式和经营机制,真正确立企业市场主体地位,增强企业内在活力、市场竞争力、发展引领力。

2015年8月,《中共中央、国务院关于深化国有企业改革的指导意见》指出,要分类推进国有企业改革、完善现代企业制度、完善国有资产管理体制、发展混合所有制经济、强化监督防止国有资产流失、加强和改进党对国有企业的领导、为国有企业改革创造良好环境条件。

2016年2月,《中共中央 国务院关于全面振兴东北地区等老工业基地的若干意见》中有关国企改革问题特别指出:要按照不同国有企业功能类别推进改革,改组组建国有资本投资、运营公司,扎实推进国有经济布局战略调整,支持开展员工持股试点，防止国有资产流失，研究中央企业与地方协同发展、融合发展的政策，支持探索发展混合所有制经济的具体模式和途径。允许国有企业划出部分股权转让收益、地方政府出让部分国有企业股权，专项解决厂办大集体和分离企业办社会职能等历史遗留问题。中央财政继续对厂办大集体改革实施"奖补结合"政策，允许中央财政奖励和补助资金统筹用于支付改革成本。

10月，习近平在全国国有企业党的建设工作会议上强调，要加强和完善党对国有企业的领导，推动国有企业深化改革、提高经营管理水平，加强国有资产监管，坚定不移地把国有企业做强做优做大。18日，李克强在振兴东北地区等老工业基地推进会议上强调，要加快转型升级，出台深化东北地区国有企业改革专项工作方案，支持部分央企开展混合所有制改革试点。

11月16日，国务院在《关于深入推进实施新一轮东北振兴战略加快推动东北地区经济企稳向好若干重要举措的意见》第二条"全面深化国有企业改革"中指出，"2016年底前出台深化东北地区国有企业改革专项工作方案。推动驻东北地区的中央企业开展国有资本投资运营公司试点，选择部分中央企业开展综合改革试点，支持部分中央企业开展混合所有制改革试点，引导中央企业加大与地方合作力度。在东三省各选择10～20家地方国有企业开展首批混合所有制改革试点。组建若干省级国有资本投资运营公司，研究推动若干重大企业联合重组。有序转让部分地方国有企业股权，所得收入用于支付必需的改革成本、弥补社保基金缺口。加快解决历史遗留问题，2017年底前推动厂办大集体改革取得实质性进展，2018年底前基本完成国有企业职工家属区'三供一业'分离移交工作。"

2017年5月，《国务院办公厅关于进一步完善国有企业法人治理结构的指导意见》指出，要从国有企业实际情况出发，以建立健全产权清晰、权责明确、政企分开、管理科学的现代企业制度为方向，积极适应国有企业改革的新形势新要求，坚持党的领导、加强党的建设、完善体制机制，依法规范权责，根据功能分类，把握重点，进一步健全各司其职、各负其责、协调运转、有效制衡的国有企业法人治理结构。

国企改革对于东北具有特别重要的意义：一是经济新常态下面临经济下行的压力，特别是东北近年来经济增速垫底、国企盈利能力、发展能力整体不容乐观，客观上需要通过国企改革来释放经济活力、推动经济企稳向好；二是东北作为老工业基地，国企改革成功具有重要的示范效应，不但对于东北地区，而且对于全国老工业地区国企改革都具有十分重要的参考价值；三是经济结构转型升级的需要，只有通过改革，才能大力吸引民资外资、进一步完善公司治理结构、提升企业技术效率与制度效率，淘汰过剩产能、推动经济结构转型升级，为区域经济发展奠定坚实基础。

二、国内国企改革典型模式总结

（一）上海模式：分类改革、激励容错

1. 分类改革与分类考核

《中共中央、国务院关于深化国有企业改革的指导意见》指出，要划分国有企业不同类别，分类推进国有企业改革。在此轮改革中，上海在推进国有企业分类、分类监管、分类改革方面形成自己的特色，成为国内改革重要参考。此前上海市国资委内部将国企分为商业类和公益类两类，其中将商业类又分为商业一类和商业二类（类似功能类），总体存在分类"太粗"的问题。上海国有资本运营研究院早在2013年就进行了国有企业分类方面的研究，2014年出版了《国有企业分类与分类监管》一书，就分类的理论依据、分类监管的角色定位、分类治理、分类考核等方面进行了较深入细致的研究。

上海本轮国企改革中，将国有企业按其市场属性，兼顾股权结构、产业特征、人员和发展阶段,以及资产、营收、利润和占企业总值的比例等因素,分为竞争、功能和公共服务三类。其中,竞争类企业是上海地方国有企业的主体,在目标导向上,以效益最大化为重点,以公众公司为主要实现形式发展混合所有制经济。预计"十三五"期末,上海整体上市企业将占竞争类企业总量50%以上。监管目标主要是企业经济效益。功能类企业,则以完成战略任务或重大专项任务为重点。监管方面,通过引入政府主管部门评价机制,重点考核功能作用、运营能力。对于公共服务类企业而言,侧重以确保城市正常运营,实现社会效益为重点。日常监管上,引入政府主管部门和社会第三方评价机制,重点考核服务水平、成本控制、持续能力。企业分类可动态调整,对竞争类企业要求调整为功能类或公共服务类严格把关,对功能类和公共服务类企业要求调整为竞争类积极支持。

2. 创新转型专项评价的激励容错机制

制定了《市管国有企业法定代表人创新转型专项评价实施方案》,在任期契约化管理基础上,加大科技创新指标权重,竞争类为30%~35%,转制科研院所为50%。深化"三个视同一个单列"政策:对研发投入、创新转型、跨国经营费用视同考核利润,对尚未实现回报的境外投资在考核中予以单列。"上海国资国企改革20条"明确鼓励创新、宽容失败的"容错机制":改革创新项目因客观因素未实现预期目标,在考核评价和经济责任审核时不作负面评价。

3. 管资本:建立集中型国资流动平台

建立上海国盛集团和国际集团两大国资流动平台,形成市国资委负责资本监管、平台公司负责基本运作、企业集团负责日常经营的国资监管格局。通过平台运作推动国有股权结构的优化,变现资金主要用于保障民生和基建。两大平台各有分工,国盛集团以产业股权为主,国际集团则包括产业股权和金融股权。国盛集团已完成上汽、光明等国企的股权划转工作,国际集团也已经完成锦江航运与上港集团的战略重组，初步实现了在更大范围、更高层面统筹资源和盘活存量的目标。此外，成立了信达国鑫国企混合所有制改革（上海）促进基金，该基金将协助国有上市公司建立并购基金，配合杠杆融资收购标的企业控股权。

4. 调整优化国资布局结构

聚焦产业链、价值链，加强横向联动与纵向整合。国资优化布局方面，将国资委系统80%以上的国资集中在"战略新兴产业、先进制造业与现代服务业，基础设施与民生保障等关键领域和优势产业"。同时，企业集团控制管理层级，加强对三级及以下企业管控。

（二）山东模式：去行政化与划转国资

1. 去行政化与职业经理人改革

高管聘任实行聘任制、任期制和经营目标责任制，逐步实行契约化管理。严格任期管理和目标考核，建立经营管理人员能上能下、能进能出的机制。积极培育和利用职业经理人市场，建立职业经理人人才库。

具体操作方面，山东模式的特色在于：身份变化，契约化管理。2015年6月，山东启动以"市场化选聘、契约化管理"为核心的国企经理层管理改革。按照新规，山东省管国有资本投资运营公司经理层人员由董事会按程序聘任，实行契约化管理，不再纳入省委管理。原则上要求未满57周岁的企业经理层人员应选择契约化管理；如果不选择契约化，将退出企业经理层。省管企业任职的经理层人员，山东省委组织部逐一听取了他们的选择意见。首批27名经理层人员中，未满57周岁的有21人，全部选择契约化管理。他们一般不在董事会、党委常委会担任职务，选聘、考核、薪酬分配权均由董事会行使。

2. 划转国有资本充实社保基金

2015年3月，山东出台方案明确划转省属国企30%的国有资本（包括国有控股参股企业中的国有资本）充实省社会保障基金。划转企业包括省属471户国有企业，其中省管企业18户，部门管理企业453户。"方案"要求划转步骤按照一次划转、分步到位、逐户完善的原则操作实施。该项改革属全国首创之举。

具体的划转步骤分为三步：第一，将划转范围内的国有资本一次性转由省社保基金理事会持有。第二，分步办理划转相关手续，首先对已按照《公司法》设立的省属企业，由省国资委等单位依据经中介机构审计的年度财务报表，向省政府提出申请并按批复办理划转手续。其次，省国资委会同省直有关部门、单位加快推进全民所有制企业完成公司制改建，并及时将30%的国有资本划转省社保基金理事会。第三，逐户完善相关手续。按照成熟一户、完善一户的要求，对完成划转的企业，省国资委、省社保基金理事会及相关部门研究修订划转企业公司章程，建立完善的法人治理结构，办理国有资产产权和工商变更登记。

这里也介绍一下辽宁、上海的做法：2016年3月，辽宁省国资委完成了本钢集团、华晨集团等9户省属企业向辽宁省社会保障基金理事会划转20%国有股权的工作。8月，省政府发布股权转让公告，吸引战略投资，出售辽宁省社会保障基金理事会持有其中9家国企的股权。上海方面，将进一步扩大国有资本经营预算收益收缴范围，并将市本级国有资本经营预算不低于当年预算收入19%的部分用于充实社会保险基金。另外，上海计划将逐步提高国有资本收益上缴比例，到2020年不低于30%。中央政策层面，2016年3月《政府工作报告》首次明确提出要制定划转部分国有资本充实社保基金的办法。日前，由财政部牵头拟定了《划转部分国有资本充实社保基金实施方案》文件初稿，并征求过国资委、人社部、社保基金理事会、证监会等部门的意见，下一步将在全国推行。

(三)广东:优化布局与搭建国企民企对接平台

1. 优化布局,集中资本提升国际竞争力

广东国资加快调整重组,商贸、旅游两大板块重组效果初现,商贸控股集团以近 30 亿元价格向战略投资者出让其所属广弘公司49%的股权,化解了广弘公司的债务危机。

发展新业态方面,广晟、粤海控股等打造产融融合模式;粤电、水电等发展新能源产业。国资主要集中在基础性、公共性、平台性、资源性、引领性等关键领域和优势产业,形成 30 家左右营业收入超千亿元或资产超千亿元、具有国际竞争力的国有控股混合所有制企业。

2. 搭建国企民企对接平台

广东搭建了国有资本与社会资本对接的平台,建立了常态化对接机制。除承担国家政策性职能、特许专营等极少数国有企业外,其他国有企业均可实施资本混合,国有资本持股比例不设下限,混合所有制企业户数比重计划到 2017 年超过 60%,到 2020 年超过 80%,二级及以下竞争性国有企业基本成为混合所有制企业。

3. 投资、运营两类公司试点改革

将 2007 年成立的广东恒健投资控股有限公司改组为国有资本运营公司、2000 年成立的粤海控股集团改组为国有资本投资公司。恒健公司侧重于国资全局性的资本运营,开展股权运营、资本运作,追求资本回报和资本价值最大化。粤海控股集团侧重于自身优势产业的投资运营,产业经营与资本经营并重。

4. 激励机制细化

制定了《广东省省属企业薪酬管理办法》,积极探索期股期权、增量奖股、分红权等中长期激励机制,同时注重完善约束机制。

省国资委出台了《关于落实"三个区分"原则激发省属企业改革创新活力的意见》,明确适用"三个区分"的四大方面 17

种情形和不适用"三个区分"的10种情形，激发活力，让企业领导人员推进改革创新有规可依。"三个区分"原则："把因缺乏经验先行先试出现的失误与明知故犯行为区分开来、把国家尚无明确规定时的探索性试验与国家明令禁止后的有规不依行为区分开来、把为推动改革的无意过失与为谋取私利的故意行为区分开来"。"四大方面"：在引进非国有资本积极发展混合所有制经济方面，在推动国有资产优化配置方面，在加快建立现代企业制度方面，在敢于担当积极解决"老、大、难"问题方面。

（四）重庆模式：供给侧结构性改革

1. 做"减法"推动企业瘦身健体

2016年重庆市计划分类处置僵尸、空壳企业211户，已完成处置29户，关停履行注销程序19户，进入司法破产程序9户。重点清理了重钢、能源集团等6户企业闲置存量土地3.9万亩。重点推动重钢集团、能源集团2户企业的钢铁、煤炭产能化解。

一是加快企业重组整合。重组整合市属国有房地产企业，除地产集团所属的康田公司、城投集团所属的渝开发公司、建工集团所属的房地产公司保留外，其余房地产企业原则上退出，不再新投资国有房地产企业，控制房地产新项目投资。二是降低企业杠杆率。通过推进混合所有制改革、力争建工股份等上市、企业定向增发等途径，降低企业杠杆率。通过降低水电等价格费用、资金集中管理、利用物联网等技术降低物流成本、分流减员、落实税费优惠及"营改增"等政策，促进降本增效。精兵简政，压缩管理层级，将市属国有企业管理层级原则控制在3个层级以内。三是推动企业"走出去"。着力推动国企对接"一带一路"建设，开展国际产能合作，推进化工、轨交、垃圾焚烧发电等企业"走出去"。

2. 做"加法"推动企业提质增效

一是通过改革试点以点带面。在商社集团等开展混合所有制改革试点；在渝富集团等开展投资运营公司试点；在城投等二级公司开展落实董事会重大事项决策权、选人用人权、考核分配权三项职权试点；在化医集团开展"内部＋外部专职、兼职董事"建设试点；在重庆银行等开展市场化选聘、专业化经营管理人员试点；在四联集团等二、三级公司开展薪酬差异化试点；在重钢等开展员工持股、中长期激励试点。二是创新驱动。加快培育战略性新兴产业、改造提升传统优势产业，做实一批国有股权投资基金撬动社会资本进入新产业和新业态，积极筹建院士专家科研工作站、建设创新平台。三是探索改组组建国资运营公司，搭建资本市场、基金、金融资产收购处置工具，探索"有投资不控股、有股权不并表、有资产不负债"的资本管控新模式。四是推进国企参与基础设施 PPP 项目，化解政府债务、增强社会资本参与信心。

3. 打造改革稳定器

组建渝康公司，重点发挥重组功能，处置不良资产。严控各类风险，确保企业健康运行。简政放权，提高国资监管效率。从严治党，夯实企业党建基础。

三、推动国企国资改革的对策

（一）推动国有资产管理体制改革

一是推进国资委职能转变。关键在于由管人管事管资产向以管资本为主转变，进一步清理、下放一批审批核准备案事项，明确国资委权力清单。将国资委行使的投资计划、部分产权管理和重大事项决策等出资人权利，授权国有资本投资、运营公司和其他直接监管的企业行使；将依法应由企业自主经营决策的事项归位于企业；原则上只监管一级企业层级；将其他公共管理职能逐步归位于相关政府部门和单位。重点管好国有资本布局、规范资本运作、提高资本回报、维护资本安全，更好地服务于国家战略目标，实现保值增值。

二是推进经营性国有资产统一监管。可参考山东做法，根据国有资本布局结构调整方向，结合各地实际，在摸底调查登记基础上，按照"分层分类、有序划转，因企制宜、分类监管"的原则实施统一监管。对资产规模较大、资产质量较好的企业，以其为主体重组整合其他企业。对具有一定资产和经营能力的企业，按照产业相近、业务相关、优势互补的原则，国有产权划入一级企业。对于监狱、高校所属企业，承担教学实训等任务，且资产少、分布广，暂不实施产权划转，仍维持现行管理体制。对严重资不抵债、停业停产、不具备正常经营条件的企业，产权不再划转，由原主管部门另行提出清理、注销、关闭的意见报政府研究确定。统一监管过程中，妥善安排职工劳动合同关系，分步骤由财政等部门办理资产划转手续。

三是改组组建国有资本运营、投资公司。主要通过划拨现有商业类国有企业的国有股权，以及国有资本经营预算注资组建；或选择具备一定条件的国有独资企业集团改组设立。国资委按照"一企一策"原则，明确对国有资本投资、运营公司授权的内容、范围和方式，依法落实国有资本投资、运营公司董事会职权。将新投资、民生基建及金融股权集中到国有资本投资公司，以利于进一步大力推进产融结合。逐步将其他产业类股权集中到国有资本运营公司。探索形成国资委—平台公司——般企业三级监管，及国资委—企业集团二级监管的国资监管格局。

四是规范资本运作，防止国有资产流失。要把精简监管事项同完善法人治理结构结合起来。健全国企财务预决算、运营状况监测分析等基础管理制度；加强清产核资、资产评估、产权流转和上市公司国有股权管理等事项的管理；加强国有资本投资运营平台建设，探索投资融资、股权运作、资本整合、价值管理的市场化运作机制与方式。同时，根据中央深改组第三十次会议通过的《关于深化国有企业和国有资本审计监督的若干意见》，健全完善相关审计制度，让制度管企业、管干部、管资本。国企国资走到哪里，审计监督就要跟进到哪里，不能留死角。加强和改进党对国企的领导，完善企业内部监督体系，坚持出资人管理与监督的有机统一，整合各方监督力量，建立监督工作会商机制，提升监督效能。

（二）大力推进股权多元化

国企效益的影响因素是多方面的：政企关系仍未理顺、企业市场主体地位未能完全确立、激励约束机制不健全、内部管理水平有待提高、历史包袱沉重等。但究其根本原因，在于国有股一股独大，导致法人治理结构难以健全、政企关系难以理顺、政府难以对企业轻易放权、企业难以成为真正的市场主体。上述困局之突破，除大力推进股权多元化外别无他途。

一是要在分类基础上推进股权多元化。参考上海市的做法，将国企分为竞争类、功能类和公益类三类。下一步，应进一步明确市属企业具体归类，特别注意不应将竞争类企业划分为功能类，从而扩大功能类企业比率。上海市明确竞争类企业是主体，企业户数占72%、资产总额占89%、从业人员占86%；并且强调在日后动态调整中，对功能类和公共服务类企业要求调整为竞争类积极支持，对竞争类企业要求调整为功能类或公共服务类严格把关。

二是划转部分国有股权充实市社保基金的可能性。可参考山东的做法，将国资部分股权划转社保基金理事会，从而至少形成两个大股东，再加上积极引进战略投资者，有利于更好地发挥股东间的制衡作用，健全法人治理结构。

三是加强国有股权与社会资本对接工作。可参考广东的做法，搭建国有资本与社会资本对接的平台，完善常态化对接机制，开展不同所有制企业间资本对接试点。除承担国家政策性职能、特许专营等极少数国有企业外，其他国有企业均可实施资本混合，国有资本持股比例不设下限，二级及以下竞争性国有企业基本成为混合所有制企业。在引进战略投资者过程中，应特别注重引进有丰富行业资源和运营经验的专业型投资者加入，以提升混合所有制企业运营能力。

四是探索员工持股新模式。美国500强企业中，九成实行员工持股计划，比未实行的企业劳动生产率高1/3，利润高50%，员工收入高25%~60%。应在国企试点基础上，及时总结成功经验，重点实施管理层和骨干员工持股计划。可参考"物产中大"混改经验，形成由法人股东、职工持股会、自然人、社会法人股出资组建的投资主体多元化的现代企业制度公司。其中职工持股会包括经营层、技术骨干和其他职工，在普通股中占较大份额，这样非常有利于吸引自然人、社会法人股东进入投资。特别是对于软件等高科技行业的核心研发团队，应大力推进核心团队持股模式。对于引进高科技产品，可以以专利、科技产品等作价方式入股，以吸引研发团队加入。福建省电子信息集团引进IBM Informix数据库国际研发团队，组建福建星瑞格软件有限公司。研发核心团队以三个数据库软件产品的相关权利及从业经验，作价后持股49%，以激励员工，实现公司8年内挑战全国市场30%份额、占领中国数据库市场龙头位置的目标。

五是推进国有资产证券化。把国有企业上市作为发展混合所有制经济的重要途径，推进有条件的集团公司整体上市。另外，在公共服务领域适当推进PPP模式。近日，为进一步贯彻落实党中央、国务院工作部署，财政部印发了《关于在公共服务领域深入推进政府和社会资本合作工作的通知》，明确将进一步加大PPP模式推广应用力度和财政扶持力度，提出在垃圾处理、污水处理等领域新建项目要强制应用PPP模式。应在完善项目库、健全项目程序和实施细则基础上，用足用好相关政策，大力推进PPP模式。

（三）健全法人治理结构

一是推行高管契约化管理。以聘任制、任期制和经营目标责任制为主要内容，逐步对企业经营管理人员实行契约化管理。除个别企业外，经理层人员由董事会按程序聘任，实行契约化管理，不再纳入各级党委或国资委管理。条件成熟的企业，可探索授权董事会按市场化方式选聘1~2名职业经理人担任高管副职，设定过渡期，逐步过渡到全部经理人由市场化方式选聘，薪酬按照市场化方式确定，严格目标责任制，真正做到能进能出、能上能下。

二是加强企业领导人员分类管理。可参考上海的做法，竞争类企业积极推进以外部董事占多数的董事会建设，强化董事会专门委员会功能，董事长为法定代表人，原则上兼任党委书记，与总经理分设。在功能类和公共服务类企业中，国有多元投资企业原则上董事长为法定代表人，经法定程序，兼任总经理，与党委书记分设；国有独资企业设一名执行董事任法定代表人兼总经理，与党委书记分设。履行出资人职责的机构（国资委）委派或推荐监事会主席和外派监事，与企业内部监事组成监事会。对于功能类和公共服务类企业，将外派财务总监。

三是加强企业领导人员分类考核。根据不同类型国企，细化考核项目内容：竞争类企业重点考核企业经济效益，将负责人薪酬、奖励与业绩挂钩，并采用期股期权等激励。公共服务类企业侧重以确保城市正常运营，实现社会效益为重点，合理确定企业运营目标，负责人薪酬、奖励与目标完成情况挂钩。功能类企业重点考核功能作用、运营能力，负责人薪酬、奖励参考上述两类企业确定，形成有效激励。

四是落实董事会职权，减少行政审批、下放权力。在完善董事会、监事会结构，建立规范的现代企业治理制度基础上，赋予企业更多自主权，实现"管好国有资本，放活所投资企业"的目标。争取外部董事占40%~50%以上，加大专门委员会的权限和工作半径。可参考国家开发投资公司的做法，将国企分为充分授权、部分授权、优化管理三类。对公司经营业绩良好、外部监管到位、内部管理相对规范的企业，列入充分授权行列：将《公司法》规定的各项权利，除体现股东权利及职责、有外部监管要求和需要加强的事项外，将人力资源管理、薪酬激励、部分融资管理等应由企业自主经营决策的事项归于企业；将投资、部分产权管理和重大事项决策等部分出资人权利，授权企业董事会行使。对于部分授权企业，重在推动其建立独立市场主体地位，提升内部管理水平；对于第三类企业，重在明确发展定位方向，调整结构、加强管理、提升竞争力。授权内容有放有收：对股东法定权利、企业社会责任即有明确监管要求的，保留审批权；出于加强战略及财务管控需求，对于公司章程管理、基本制度建设、直接融资、资金集中等事项，强化审核，加强监管。

五是深化企业内部三项制度改革。加快推进垄断行业的市场化改革，进一步厘清企业的非市场业务，完善经营市场化。加强劳动合同管理，在尊重历史的基础上，采取多种形式进行不同身份的价值补偿，逐步消灭职工身份差异，推进企业内部管理市场化。多途径推进一级企业股权多元化改革，推行国有企业治理的商业化机制，建立更加市场化的企业领导人管理体制，实现国企管理体制市场化。促进国有企业成为完全的市场主体，使劳动用工、人事和分配等三项制度改革真正落到实处。

（四）积极推进供给侧结构性改革

1. 做"减法"推动企业瘦身健体

一是积极推动企业兼并重组、债务重组甚至破产清算等方式，对产业链较长、长期亏损且不符合能耗、环保、质量、安全等标准的产能过剩行业"僵尸企业"进行处置。二是结合各地实际，通过合理配置土地资源、培育住房租赁市场、鼓励农民进城购房置业、打通货币化去库存转换通道、完善交通和公共服务设施、降低居民购房成本、优化房屋供应结构开展去库存工作，促进房地产企业健康发展。三是降低企业杠杆率。通过推进混合所有制改革、企业上市、企业定向增发等途径，降低企业杠杆率。四是推动企业"走出去"。着力推动国企对接"一带一路"建设，开展国际产能合作，推进企业开拓国际市场，增加对外投资、对外承包工程项目数量，稳步推进全球化经营性布局。

2. 做"加法"推动企业提质增效

一是积极推进"互联网+"和"中国制造2025"战略实施，加快推动工业化、信息化深度融合。落实"互联网"行动计划，推进重点企业智能化升级。强化装备制造业上下游配套合作，鼓励骨干企业加快向产品成套化发展、向产业链高端延伸、向服务化转型。二是大力实施创新驱动战略，发挥大众创业、万众创新和"互联网+"集众智汇众力的乘数效应。打造众创、众包、众扶、众筹平台，构建大中小企业、高校、科研机构、创客多方协同的新型创业创新机制。建设"双创"示范基地，培育创业服务业，发展创业投资。国有企业要形成推动新技术、新产业、新业态加快成长的氛围。以体制机制创新促进分享经济发展，建设共享平台，做大高技术产业、现代服务业等新兴产业集群，打造动力强劲的新引擎。运用信息网络等现代技术，推动生产、管理和营销模式变革，重塑产业链、供应链、价值链。三是推进国企参与基础设施PPP项目，化解政府债务、增强社会资本参与信心。应积极参与PPP模式中的股权合作，设立国有资本投资基金，通过国有产权交易平台，加强PPP项目资本的流动性，推动混合所有制企业的发展。

3. 着力降低国有企业成本

按照2016年8月国务院《降低实体经济企业成本工作方案》要求，一是通过落实好研发费用加计扣除政策，清理规范涉企收费等途径，合理降低税费负担。二是争取水电等价格费用政策、合理降低工商业用电和工业用气价格，降低能源成本。三是研究降低社保缴费比例，完善住房公积金制度、规范和阶段性适当降低企业住房公积金缴存比例，完善最低工资调整机制，合理降低企业人工成本。四是简政放权、放管结合、优化服务，进一步改善营商环境，为企业生产经营创造便利条件，降低制度性交易成本。五是改善物流业发展环境，大力发展运输新业态，利用物联网等技术降低物流成本。六是引导企业内部挖潜，引导企业管理创新和精益生产，加强资金集中管理，加强企业目标成本管理和成本考核，精兵简政，压缩管理层级，将市属国有企业管理层级原则控制在3个层级以内，并充分利用信息技术手段降低企业管理成本。

4. 扩大供给侧改革试点工作

在改革等试点基础上，进一步选择企业扩大试点范围，重点开展混合所有制改革、投资运营公司、落实董事会三项职权、内外部专兼职董事、市场化选聘专业化经营管理人员、薪酬差异化、员工持股、中长期激励等试点工作，为进一步扩大改革成果奠定基础。

（五）优化国资布局

一是调整优化国资布局结构。核心在于退出一般竞争性、技术落后、不符合各地功能定位、缺乏竞争优势且长期亏损的企业，调整国有资本布局，逐步将80%以上的国资集中在战略性新兴产业、先进制造业与现代服务业、基础设施与民生保障等关键领域和优势产业，形成数家有效运营、市场竞争力强的重点企业。可参考上海的做法，聚焦产业链、价值链，加强横向联动与纵向整合。尤其对效益不佳的房地产、商业流通等一般竞争性企业要重点研究退出实施方案，争取稳步退出，以免后期形成新的僵尸企业。参考广东的做法，重点打造营业收入超千亿元或资产超千亿元、具有国际竞争力的国有控股混合所有制企业，真正发挥国有资本的战略性、基础性、公共性作用。二是培育壮大战略性新兴产业。重点发展机器人及智能制造、高档数控机床、高端装备制造、航空、高铁、新一代信息技术、卫星应用、生物医药、新材料、新能源节能环保等产业，国企要在战略性新兴产业中起到基础创新、科技应用的核心和引领作用。三是加快发展现代服务业。着手推动生产性服务业向专业化和价值链高端延伸、生活性服务业向精细化和高品质发展。加快发展总部经济、金融服务、现代物流、科技服务、新兴信息技术服务、电子商务、文化创意和设计服务等生产性服务业；以及商贸、健康、养老、家庭、文化、旅游、体育和教育培训等生活性服务业。

（六）完善改革创新的激励机制与容错机制

一是完善中长期激励机制。制定薪酬管理办法，积极探索期股期权、增量奖股、分红权等中长期激励机制，同时注重完善约束机制。可参考广东省"三个区分"原则做法，细化、规范改革创新决策考核条款，激发改革创新活力。二是完善创新转型专项评价机制。可参考上海相关做法，制定法定代表人创新转型专项评价实施方案，加大科技创新指标权重。可参考"三个视同一个单列"政策，对研发投入、创新转型、跨国经营费用视同考核利润，对尚未实现回报的境外投资在考核中予以单列。三是完善创新转型改革容错机制。明确鼓励创新、宽容失败的"容错机制"：改革创新项目因客观因素未实现预期目标，在考核评价和经济责任审核时不作负面评价。四是加快国企薪酬制度改革。鼓励企业通过核心人员持股、项目分红等方式吸引和留住高端人才。可借鉴招商局集团的激励机制，如设立员工期权池、建立跟投机制和双倍跟投效益激励机制；借鉴浙江物产中大集团的经验，核心人员持股结构动态调整，推行基金或有限合伙企业模式，探索设立"深化混合所有制改革基金""持股中心"和员工持股"下翻上"机制，形成合力的激励与约束机制。

（七）解决历史遗留问题

一是详细分类，分步推进。各地应在摸底调查基础上，进一步对企业债务进行详细分类，分清内债与外债，并且根据轻重缓急、短期长期等特征，制定出具体工作计划与步骤，安排好进度与时间表。二是充分利用和积极争取相关政策，各地财政要统筹规划，每年安排一定预算解决上述问题。落实国务院《加快国有企业办社会职能和解决历史遗留问题工作方案》相关政策，各地应设立国企改革专项资金，对企业处理遗留问题的成本，可视同企业利润考核，国有上市公司应加大利润上缴比例支持母公司处理遗留问题。三是利用国有资本运营公司的资本流动平台弥补改革成本缺口。通过资产变现、引进战略投资者获取相关资金，平稳有序退出一般竞争性产业，以免日后形成新的历史遗留问题。研究国企退出后土地盘活、资产重组、职工分流安置、社会保险接续等配套政策措施，为经济长期、可持续发展奠定基础。四是利用国有资本收益充实社保基金，为解决历史遗留问题创造条件。日前，由财政部牵头拟定了《划转部分国有资本充实社保基金实施方案》，下一步将在全国推行。可参考上海的做法，逐步提高国有资本收益上缴比例，为改革筹措资金。

第二节　推动民企与国企融合发展

当前，我国经济正处于增长速度由高速转为中高速换挡期、结构调整阵痛期、前期刺激政策消化期三期叠加阶段。如果说，前三十年国企与民企齐头并进推动了中国经济快速发展的话，那么，在三期叠加新阶段，国企与民企融合发展将成为经济发展的新动力。这既是保持经济调控定力、维持经济在合理区间运行、推动创新驱动、提高经济发展效益与质量的必由之路，也是全面深化经济体制改革，破除各种体制机制障碍的重要落脚点和基本途径。随着市场经济体制的不断完善，民企与竞争性国企的融合发展顺理成章，而民企与垄断性国企的融合发展逐步成为所有制关系的主要议题。

一、民营企业与国有垄断企业融合发展的具体途径

（一）建立混合所有制企业

国有资本、集体资本、非公有资本等交叉持股、相互融合的混合所有制经济，是基本经济制度的重要实现形式，有利于国有资本放大功能、保值增值、提高竞争力，有利于各种所有制资本取长补短、相互促进、共同发展，也有利于国有资本与社会主义市场经济体制的兼容。具体而言，民企主要可以通过购买垄断国企的部分垄断性业务（或资产），以及参与资本市场融资两种途径与垄断国企建立混合所有制企业，后者又主要分为购买垄断企业上市股票、购买企业债券、认购产业投资基金和参与资产证券化（ABS项目融资）四种具体方式。

国有资产管理体制改革的方向是由"管人管事管资产"向以管资本为主转变，通过组建和支持有条件的国企改组形成国有资本运营或投资公司，通过资本运营或投资的方式间接实现国有资本保值增值及其他投资目的。这将为民企、民间资本参与垄断国企改革，形成混合所有制企业创造更加有利的条件，从而形成规范的公司治理结构，进而逐步实现经营者市场选择、各类经济资源配置市场化，合理确定分配比例，使各类资本平等地获得相应报酬，实现到2020年国有资本收益上缴公共财政比例达到30%的目标。

另外，基于垄断产业的特殊性，国有资本还可以通过"优先股"、"黄金股"的制度安排实现政府的特殊目的。对于垄断产业的竞争性业务部分，国有资本通过设置优先股，既可保障国有

资本保值增值，又可充分发挥混合所有制企业的激励功能，避免国有资本牵制市场决定性作用的发挥；同时在企业重大决策牵涉国有资本利益时，触发表决权阀门，国有资本运营者可启用投票表决权。而对于垄断性业务部分，政府可以通过设置"黄金股"来实现公共利益目标。"黄金股"又称为特别股、特权优先股或特权偿还股，是20世纪70年代末期英国政府进行垄断国企民营化改革时的一种股权创新。政府通过拥有"黄金股"，掌握混合所有制企业有关社会民生、发展战略等重大经营决策的一票否决权，从而能够确保社会利益和企业利益的和谐统一。

（二）公私合作伙伴关系（PPP）

按照美国PPP国家委员会的定义，PPP是一种公共部门和以盈利为目的的私人部门之间的合约安排，二者在资源共享、风险共担的基础上，共同提供公共基础设施或公共服务产品。通过组建PPP项目公司，有利于公共部门与私人部门发挥各自的专业知识优势，合理分配资源、风险和收益，以最大化地满足特定的公共需要。PPP是西方新公共管理理论与实践的核心内容，其基本理念认为，政府是公共服务的"提供者"而非"生产者"，政府要作"精明买主"，通过PPP吸引民间资本、民营企业进入公共服务生产领域，充分发挥市场机制作用，提高公共服务效率。

近年来，PPP项目方式也逐步引入国内，北京地铁4号线的建设及运营是其成功典范。该PPP项目公司由香港地铁公司（民营）和北京首都创业集团有限公司（国企）各出资49%，代表政府的京投公司出资2%共同组建。该项目共吸引社会投资46亿元，为政府分担了30%的投融资压力，仅政府去除对线路运营亏损的补贴一项就节省支出约18亿元。并且引入香港地铁公司参与管理极大地提高了城市轨道交通建设、运营的效率，优化了运营服务水平，引入了运营竞争机制，避免了以往越补越亏损、越补运营服务水平越低的现象①。

PPP参与新型城镇化中道路、交通、通信、水、电、气等基础设施和公共服务的建设与运营是重要改革方向。一方面，PPP通过吸引民间资本进入，会极大缓解新型城镇化所面临的资金紧缺问题，有利于破解推进城镇化与降低地方政府债务风险之间的矛盾；另一方面，PPP通过引进相关领域有经验的专业化民营企业参与建设与运营，能够有效提升企业经营管理水平、提高公共服务效率。此外，PPP参与新型城镇化建设，有利于充分发挥市场的决定性作用，避免政府和国有垄断企业在基础设施和公共服务生产中孤军奋战的状况。理论与实践证明，"政府入口、PPP项目融资、开发性金融孵化、市场化出口"的建设运营模式，是改造公共产业、实现民企与垄断国企融合发展的适宜方式，必将成为推动新型城镇化进程的重要动力源泉。

（三）民营企业独立进入垄断与竞争性业务部分

除混合所有制、PPP模式之外，民营企业还可以通过标尺竞争与特许投标两种方式，独立进入垄断产业的垄断性业务部分。所谓标尺竞争，就是政府规制机构根据生产成本条件相近的其他地区的价格、成本等状况作参照的标尺，来推定本地区的价格、成本状况，从而对本地区独立从事垄断性业务的民营企业或国有企业形成激励。由于生产成本条件相近地区的垄断企业相互参照、相互竞争，从而也被称作区际竞争，实际上是一种市场信息发现途径。而特许投标是在规定服务质量条款下，由多家具备条件的民企通过竞标方式获得政府关于垄断性业务生产的特许权，一般遵照出价高者获得的原则。

---

① 谢军蓉、鲁艳艳：《PPP模式在北京地铁4号线中的应用》，载于《财务与会计》2013年第1期，第16~19页。

对于垄断产业的竞争性业务部分，民营企业按照产业进入相关法律、程序，取得进入资格，可以独立从事竞争性业务的生产经营。行政管理体制改革方向是减少不必要的审批项目，在制定负面清单基础上，各市场主体依法平等进入清单之外的领域。民营企业独立进入垄断与竞争性业务部分，为产业内非国企培养公平竞争对手，与垄断国企、混合所有制国企相互竞合，构成融合发展的另一种形式。

（四）民企与垄断国企形成上下游产业链

垄断产业一般有网络产业与非网络产业、核心业务与非核心业务、高新技术与一般技术之分。目前，垄断国企资金、科技、人才等实力较强，并且出于国家安全、培育国际竞争力、发展战略产业等方面考虑，在融合发展中，国企应通过控股、黄金股等方式，控制垄断核心业务、掌握核心技术创新、培育企业核心竞争力；并且对于偏远地区、微利甚至负利润的普遍服务义务承担起责任，通过交叉补贴等途径予以实现利润平衡。民营企业在通过混合所有制、PPP等方式参与垄断上游产品供给之外，主要通过进入非网络产业等下游部分，为上游提供低资产专用性的配套产品，形成上下游产业链条，进而拓展自身发展空间。

二、民营企业与国有垄断企业融合发展的制度支持

（一）合理规划、分类融合

按照所从事行业的经济性质、功能不同，所有国有企业可以分为公益型、竞争型和中间型三类。公益型包括城市交通、水、电、气等市政自然垄断类以及医院、学校、基础性科研单位等企业；中间型包括石油、石化、电信、烟草、铁路、邮政等非市政自然垄断类企业，与公益型企业不以营利为主要目的相区别，中间型企业在政府的价格、进入等经济性规制和质量、安全等社会

性规制之下，可以通过提升企业效率而获得更高利润；此外即是竞争型企业。就民企与国企融合发展而言，竞争型企业完全可以通过市场竞合、交叉持股、重组、兼并等方式形成动态混合所有制形式实现融合。而目前大多数公益型市政公用事业和中间型自然垄断企业为国有垄断，民企如何与这部分垄断国企融合是关键所在。

垄断产业的竞争性环节，如电力产业的发电、水务的水厂、电信一般增值业务等，应切实破除民企进入障碍、通过建设—运营—移交（BOT）、转让—运营—移交（TOT）等适宜形式，鼓励民企参与生产经营。垄断产业的垄断性环节，可通过PPP、"黄金股"安排、特许投标、BOT、TOT等多种方式，鼓励民企参股或独家经营。总的原则是，通过民企与垄断国企的融合，发挥市场的主导作用、增强产业的竞争性，从而提升市政服务和非市政自然垄断产业的效率。

需要指出的是，按照以上分析，国有金融企业应该属于竞争型，因而应在完善监管制度、加强监管的基础上，扩大金融对内对外开放，允许符合条件的民间资本进入金融行业。此外，在实际推进融合时，更应加强对具体产业技术经济属性的剖析，避免"一刀切"和简单套用。

（二）放松规制与强化规制

基于垄断产业的特殊性，理论与国内外实践都表明，民企与垄断国企融合发展需要放松规制与强化规制相结合。应在减少行政审批、降低民间资本进入门槛的同时，强化对企业的环境、健康、安全以及融合程序合法性等方面的监管。以城市水务为例，澳门市政部门在自来水特许经营项目启动之前做足了"功课"，对项目必要性和可行性进行反复论证，慎重选择了一个经验丰富的经营者并与之建立长期合作伙伴关系，被奉为垄断产业引入民间资本的典范①。而国内个别水务项目，由于事前论证不周、仓促决策，运营期间规制不到位，中途导致各种纠纷，结果有的只能通过重新国有化来收拾烂摊子。这种情况也出现在山西煤矿民营化乱象、湖北十堰公交民营化失败等诸多案例中。实践证明，在民企与垄断国企融合发展中，相关制度安排是否健全、政府承诺是否可信、规制是否合理、到位，对企业利益与用户利益间权衡是否周全，防控风险的能力是否具备，是融合发展成败的关键。

（三）完善竞争、价格、产权交易等制度体系

对于垄断产业的制度安排，国有化与对私有企业进行规制是两种替代性选择。国有化的理论前提认为，国有企业作为全民所有的经济组织形式，代表全民包括垄断服务用户的利益，即使存在垄断利润，也会通过再分配等途径，最终返还给全民。但在实践中，由于存在所有者虚置、竞争缺乏、政府规制偏向甚至企业与规则者合谋等缺陷，普遍存在资源利用不公平、内部效率较低、垄断利益集团坐大、服务质低价高等问题。民企与垄断国企融合发展，只是为解决上述问题提供了必要条件，而非充分条件。融合发展的最终成功，依赖于在垄断产业形成有效竞争的市场环境，建立科学的垄断产品定价机制，健全产权交易市场，完善混合所有制企业公司治理结构，提高企业运营水平，规范垄断产业收益分配、健全相关法律等制度体系等来实现。

（四）进一步完善社会主义市场经济体制

从根本上说，社会主义市场经济体制的进一步完善是民企与

---

① 章志远、朱志杰：《我国公用事业特许经营制度运作之评估与展望》，载于《行政法学研究》2011 年第 1 期，第 58~64 页。

垄断国企融合发展能否成功的长远的、最终的决定因素,政府与市场关系的合理安排是其核心内容。基于垄断产业的特殊性,上述问题也具有独特性。不同于国外售卖型为主的垄断产业改革方式,根据我国市场经济发展阶段、基本经济制度约束、法制及政府治理能力等具体条件,决定了我国垄断产业改革应遵循"平行协调式渐进改革"模式①,既注重改革的顶层设计作指引、又注重"摸着石头过河"取得及时经验作支撑,既要发挥市场的决定性作用、又要更好地发挥政府的积极作用。当前,应特别注重通过生产要素市场化改革,进一步破除所有制歧视,创造各类所有制企业公平竞争的市场环境。加强政府承诺、企业诚信体系建设,提高市场交易信任水平,降低融合发展的交易成本。完善相关法律制度,为融合发展提供健全的法制保障②。

第三节 加快央地融合发展

一、东三省央地融合背景

对比 2003~2015 年间东三省与苏浙粤三省地方国资占全国地方国资总额情况可知,东三省地方国有企业在地方经济发展中的作用不断降低,地方国企混合所有制改革取得了一定的成效(见表 6-1)。如今,东三省国企改革的主要对象不再是地方国企,而是隶属于国务院国资委监管的驻东北的中央企业。

---

① 和军:《自然垄断产业规制改革理论研究——新制度经济学视角》,经济科学出版社 2008 年版,第 215 页。
② 和军、刘洋:《积极推动民营企业与国有垄断企业融合发展的混合所有制经济》,载于《辽宁经济》2014 年第 10 期。

表6–1 各省国有企业资产总额占全国地方国企资产总额比重 单位：%

省份\年份	2003	2004	2005	2006	2007	2008	2009	2010	2011	2012	2013	2014	2015
辽宁	3.8	4.4	4.9	4.0	3.4	3.2	2.9	2.7	2.5	2.4	2.3	2.2	1.9
吉林	2.0	1.9	1.4	1.2	1.1	0.9	0.8	0.7	0.6	0.7	0.5	0.6	0.5
黑龙江	2.7	2.5	2.0	1.7	1.3	1.1	1.0	0.9	0.9	0.8	1.5	1.4	1.2
江苏	5.7	5.3	5.4	5.8	6.1	6.6	6.9	7.4	7.1	9.5	9.7	10.0	9.8
浙江	4.5	5.5	6.4	6.3	6.1	6.1	6.2	6.1	6.0	5.7	5.7	5.7	5.6
广东	7.7	9.4	10.4	8.8	9.1	8.2	8.0	7.7	7.6	6.8	6.6	7.2	7.0

资料来源：中国财政部、中国国家税务总局网站数据汇总、整理而成。

2016年，驻辽宁的央企有1751户，其产值占辽宁工业产值的40%。驻吉林的央企主营业务收入占吉林省全部工业企业的90%，吉林的工业发展与地方国企基本无关。2003～2013年，央企在东北地区累计实现固定资产投资近2万亿元，巨量的投资迅速拉动了首轮东北振兴期东三省经济的高速增长。然而，面对新的国际和国内经济环境，东三省一直以来依靠投资拉动经济增长的模式所掩盖的体制性、机制性矛盾日益凸显。如今，央企对于东北经济发展而言，不能只是将其简单看作是投资刺激经济增长的重要来源，不能仅从"量"，更应从"质"的角度充分发挥央企对于东北经济发展的带动作用。2014年国务院印发的《关于近期支持东北振兴若干重大政策举措的意见》中，重点提到通过促进央企与地方经济融合发展，带动东北经济转型和社会发展。

所谓央地融合发展，既是指驻省央企与地方国有企业、民营企业的融合发展，也是指与地方政府的协同发展，与地方人民的共同发展，以实现多方共同繁荣。新一轮东北振兴，继续深化国企改革，首先应该深刻认识央地融合发展对实现新一轮东北振兴的必要性，全面剖析制约东北地区央地融合发展的体制机制障碍。在此基础上，创新体制机制实现央企与地方的深度融合发展。

二、东北地区央地融合发展必要性

（一）促进东北地区经济增长

在东三省的国有企业中，央企是绝对的主力军，对地方经济发展起着不可估量的作用。与其他地区相比，驻东北央企呈现数量多、块头大、投资多、领域广的特点。甚至，东三省的部分城市是"因产建城"、"因企建城"。大庆"打喷嚏"，黑龙江就"感冒"；一汽"打喷嚏"，吉林就"发烧"。因此，驻东北的存量央企的发展情况很大程度上决定了东北经济的发展状况。

中央企业每年新增投资对于地区经济增长更是具有立竿见影的拉动作用。由于其特殊的历史使命，央企所属行业主要集中在有社会服务性质的自然垄断行业，具有投资规模大、周期长的特点。吸引央企到地方投资不仅拉动经济的增长，更解决了地方就业问题。对于民营经济发展迅速的广东、江苏等东部省份来说，地方政府也在积极争取驻省央企的投资项目。据统计，驻省央企对各省历年投资数额排在前几位的都是东部省份。积极开展与驻省央企的项目合作，缓解东北经济增速下行压力，能够直接拉动东北地区经济增长。

（二）带动地方产业结构转型和升级

央企投资规模大，具有较强的带动和引导作用。当前，东北地区产业结构整体呈现"二三一"的产业格局，第二产业仍集中于产业链的低端环节，呈现产品附加值低且能耗大的粗放型发展特点。东北地区应结合自身发展优势和产业发展规划，以现有驻省央企为中心，围绕其上下游产业以及配套产业构建特色产业园区。同时，各地政府根据产业升级发展的需要，有目的的吸引驻省央企在该领域的投资，引导国内外投资流向，共同助推东北地区实现产业结构的转型和升级。

（三）构建创新体制

中央企业在多年的发展过程中，在人才、技术资源等方面积累了巨大的优势。在东北"央地融合"的发展过程中，很重要的一个方面就是发展中央企业在技术上的领先优势，依靠技术创新，实现科技力量和人才的结合，实现创新驱动东北振兴。

（四）参与地方建设

中央企业属于国有企业，其产权性质和特殊的历史定位，决定了它在实现经济效益的同时担负着实现社会效益的使命。新中国成立以来，央企在我国公路、铁路、管网通信等基础设施建设事业上发挥了不可磨灭的重要作用。东北地区内部经济发展存在较大异质性，部分地区基础设施建设仍比较落后，严重制约了当地经济发展和影响人民的基本生活。在新一轮东北振兴中，东北地区应加大与驻省央企合作，广泛开展PPP合作，积极推动东三省落后地区的基础设施建设。

（五）央地交叉持股，推动国企混改，激发企业活力

中央企业混合所有制改革是当前我国国企改革的深水区。推动驻省央企与东北地区企业交叉持股、互相融合，既能有效推动国企混改进程，建立现代企业制度，提升国企经营效率和改善经济业绩。同时，又能够放宽地方企业的市场准入领域，有效激发地方企业的经营活力，加快东北地区经济体制的市场化改革。改革开放以来，东北地区市场化的经济体制转型迟缓，计划经济的思维和制度安排根深蒂固，民营经济发展缓慢和市场活力较差成为新一轮东北危机最大的症结。推动央地交叉持股，降低竞争性领域进入障碍，推动市场化经济制度的建设，才能从根本上实现

东北振兴。

(六) 推动政府职能转型

为国企减负,转变政府职能,建设公共服务型政府是发展社会主义市场经济,提升经济活力的必然要求。与其他地区相比,东北地区政府职能转型缓慢,"大政府小市场"加大了东北地区经济交易的成本;而政府在公共服务领域的缺位,造成了社会矛盾的加剧,必然影响地区的经济发展。驻省央企与东北地区政府协同发展,有利于深化国企改革,解决国企历史遗留问题,提升企业经营绩效;有助于加快东北地区政府职能转型,建设"小政府大市场"的制度环境,激发东北地区市场经济活力。

三、东北地区央地融合发展的问题

目前,中央企业与东三省经济发展呈现加速融合态势,但中央企业与东北经济发展合作的过程中,在利益分配、管理体制、产业发展等体制机制设计上仍存在不可忽视的问题,这是制约东北地区央地融合发展的根本性障碍。

(一)"条块"化管理体制差异

在我国,中央企业由总部央企和驻各省央企组成,受国务院国资委管理。企业体系内部采取总部央企集中式、垂直式管理体制。地方经济是各地方政府以中央政府的总体战略为指导的自主决策体制。由于驻省央企和地方政府的管理决策体制隶属于不同的层级,制定的发展目标和规划的激励必然存在差异。从管理体制上看,驻省央企和地方经济发展的融合性和协同性较差。具体而言,在发展目标上,驻省央企没有直接的决策权,它的发展目标和战略规划由央企集团总部依据国资委的任务安排和全集团的整体情况进行制定,与地方经济发展目标的融合性较差。另一方面,由于决策机制的制约,在没有上级授权的情况下,地方政府和企业很难与驻省央企展开战略性合作。比如，辽宁省希望与葫芦岛中船重工合作，但层层审批的决策体制导致合作最终搁浅。

从资源配置的角度看，作为央企集团一部分的驻省央企，无论是在生产经营的供、产、销环节上，还是企业人、财、物的生产要素管理上，均由央企总部统一管理和决策。即使地方存在质优价廉的配套产品，驻省央企的原料采购和产品供销也必须服从总部规划，这种牺牲效率服务全局的制度安排，决定了央企对培育地方市场的动力不足。

在人才培养体制建设上更是如此，驻省央企的管理层受上级委派，通常在地方任职几年后，回到央企总部担任要职。这种晋升路径也决定了驻省央企的管理者很难从地方经济发展的角度对驻省央企进行较长远的发展规划，完全服从上级的决策安排就成了管理层最为稳妥理性的行为选择。

（二）产业发展融合差

在我国，中央企业普遍资本雄厚，经过多年的发展，不断向产业链上下游延伸，在各生产领域已经形成了较为完备的配套体系，缺乏与各地方配套生产经营的内在动力和市场需求。这决定了驻省央企对于地方产业发展带动性不足，难以助力地方产业结构调整和升级。

东三省的地区性企业也存在承接央企配套生产能力不足的问题。东北地区民营经济发展起步较晚，相关政策支持不足，民营企业无论是在资金基础、经营管理、产品生产还是技术吸收上能力均较差，这也阻碍了驻省央企对于东北地区产业结构升级带动作用的发挥。

（三）利益分配机制不合理

自2003年新的国资管理体制实施以来，关于中央企业在中央与地方、各省间利益分配的体制机制设计问题成为完善新国资体制和推动国资改革的核心问题。中央企业多隶属于国务院国资委管理,生产经营在各地区开展,对此涉及利益分配的主体较为复杂,概括而言包括以下几类:驻地中央企业、中央政府、企业驻地政府、企业驻地居民以及产品使用地居民(见图6–1)。

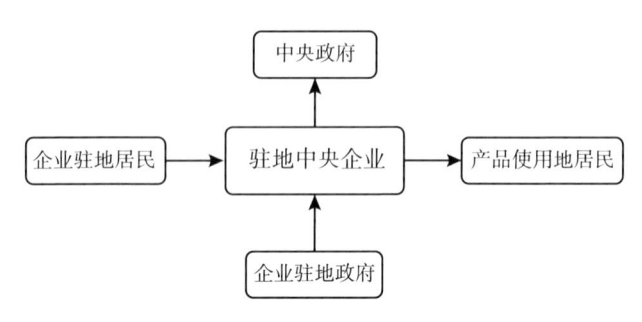

图6–1 驻省央企生产经营利益机制

从税费补偿机制来看,分税制明确划分了中央政府与地方政府财政来源,中央国资委管理的企业所得税是中央政府的财政收入,地方国资委管理的国有企业所得税归地方政府,地方政府享有其管理国有资产收益的权利。但按照企业利润不用上缴的思维惯性和上位法中对于暂停企业税后利润上缴的规定,目前,国企税后利润收缴以及中央与地方间资产收益划分仍不明确。对于涉及资源开采的企业,资源税是归属于地方政府的财政收入,虽然2016年7月1日起开始施行资源税改革,有效提升了资源税比率,但占全部税收比重小。这种税费补偿机制将政府财政收入上移,将本应该弥补地方生产资源的收入让渡给了中央政府。

从价格机制上看,中央企业属于大企业集团,作为统一生产经营核算的整体,集团内部生产经营指令不依赖于市场机制,非市场的生产安排导致利益分配的非公平化。在企业内部往往是压低初级产品价格,为进一步加工生产创造利润,这就造成了生产地利润向使用地利润的转移。除此之外,目前我国资源类初级产品主要依靠政府定价,资源品的开采和生产存在巨大的长期的隐性成本,比如资源耗竭和环境污染的成本,但资源品的产品定价未能弥补隐性成本。在东北的中央企业多集中于资源开采领域,一方面,加重了东北地区资源过度开发的困境;另一方面,环境的污染造成了社会治理成本的增加,不利于开展循环经济,不利于建设和谐宜居的社会生活环境。这也导致了东北地区的居民承担了更多的社会治理成本,将由此损失的利益流入了产品使用地的居民。从长远来看,不利于东北地区经济发展方式转变,走新型工业化道路。

(四) 特殊性政策的负外部性

中央企业主要涉及国家安全和国民经济命脉的行业,承担着提供部分社会公共服务的职能,同时大规模的雇佣量解决了地方就业的压力。因此中央企业驻各地生产经营时中央政府以及各地方政府均给予了很多优惠政策支持。比如对于石油天然气生产企业各种施工和临时用地和管道专用线,免征城镇土地使用税。这种非市场化的政策,使中央与地方企业间有失公平,不利于东北地区深化企业改革,形成市场配置资源的经济制度,不利于激发市场活力。

除此之外,中央企业多涉及军工航天等领域,出于国家安全和生产经营需要,需要地方政府给予特殊的政策支持,一定程度上影响了地方经济建设。比如,地处于沈阳市皇姑区的沈飞集团,由于飞机起飞降落的需要,对于集团周围建筑高度有一定要求,严重影响了皇姑区旧城改造、招商引资,同时沈飞集团的生产经营规模较大,占据了地方大量的生产资源,但税收收入大部分上缴中央,严重影响了地方政府财政收入。

无论是生产经营的客观要求还是给予央企的特殊政策,都存在一定程度的负外部性,制约了当地经济和社会发展。

四、创新体制机制，推进东北地区央地融合

新一轮东北振兴的关键是破解制约东北经济发展的体制机制性障碍，创新体制机制推动驻省央企与东北地区企业、政府和社会相互融合发展，充分发挥驻省央企对地方经济的带动作用，推进地方产业结构升级，转变经济发展方式，实现经济社会协调发展，实现东北振兴。

（一）以增量激活存量，推动产权多元化改革

促进央地融合的根本，是从权属上构建具备共同利益的体制机制，推动产权多元化改革形成利益共同体是加快央地融合的治本之策。央地企业间交叉持股，既能够扩大东北地区民营企业的经营领域，激发民营经济发展活力；又能够深化国有企业改革，建立现代经营管理机制，提升驻省央企经营效率。在具体实施过程中，东北地区应该采取以增量激活存量，在新增投资领域，引入多元化资本，在存量资产上，理顺权属关系，有目标分步骤的渐进式改革，稳步推进央地企业融合发展。

（二）创新驻省央企管理经营体制

驻省央企高度集中化的垂直管理体制，在生产运营上，扭曲了市场配置资源的机制，阻碍驻省央企与地方进行合作共赢项目的开展；在经营管理上，驻省央企的绩效考核机制与晋升路径决定管理层的短期行为，很难针对地方发展形成较长期的发展规划。因此，尝试建立垂直管理与属地管理相结合的决策体制，把决策权适度下移，给予驻省央企更多的经营自由；缩小经营核算单位，科学构建绩效考评机制，激发驻省央企根据地方发展优势开展项目合作的经营动力。

(三) 改革中央企业税收及财政补偿机制

现行的税收制度,决定了驻省央企对地方财政的贡献微乎其微,但实际的生产经营占用了大量的地方资源。这客观上决定了驻省央企的发展对于地方经济是成本大于收益。同时,在东北地区的中央企业多集中于资源开采和初级产品加工领域,对于当地经济社会发展造成了更大的隐性成本。因此,创新税收征管体制,建立以绿色经济为基础的税收征管和返还体制,加大对东北地区资源耗竭和环境破坏以及央企分离办社会职能改革的财政专项补贴,以此平衡央企在地方生产经营对当地经济造成的成本负担。

(四) 产业链配套发展,带动东北地区产业转型和结构升级

中央企业资本雄厚,自封闭式产业链发展,既制约了当地配套产业发展同时也限制了其自身核心竞争力的培育。过去,中央企业在东北投资主要集中在重工业领域,投资结构固化了东北地区的产业结构。因此,在吸引央企投资时,应结合东北经济的比较优势和地区产业发展规划,吸引具有带动产业结构转型和升级的央地合作项目。同时,以中央企业核心产业为主导,放开上下游产业,积极开展与地方企业产业配套生产,构建特色产业园区。东北地区以产业发展规划为指导,积极支持民营企业发展,加强民营企业配套生产能力,以此为契机优化产业结构,促进东北地区产业结构升级。黑龙江积极推动与中央企业合作以带动地区产业结构升级,2016年9月黑龙江与中央企业签约的合作项目中,产业升级类项目29个,总金额占全部签约总额的82.4%。

(五) 加强科技体制创新,培育经济发展新动能

央企具有强大的创新体系和创新机制。在构建创新驱动经济增长的新一轮东北振兴中,东北地区应充分利用驻省央企的创新

平台，整合资源，节约创新成本，实现基础性科研资源的互利共享。在成果转化上，加强与央企所属高校、科研院所合作，加快产学研联动创新，培育适合创新发展的人才，实现创新成果的高效转化。同时，东北地区借助央企创新发展的经验，共同构建创新发展的体制机制，从根本上实现创新驱动经济发展。

（六）创建公共服务型政府，为企业发展减负

相比于其他经济区，东北地区市场经济发展较为迟滞，地方政府职能转型缓慢，呈现"大政府小市场"的特点。转变政府职能，构建公共服务型政府，为企业发展减负，体现在以下几方面。首先，东北各级政府要积极优化企业经营环境，为驻省央企和地方企业创立良好的投资环境，优化政府服务；其次，各地政府主动对接驻省央企，积极推动央企厂办大集体和企业办社会职能改革，解决历史遗留问题，为央企发展减负。

（七）构建央地融合的工作协调机制

央地融合，不仅是企业层面，也是政府层面的问题。应该统筹规划，创立央地融合协调工作领导小组，以东北地区发展规划为依据，积极吸引具有带动性的驻省央企投资。在央地携手发展经济的同时，也要共同承担社会责任，成立专项资金，共同治理环境污染和资源过度开采的问题，为地方社会发展谋福利。

第四节　推动重点专项改革

在新一轮东北振兴战略文件中，都将妥善解决国有企业改革历史遗留问题，剥离企业办社会职能，为企业减轻负担作为进一步深化国有企业改革，推进东北地区国有企业市场化体制机制建

设的重要内容。从某种意义上而言,深化国有企业办社会改革是进一步推动东北国企改革的关键。本节主要从深化国有企业办社会改革来探讨推动重点专项改革问题。

一、国有企业办社会

(一) 企业办社会

所谓"企业办社会",是指企业在与其生产没有直接联系的领域建立组织机构以承担非生产领域的服务和员工福利与社会保障等职能。"办社会"企业的社会职能,除了包括它的后勤部门,还包括公益性事务。由于历史原因,我国国有企业除了直接生产经营之外还进行办教育、办医院、办农场、办生活服务公司,甚至承担大量的公共设施建设,由于这些国有企业从事这些领域的经营,大多基于纯粹的福利安置的特点,均属于社会职能。这使得我国的每一个国有企业都成了一个"小社会","企业办社会"因故而得名。目前,按照国有企业办社会具体内容分为以下五类:"三供一业"(供水、供电、供气及物业)、员工住宅、离退休人员管理、承办教育机构、医疗机构和消防市政等。

(二) 国企办社会问题

从费用支出看,根据国资委调研估算,目前中央企业"办社会"职能机构约8000多个,费用支出每年约为8500亿元;地方国企"办社会"的年度费用支出超过千亿元。从企业各项固定资产投资份额占比看,非生产用固定资产投资占比最大的是国有及国有控股企业,分别为24.13%和29.3%;非生产性固定资产中,国有企业和国有控股企业的社会性固定资产投资也占据了相当高的比重。从雇佣非生产性员工数量看,截至2013年,非生产性服务人员数量占企业员工总数的比重由大到小,依次为国有企业 10.2%、国有控股企业 9.62%、集体企业 4.29%、中外合资企业 3.38%、私有企业 2.34%。

在市场竞争日益激烈的今天，国有企业办社会承担了巨额的费用负担，阻碍了国有企业核心竞争能力的培育和经营绩效的改善。国有企业改革要从完全"社会化"向企业追求利润最大化的本质靠拢。

目前，我国国有企业办社会问题存在以下三个维度的异质性：一是区域异质性。与东部地区相比，中西部和东北地区更为严重，问题更为突出。2013 年，广东全省国企办社会费用不到 1 亿元，黑龙江的一家煤炭企业的办社会的年费用支出约为 3 亿元。二是行业异质性：总体而言，从事资源开采加工的国有企业办社会问题更为严重。从事资源类企业，在过去几十年的经济发展中享有较高的资源租金，获得较大的利润，企业有能力承担各项办社会职能以提高企业员工的福利待遇。三是企业规模异质性，大企业办社会费用和支出负担比中小企业严重，中央企业的负担比地方国企严重，省属国企比下级国企更严重。

二、改革历程

（一）全国企业办社会改革进程

建立社会主义市场经济体制改革的核心环节是国有企业改革，转变国有企业定位，提高企业经营能力和竞争力，首要的是分离企业办社会职能。党的十五届四中全会明确提出分离企业办社会职能、切实减轻国有企业社会负担。响应剥离企业办社会职能改革的号召，各级政府陆续出台各项改革政策（见表 6 – 2）。

表 6-2　　　　　　　　　企业办社会改革进程

时间	改革进程
1995 年 5 月	国家各部委联合出台在部分城市试点分离企业办社会职能分流富余人员意见
2002 年	国企办学职能的分离方案：企业承办的中小学校的职能移交给当地政府，学校经费可采取企业与财政共同分担，逐年过渡的办法解决
2005 年	中央成立专项资金决定在中央企业全面推进分离企业办社会职能工作。《关于进一步推进国有企业分离办社会职能工作的意见》等有关文件规定了移交政府管理的机构，其资产划转、人员移交和富余人员安置等事项
2016 年 3 月	国务院下发《国务院关于印发加快剥离国有企业办社会职能和解决历史遗留问题工作方案的通知》文件，提出具体原则和要求，明确时限和方式、方法，并落实了责任部门和单位
2016 年 6 月	国务院办公厅转发国务院国资委、财政部《关于国有企业职工家属区"三供一业"分离移交工作指导意见》文件，指出 2016 年开始，全国全面推进国有企业职工家属区"三供一业"分离移交工作，2018 年年底前，基本完成
2016 年 8 月	财政部、国资委印发《中央企业职工家属区"三供一业"分离移交中央财政补助资金管理办法》

（二）东三省企业办社会改革进程

在首轮东北振兴期，东三省也在稳步推进剥离国有企业办社会职能改革。在振兴十年间，辽宁省剥离国企办社会，释放职工178.9 万人。2014 年，新一轮东北振兴文件《关于近期支持东北振兴若干重大政策举措的意见》特别指出：进一步深化国有企业改革，妥善解决国有企业改革、分离企业办社会职能等历史遗留问题。2015 年初，国务院国资委公布辽宁省被正式列入中央企业"三供一业"分离移交试点省份。2016 年东三省国企剥离企业办社会职能改革取得了新的进展。吉林省成立了剥离国有企业办社会职能专项小组，9 个市（州）和 2 县政府均出台了具体的实施方案。辽宁省基本完成对中央企业"三供一业"的核实和对接，共签订194个分离移交项目。2016年，大连市成了国有企业退休人员社会化管理的试点城市。

虽然东三省分离国企办社会职能稳步推进，但总体而言改革进程相对缓慢，改革阻力较大，负担沉重的问题仍很突出。时至今日，东北很多国企仍然肩负着办学校、办医院、"三供一业"等沉重负担。2015年北大荒集团自办社会机构1799个，支出近130亿元。2016年，鞍钢集团共有501家集体企业，处于停产半停产的企业210户，但这些企业员工数达到16万人，仅拖欠员工采暖补贴就将近10亿元。大庆油田2016年社会职能部门雇佣人员多达3.5万人，对"办社会"成本的补贴高达29亿元。在经济高速发展期，这些负担仅是摊薄了企业利润，但在经济下行期则成为沉重的负担，是东北国企改革的难点。

三、东北地区国企办社会职能改革难点

东北地区剥离企业办社会职能工作情况复杂、难点焦点问题多，最主要的问题涉及"钱从哪里来、人往哪里去、事由谁来干"三个方面。

（一）改革成本

以"三供一业"移交为例，"三供一业"移交是个复杂的系统工程，尤其是多年来经营管理不善导致管道网线老化，移交使用需要大量资金投入。粗略估计，辽宁省在"三供一业"移交中就需要三四百亿资金跟进。巨额的改革资金完全交由捉襟见肘的东北财政负担是不可能的。没有资金，剥离国企办社会的职能无法真正实施。

（二）人员安置

对于剥离国企办社会职能，职工不愿意分离的情况更为普

遍。对于国企办社会职能的员工而言，剥离意味着人事编制的转变，待遇的调整，很可能的情况是在原企业工资和福利待遇好，企业移交后待遇变差；对于离退休人员也是如此，不愿意接受社会化管理使自己退休金福利下降。一般来说，效益不好的国企，比较容易实现社会职能的分离；而那些石化类等效益好的企业，员工是既得利益主体，如果改革后导致员工利益受损，这必然会是分离改革不可忽视的阻力。

（三）承接转移能力

企业办社会职能移交给谁，有没有具备承接能力的企业，是推进改革不可忽视的因素。从经验来看，国企所处的地区经济发展水平与第三方企业承接能力具有一定的正相关性，如果国企所在地区经济较发达，市政服务水平较高，社会职能分离移交更为容易，比如东部地区，市场化的专业公司是承接国企办社会职能的主力军；经济发展落后的地区，没有相应的专业化社会机构承接国企办社会职能，尤其是一些边远地区，基本的社会保障能力都无法满足，更谈不上承接国企办社会职能。相比于东部地区，东北地区能够承接国企剥离办社会职能的企业不足，地方对于亏损资产的承接和参股更是望而却步。

四、对策建议

剥离国企办社会职能，不仅是提升国有企业核心竞争力的必然要求，同时也是实现社会服务专业化、发展第三产业的有效途径。对于东北地区而言，这不仅关系到新一轮国资国企改革的成败，也关系到新一轮东北振兴的成败。国企改革的历史遗留问题，是改革不到位造成的，继续创新体制机制是改革的唯一出路。

（一）建立分离资金多方分摊机制

创新改革成本的分摊机制，对于中央企业剥离办社会职能改革，建立中央与地方共同分担改革成本的体制。目前，国资委在"三供一业"分离试点改革中采取了"中央政府和央企总部出大头、地方企业和地方政府出小头"的成本分担机制，这有效调动了地方和企业参与央企剥离社会职能改革的积极性。

对于地方性国企改革的成本的分担问题，地方政府作为地方国企资本经营收益和股权转让收益的获得者，应该在财政中设立支付改革成本的专项资金。同时，充分调动各方资金参与改革，分担成本，分享收益。比如，推进企业内部管理层和员工出资参与体制改革；积极利用资本市场的融资渠道，稳步推进国有资本证券化；还应尝试吸引社会投资者，既包括民营企业也包括个人和外商投资企业，对于国企办社会可能是负担，但对其他企业来说却是好的资产。

（二）"一类一方"分类解决国企办社会职能

国企办社会职能按照内容可以划分为政府事务类、职工生活服务类和社会公益类。国企承担的教育、消防和退休人员社保的职能属于政府事务类职能，要进行彻底分离；对职工生活服务类职能，包括企业后勤部门提供的食堂、浴室等，这类职能可以由企业自主决定是否保留或分离，各级国资委加强管理监督；对社会公益类职能，如公共交通、道路建设及维护、居民区"三供一业"、社区环卫等市政建设类职能，视地区发展和承接企业条件确定是否分离。对于一些暂无能力承接分离企业办社会职能的地区，如边远矿区等，中央和地方政府要努力创造条件，统筹推进分离国企办社会职能与旧城改造、城镇化建设协调发展，分步推进。

（三）以市场化为方向，以企业为主体

所谓坚持市场化方向，就是解决国企办社会问题不能是政府指令式的"一刀切"，要充分发挥市场竞争机制选择移交企业、制定移交费用，移交过程遵循各方利益最优的原则，做到公开透明。所谓以企业为主体，充分尊重企业经营决策权，对于经济效益好的企业、允许企业继续经营，但要加强监督和成本考核，提高经营效率；对于企业有意愿移交而地方又有能力承接的，要妥善处理好各方利益，确保移交工作的市场化原则；对于企业愿意移交而地方没能力承接的，要创造条件，结合地方规划、城镇化建设同步推进。

第七章

东北老工业基地市场体制机制创新

完善市场经济体制,推进市场体制机制创新是东北老工业基地体制机制创新中的核心内容之一。东北老工业基地市场体制机制创新问题中,主要涉及加快发展要素市场、规范发展商品市场和培育市场中介组织等三个方面的内容。

第一节 加快发展要素市场

一、东北老工业基地劳动力市场制度创新

(一)东北老工业基地劳动力市场存在的主要问题

劳动力市场是劳动力按照供求关系流动的市场,其行为主体以劳动力的供给者、需求者、中介机构和劳动力市场的管理机构为主;其客体为劳动力流动的对象。按劳动力流动的技能水平差异,通常可将劳动力市场划分为一般劳动力市场、技术劳动力市场和经理市场。

随着东北老工业基地市场化改革的不断深入,东三省劳动力市场也日益完善。以辽宁省为例,2016年辽宁省已建立了省、

市、县上下贯通、职责清晰的市场管理工作体系，实现了人力资源市场的统筹管理。公共就业和人才服务机构整合基本到位，省、市两级因地制宜，设立了综合性服务机构或专门性服务机构。据《2017年辽宁省劳动和社会保障事业发展统计公报》，截至2016年年底，辽宁省拥有各类人力资源服务机构965个，全年共为17.8万家次用人单位提供各类人力资源服务。就业方面，2016年辽宁省从业人员共计2301.2万人，城镇新增就业42.1万人，城镇失业人员再就业60.6万人，城镇登记失业人员47.3万人，城镇登记失业率3.81%；吉林全年城镇新增就业52.87万人，年末城镇登记失业率为3.45%；黑龙江全年城镇新增就业62.9万人，城镇人员失业再就业人员47.4万人，困难群体再就业人员18.7万人。年末城镇登记失业率为4.22%。

但在东北老工业基地劳动力市场取得了一定程度发展的同时，一系列不尽如人意的问题仍然存在，主要表现在如下三个方面：

1. 劳动力市场分割现象依然存在

东北地区劳动力市场分割主要表现为城乡分割和部门分割两个方面，且突出表现为农村转移劳动力主要通过非正规部门实现就业，在就业准入、就业服务、劳动待遇等方面都无法享受与城市劳动力同等的待遇。农民工难以进入正规就业领域现象依然存在，只能长期在非正规部门工作，没有稳定的经济来源。一些地方还规定农村劳动力进城务工就业要办理各种手续，设置了登记项目和各种不合理证卡，有些管理部门还借机收取各种费用，增加了农村劳动力城市就业成本。由于针对农民工的市场信息服务不完善、政策扶持不到位以及法律维权服务滞后，造成农民工就业渠道狭窄，合法权益得不到有力保护。农村转移劳动力无法享有与城镇劳动力相等的劳动待遇，主要体现在工作环境差、同工不同时或同工不同酬等方面。

传统的户籍制度、档案管理制度等构成了各行业、各地区间劳动力转移的高壁垒和高成本，导致统一的劳动力市场难以建立。农村劳动力市场交易更多地表现出自发性，劳动力市场还远未真正形成，致使劳动力在转移过程中支付不必要的交易成本，造成了劳动力资源的极大浪费。这种劳动力市场之间的分割，因为加大了转移和流动成本而阻碍了劳动力的合理流动，使得劳动力市场竞争与流动只能局限在省内、地区内或部门内部，难以实现真正的平等竞争。

2. 整体就业压力巨大与结构性失业并存

经过多年的改革开放与经济建设，东三省仍然面临较为严峻的就业形势。2015年东三省城镇登记失业率为：辽宁3.4%、吉林3.5%、黑龙江4.5%（见表7-1），在全国32个参与统计的地区中排名为：辽宁第16位、吉林第22位、黑龙江第32位，就业压力仍然巨大，就业形势依然十分严峻。

表7-1　　　　2005~2015年东三省城镇登记失业率　　　　单位：%

年份 地区	2005	2006	2007	2008	2009	2010	2011	2012	2013	2014	2015
辽宁	5.6	5.1	4.3	3.9	3.9	3.6	3.7	3.6	3.4	3.4	3.4
吉林	4.2	4.2	3.9	4	4	3.8	3.7	3.7	3.7	3.4	3.5
黑龙江	4.4	4.4	4.3	4.2	4.3	4.3	4.1	4.2	4.4	4.5	4.5
全国	4.2	4.1	4	4.2	4.3	4.1	4.1	4.1	4.05	4.09	4.05

资料来源：国家统计局、人力资源部：《2016中国劳动统计年鉴》，中国统计出版社2017年版。

从表7-1可以看出，2005~2015年间，东三省中辽宁、吉林两省就业形势有较大改善，失业率整体呈现下降趋势，黑龙江省失业率一直居高不下，且2015年黑龙江省城镇登记失业率在全国排名垫底，就业形势不容乐观。虽然辽宁、吉林两省的失业率呈现逐步下降趋势，但在全国范围内仍然处于较高水平，就业形势依然十分严峻。

由于历史等原因,结构性失业一直是制约东北老工业基地就业的突出问题。结构性失业是指失业与劳动岗位空缺同时存在的状况,其产生原因在于当经济结构发生变动调整时,衰落部门的失业者无法满足扩张部门的工作要求,或因为现有工作岗位与失业者所处地理位置有较大距离。东三省结构性失业局面没有得到有效缓解,劳动力市场的就业压力正在加大。过去,东北老工业基地建立了众多与石油、化工、煤炭、钢铁等产业相关的高等院校和科研机构,为东北区域建设培养和输送了大量的人才,但这种情况显然已经无法满足现在东北老工业基地振兴的全面要求。目前,高层次农业人才、工程技术人才、技术创新与开发人才、经营管理人才和熟悉国际金融、贸易和法律的人才比较紧缺;从专业构成上看,从事传统产业的多,从事信息服务和边缘学科的人才少,尤其是高技能人才严重不足。另外,低素质的劳动力就业状况同样不理想,由于无法满足用人单位日新月异的高要求,导致大部分劳动者选择进入非正规行业就业,或者长时间处于失业状态。

3. 尚未形成和谐的劳资关系

建立和谐的劳资关系,不仅可以维护劳动者的切身利益,也可以进一步提高生产效率以及促进劳动力市场的进一步完善。但就东三省劳动力市场来看,和谐的劳资关系尚未形成。

从表 7-2 可以看出,2015 年东三省平均工资水平为:辽宁 52332 元、吉林 51558 元、黑龙江 48881 元,在全国 31 个地区中排名分别为:辽宁第 25 位、吉林第 27 位、黑龙江第 30 位,平均工资水平在全国范围内处于较低水平。2016 年东三省最低工资标准分别为:辽宁 1530 元、吉林 1480 元、黑龙江 1480 元,在全国 31 个地区中排名分别为:辽宁第 15 位、吉林与黑龙江并列 21 位,最低工资标准在全国处于中等偏下水平。从这两项指标数据来看,与东三省当前的经济发展水平都是不相适应的,反映了当前东三省的劳资关系并不和谐，有待于进一步改进。

表7-2　　各地区平均工资水平及最低工资标准　　单位：元

地区	2015年平均工资	2016年月最低工资
北京	111390	1720
天津	80090	1950
河北	50921	1480
山西	51803	1620
内蒙古	57135	1640
辽宁	52332	1530
吉林	51558	1480
黑龙江	48881	1480
上海	109174	2190
江苏	66196	1770
浙江	66668	1860
安徽	55139	1520
福建	57628	1500
江西	50932	1530
山东	57270	1710
河南	45403	1600
湖北	54367	1550
湖南	52357	1390
广东	65788	1895
广西	52982	1400
海南	57600	1430
重庆	60543	1500
四川	58915	1500
贵州	59701	1600
云南	52564	1570

续表

地区	2015年平均工资	2016年月最低工资
西藏	97849	1400
陕西	54994	1480
甘肃	52942	1470
青海	61090	1270
宁夏	60380	1480
新疆	60117	1670

资料来源：《2016中国劳动统计年鉴》，中商情报网：http://www.askci.com/news/finance/20160531/13453623111.shtml。

(二) 东北老工业基地劳动力市场问题产生的原因

1. 劳动力流动的制度性障碍

在东三省经济发展历程中，为了保证城市及重工业产业优先发展而制定的相关政策，如户籍制度、就业制度、广就业的社会保障制度直接导致了城乡市场的分割，致使劳动力自由流动受阻，农民在城市定居和就业的权利被事实剥夺，使农民被禁锢在土地上。这种情况直接增加了农村劳动力转移的成本，削弱了农民参与专业化分工的动机和能力，使农民无法获得规模经济、专业化经济带来的利益，因而陷入贫困。过去东北通过身份、户籍等条件限制外地劳动者的进入，阻碍了劳动者的流动，将劳动者分割在几个不同的市场。例如，在招聘时实行的"先本市后外市"、"先城镇后农村"等，是想保护本地劳动力就业的一种排外政策，但是这种长期对本地劳动力的人为保护，使得城镇内的一些劳动力市场缺乏平等竞争，从而阻碍劳动力素质整体的提高，而一些需要低素质劳动力的行业又找不到合适的人选。由此可见，东北地区部分现行的不合理的制度安排成了劳动力转移的政策性桎梏。

2. 职业教育与技能培训不足

从对低素质劳动力的提升角度看,长期以来,东北地区国有企业忽视在职员工培训和一岗多能人才的储备,直接导致了下岗职工知识老化、技能单一、适应能力弱的难题,并因此造成其难以满足科技进步、产业发展对员工高素质、高技能人才的需要,很难实现跨行业、跨地区就业。另外,组织培训的单位在确定培训规模和培训内容方面存在盲目性,培训的项目通常较少、培训的形式也比较单一,使得大量失业人员通过学习新技能转向其他行业就业的路径受阻,从而使这一类别的劳动力担负了更重的就业压力。

3. 对高层次人才的激励机制不健全

由于东北地区长期受计划经济体制的制约,严重缺乏真正意义上的企业家。长期以来,东三省国有企业的企业家一般都是根据上级的行政任命的方式来选拔和任命,他们的经验和能力更多反映的是一种政绩上的表现,而不是经过市场竞争和市场经营经验的积累的结果,导致了管理者的文化素质并不高,往往缺乏应有的创新能力和冒险精神,造成了管理者的目标偏离企业发展的目标。东北地区高等学府、科研院所云集,理应为本地区的发展提供强大的支持,但是由于计划经济体制下的人才体制束缚,平均主义和大锅饭现象依然存在,一流人才难以获得一流待遇,影响了其创造性和积极性,造成了"孔雀东南飞"现象。此外,缺乏完善的选拔机制与管理机制,高素质人才主要集中在机关和事业单位,远离生产第一线,也是造成东北地区企业人才短缺、人才流失和人才浪费现象并存的主要原因之一。

4. 劳动力市场信息化建设滞后

尽管东北地区劳动力市场得到了迅速发展,但相对而言仍处于滞后状态。一方面,从职业介绍、就业信息的传递、招聘到用工制度等方面均存在着各种混乱现象,致使劳动力市场在优化劳动力资源配置的基础作用难以充分发挥,在岗劳动者和求职者权益受侵害现象时有发生。另一方面，各省统一的劳动力市场网络和用人信息库还没有完全建立，致使劳动力市场信息不对称，用人单位和求职者都不能得到迅速、准确和完全的信息，由此也加重了结构性失业，严重制约了省际、城乡之间和行业之间的劳动力转移和流动。同时，政府缺少对劳动力服务中介机构的有效管理，使得一些非法的劳动力服务中介机构滥竽充数，不但损害了求职者的合法权益，而且严重扰乱了劳动力市场秩序。

5. 政府对劳动力市场的规制不到位

政府对劳动力市场的规制主要表现在三个方面：一是通过制定人口政策和调整教育结构来调控和影响劳动力的长期供给，并通过加强就业培训不断改善短期供给，把劳动力市场就业摩擦降低到最低程度；二是通过制定就业促进法、职业介绍法等法规来规范劳动力市场，运用劳动监察手段对劳动力市场进行监督，解决劳动力资源配置过程中出现的争议问题；三是国家依靠宏观经济政策来调整国民经济增长速度，实施合理的产业政策来调整产业结构，鼓励企业增加投资来扩大劳动力总需求。

东北地区各级政府的规制行为无论是在机制设计方面，还是在相关政策的具体落实方面仍然存在缺失，主要体现在对于就业培训、调配劳动力供给等方面的监督力度不足、没有全面维护工会和工人切身利益、相关法制建设存在漏洞与不足等方面。

（三）完善东北老工业基地劳动力市场的制度安排

1. 建立完善的就业制度、城乡统一的户籍制度与社会保障体系

逻辑上讲，制定和完善城乡统一的就业准入制度、就业服务制度、就业培训制度、就业保障制度等，有利于最终形成完善的、城乡统一的就业制度，以消除劳动力市场的分割和就业歧视，保障城乡劳动力的自由流动和平等就业，促进农村劳动力转移就业，提高农民工城市就业的稳定性和收入水平，推动农民工

市民化进程。目前，全国各地都在推行户籍改革，不断放宽户口迁移、管理限制，河北、安徽、江苏、浙江、山东、河南、四川等地的户籍改革力度较大，北京、上海等特大城市的户口政策也有松动。东北地区可以借鉴上述省市经验，改变现行户籍制度，逐步建立以身份证为主的一元户籍制度，赋予东北老工业基地每个公民平等择业和选择居住地的权利。另外，东北地区应在尽快完善与户籍制度相匹配的制度措施，比如在就业、住房、医疗、子女入学等方面进行相应的配套改革。这样才能使劳动者平等地享有各方面的权利，消除劳动者在身份、地域等方面的差别，促进劳动力的合理流动。不仅如此，东北地区还应在此基础上，逐步建立统一的城乡劳动力社会保障制度，将进城就业的农民工完全纳入城镇社会保障体系。

2. 加大职业教育投资

通过职业教育与培训，对低素质的劳动力加大人力资本投资，从而促进劳动力向对技术和专业知识要求更高的行业和部门转移，才能从根本上满足东北老工业基地发展的迫切需要。东北地区应结合产业结构特点，加大对职业技能的培训力度，在提高政府投入的同时，积极地引导企业和社会力量办学，以改进办学形式和内容，使之与区域经济发展的需求相接轨，不断提高投资的经济和社会效益目标。首先，应在职业培训中根据新的经济增长点来选择培训方向和培训内容；其次，在职业培训中，不仅要传授岗位技能，还要培养创业精神、创业意识和职业道德以及市场意识，以适应市场经济的需要。具体可考虑在加大企事业单位技术、技能培训的同时，由政府出台相应措施资助或引导公司提升员工的技能，以此不断提高或更新员工的知识和劳动技能，培训更多更好的专业技术人才。另外，加大对农民的劳动技能培训对东北区域而言具有特别重要的意义。政府可通过兴办各种技工学校等方式，有计划有步骤地提高农民技术和技能水平，使第一产业剩余劳动力尽快实现向第二、第三产业的转移。

3. 完善人才的培养、引进与选拔制度

东北地区现有专业技术人才大多集中在教育、文化、财会、卫生等传统专业领域,而信息技术、电子、医药、汽车等重点发展行业的人才却严重不足。可以说,专业技术人才的短缺,已经成了东北老工业基地振兴的重要瓶颈。因此,东北地区有必要通过完善人才的培养、引进与选拔制度,实现人才供给的不断优化。首先,要改变东北目前人力资本结构中部分行业结构严重倾斜、科类结构不合理的局面,使各级、各类职业教育机构教育培养目标、教育结构和教育方式与市场经济的对应度不断提高,减少人才培养与使用相互脱节等问题。其次,在争取留住本地区高素质人才的同时,吸引区域外优秀人才来本地落户,或者区域外高科技人才与本地人才进行科研合作、学术交流等,积极创立一个尊重人才、尊重知识的社会氛围,为吸引和聚集人才提供良好的工作环境和生活条件,创造有利于人才成长并发挥才干的"开放、流动、竞争、协作"的环境,使高素质人才得以充分利用和有效配置,从而促进新一轮高素质人才的引进和培养。再次,创新企业经营管理人员培养方式,实施企业人才资源优先配置战略,创新企业经营管理人员选拔方式,把组织选配和市场化配置有机结合起来,努力为企业配备高层次、高素质的企业领导人才,抓紧培养选拔一大批优秀企业家,不断壮大东北高层次管理人才队伍。

4. 加快劳动力市场的信息化、法制化建设

政府应该不断完善和增加各类就业介绍机构,为劳动力市场的供求双方提供迅速、准确而完全的信息。首先,必须积极培育、大力发展劳动力市场,通过开拓地区求职咨询,职业介绍等就业中介机构和各类人员交流场所,为本地区待业职工再就业服务。其次,在国家法令、政策规定指导下,通过劳动力供求信息中心的联动机制,实现不同单位之间、不同职业之间、不同行业之间、不同地区之间劳动力的大流动和大重组。再次,为了充分

发挥劳动力市场的作用，还要不断健全和完善各项有关的法律、法规，例如加快制定《促进就业法》《社会保险法》等相关法律法规的配套措施，建立企业劳动就业的诚信评价制度；加强对劳动力市场的规范化管理和监督，坚决取缔非法劳务中介，严厉打击欺诈行为，维护劳动力市场的正常秩序，确保劳动力市场的健康发展等。

5. 完善政府规制

首先，从高效便民的原则出发，详细规定规制行为的程序，增强政府规制行为的可预测性，并由此建立针对劳动力市场的合法、公正、透明的监督机制。其次，应健全劳动力利益表达机制和权利保障机制，以便最大限度地发挥批评、监督的作用，切实维护劳动力、工会的利益与监督权，最大限度地提高劳动力市场政策的执行效率，建立政府规制的绩效评价机制，以政府规制行为是否达到法律效果、经济效果与社会效果的统一作为评价规制主体工作的标准，增强规制主体自觉降低权力运行成本的内在驱动力。最后，应不断加强对劳动力市场的宏观调控，对有利于提高劳动力素质的培训项目给予适当的资金、政策扶持，制定统一的劳动力市场信息机构组建标准，杜绝虚假信息对劳动力进行误导。

二、东北老工业基地资本市场制度创新

（一）东北老工业基地资本市场存在的问题

资本市场通常是指一年以上的中长期投资的交易市场，由于它的信用工具是债权、股票等有价证券，因此又称为证券市场。

近几年，随着经济不断发展，东三省的资本市场得到不断拓展，金融机构发展势头良好，金融机构参与金融市场的意识不断增强，金融机构的种类和数量不断增加，存贷款量成倍增长，各种金融新业务层出不穷。但是，同经济发展的要求相比，目前东三省资本市场仍处于相对滞后状态，难以有效满足老工业基地振

第七章 东北老工业基地市场体制机制创新

兴的客观需要。

1. 金融机构和金融工具的种类和数量有限

经过多年发展，东北地区已经形成了国有商业银行、股份制商业银行、城市商业银行、城市信用社、农村信用社和外资银行组成的多层次、多种所有制并存的银行体系。但受历史和现实因素的影响，东三省银行业呈现出四大国有商业银行占据绝对主导地位的寡头垄断结构特点，缺乏市场竞争，使得金融风险大量集中于国有商业银行，拖累了国有商业银行的商业化改造。其他非银行类金融机构如证券公司、保险公司、信托投资公司和金融租赁公司等在东北地区的发展较为滞后。在东北地区，金融工具主要是流通中的现金、存款、贷款及结算凭证等信用工具，而商业票据、股票、债券等金融工具在金融资产总额中所占的比重很小，削弱了金融对经济发展的促进作用。

2. 上市公司数量少、股本规模小

首先，股票市场主要表现出以下四个方面特点：（1）上市公司数量偏少，规模较小。2015年末，东北地区境内上市公司共有151家，占全国上市公司的5.3%，其中辽宁省上市公司76家，全国排名第12位；吉林省上市公司40家，排名第19位；黑龙江上市公司35家，排名第22位。从全国排名看，东三省的上市公司数量居于中间，但是与长三角（887家）、珠三角（424家）和环京津地区（360家）相比，上市公司的数量差距很大。东三省的股本规模同样处在中间水平，辽宁为9427.2亿元，排名第12位，吉林为4948.6亿元，排名第22位，黑龙江4910.7亿元，排名第23位。2015年末东三省上市公司市值占沪深两市总市值的比例却仅为3.6%。[1] 可见，东北地区的上市公司数量和规模与东三省作为全国工业基地的重要地位显然是不相称的。

---

[1] 《中国金融年鉴》编辑部：《中国金融年鉴（2016）》，金融出版社2017年版。

3. 企业融资能力较低

2015年，辽宁社会融资规模增量为6194亿元，排名全国第7位，吉林社会融资规模增量为2710亿元，排名全国第23位，黑龙江社会融资规模增量为2037亿元，排名全国第24位。虽然辽宁社会融资规模增量排名全国第7位，但与北京的15369亿元、广东的14443亿元、江苏的11394亿元等地区相比差距仍然较大。2015年，非金融企业境内股票融资方面，辽宁为244亿元，排名全国第10位，吉林为98亿元，排名全国第19位，黑龙江为80亿元，排名全国第22位，东三省非金融企业境内股票融资总和，也仅为排名第一北京的35.46%，东三省企业融资能力仍然处于较低水平。[①]

4. 行业分布单一、企业效益较差

随着改革开放及东北老工业基地全面振兴等政策影响，东北老工业基地已经取得了重要的进步和发展，经济结构也由单一的重工业逐步得到改善。但由于历史等因素的影响，东北老工业基地制造业"一股独大"的局面仍然存在，上市公司中制造业仍然占据着"半壁江山"。不仅如此，东北老工业基地企业的经济效益也并不理想，甚至亏损企业仍然占据着一定的比重。仅以全国500强企业为例，2015年东北老工业基地共有全国500强企业14家，其中利润为负的就有3家，分别是鞍钢集团公司利润为-678062万元、黑龙江北大荒农垦集团公司利润为-87920万元、本钢集团有限公司利润为-9442亿元，企业经济效益不容乐观。

（二）完善东北老工业基地资本市场的制度安排

1. 推进区域金融机构多元化发展

解决东北地区资本市场体系建设问题的核心应该在于不断推

---

① 《中国金融年鉴》编辑部：《中国金融年鉴（2016）》，金融出版社2017年版。

进金融体制改革,发展各类金融市场,降低内部金融壁垒,加强资本市场的整合。唯有如此,多种所有制和多种经营形式并存的、结构合理、功能完善、高效安全的现代金融体系才能在东北老工业基地振兴过程中发挥强大的推进作用。首先,要加快东北地区政策性金融机构体系的建设和拓展,鼓励全国性的三大政策性银行积极在东北地区设点。政策性金融机构应重点支持基础设施、电力等投资大、期限长、营利能力不明显但社会效益显著的项目,同时应当在贷款的利率和期限上给予优惠。其次,要积极引入外资金融机构以参股融资等方式进入东北地区。外资银行进入东北有利于吸引更多的外资企业来东北进行直接投资,使现有三资企业拥有更多的融资渠道,并由此带来国际上先进的经营管理经验和新的金融创新产品。最后,要完善非银行金融机构体系,重视证券、保险、信托、担保、租赁等非银行类金融机构的发展,拓展东北地区经济发展中的资金来源渠道。例如,信托公司可以借助"大投行行为"手段,通过对现有企业进行产权投资、实施 MBO 等手段,调整企业的所有制结构。

2. 发展多层次的资本市场,增强资本市场融资能力

首先,要积极发展股票市场。东北地区的上市公司必须借助股票市场的融资渠道和制度设计,着重从产业创新、技术创新和管理创新三个层面,对公司的经营领域、技术开发体制、管理体制不断地进行调整和优化,建立公司业绩新的利润增长点,夯实公司可持续发展基础。还应培养和开发一批上市公司后备军,以便使东北企业能够源源不断地得到资本市场的支持。同时允许一些效益好的非上市公司股票进行柜台交易,研究建立规范的区域性场外交易市场,为东北众多不具备上市资格的企业提供广阔的融资平台。其次,大力发展债券市场。可考虑试点发行东北地方政府债券,筹集资金用于公共基础设施的建设。与此同时,大力发展东北地区的企业债券市场。在企业债券发行制度上,应积极借鉴股票市场发行制度的改革经验,可以从目前的审批制改革为

核准制，在条件成熟的时候过渡到注册制。审批机关需要明确东北振兴的战略意义，在审批或核准时有所倾向地给予东北企业更多的发行债券的机会和更大的发行规模，支持东北企业通过债券融资弥补企业发展资金的短缺；在企业债券发行主体上，应摈弃过去只对国有企业开放的所有制偏见，对非国有企业和国有企业要一视同仁，为企业债券市场的长远发展创造良好的外部环境。要推荐那些产业发展前景好、具有较强营利能力和较低资产负债率的企业到债券市场上去发债融资，这样可有利于提高东北地区发债企业的信用等级，降低企业债券的信用风险。在企业债券发行方式上，则可考虑废止企业债券的信用发行，采取担保、抵押、甚至质押等保证形式，要求企业建立偿债基金。同时，也可以考虑建立由企业共同出资组建的企业信用担保基金，或者由地方政府、金融机构与企业共同出资组建的担保公司，提高企业债券的信用等级。

3. 培育和发展东北区域性资本市场中心

资本市场不仅需要建立一个庞大的虚拟网络体系，设置高效的交易制度和市场监管制度，而且也需要作为资本市场载体的有形场所存在。因此，在发展东北区域资本市场过程中，培育和发展东北区域性资本市场中心的意义重大。东北地区金融资源总量并不小，但在布局上则比较分散，没有充分发挥出其内在功用。事实上，东北区域性资本市场中心的建立，将会在相当大程度上促进分散资源的有序流动和合理整合，使金融资源配置到最具竞争力和发展潜力的部门和产业，从而带动区域经济的高效运转和快速发展；与此同时，东北区域性资本市场中心的建立，会对周边生产要素产生强大的聚合作用，使资金、技术、人才大量涌入中心，这种极化作用将大大增强区域资本市场的经济和金融实力，形成一个带动区域经济发展的"火车头"。理论上讲，一个城市或地区要成为区域性资本市场中心，需要以下基本条件，即：资金拥有量大、金融机构众多、资本市场发展具备一定规模、拥有较为优越的地理位置、有一批金融创新人才等。在东三省中,有四个副省级城市可以作为东北区域金融中心的选择对象,即沈阳、大连、长春和哈尔滨,其中沈阳和大连无论在经济实力、金融发展水平,还是在地缘优势、开放程度上都更具竞争实力。事实上,沈阳和大连都已提出了建设东北区域金融中心的目标规划,并正在进行多种努力。因此,在东北地区暂时不太可能存在两个区域金融中心的条件下,必须在科学分析的基础上进行抉择。在选定某个城市作为区域金融中心之后,则应根据自身与发达资本市场中心的差距,不断加大资本市场建设力度。

三、东北老工业基地土地市场制度创新

(一)东北老工业基地土地市场的现状

根据我国土地所有制特点,我国土地市场主要包括使用权出让市场和转让市场。现阶段我国城市土地市场和农村土地市场是彼此相分离的,其中城市土地市场又分一级市场和二级市场。土地使用权出让市场为一级市场,由国家垄断,可供出让的土地包括城镇原有闲置土地、被国家征用的原属集体所有的土地和传统体制下已经划拨给某些单位的土地。土地使用权的出让方式有"零租制"和"批租制"两种。"零租制"是对出让的土地按不同等级逐年收取不同水平的土地使用费;"批租制"是有限期地出让土地使用权,一次性的收取地价款,并每年收取不多的使用金。二级市场是土地使用权转让市场,农村集体所有的土地只有在被征用为国有土地之后,才能进入二级市场。在二级市场上,土地使用权的转让有租赁、抵押等不同具体形式。

从国有建设用地供应情况来看,2014年东三省国有建设用地供应共计13187宗,总面积为46674.02公顷,比2013年减少18520公顷,下降28.41%。其中辽宁4511宗,总面积为18825.36公顷,减少16743.54公顷,下降47.07%,吉林4715

宗，总面积为 17539.2 公顷，增加 8280.72 公顷，上升 89.44%，黑龙江 3961 宗，总面积为 10309.46 公顷，减少 10057.18 公顷，下降 49.38%。从土地供应结构来看，2014 年东三省工矿仓储用地面积为 12886.69 公顷，比 2013 年减少 5898.85 公顷，下降 31.4%，商服用地面积为 3709.58 公顷，比 2013 年减少了 2001.79 公顷，下降 35.05%，住宅用地面积为 7856.61 公顷，比 2013 年减少了 4727 公顷，下降 37.56%，其他用地面积为 22221.15 公顷，比 2013 年减少了 5892.33 公顷，下降 20.96%。①

(二) 东北老工业基地土地市场存在的问题

1. 城市土地市场地产开发用地数量较大

在一级土地市场中，地产开发用地数量大逐渐成为一个大问题。近几年，开发商通过各种渠道拿到很多土地，而这些土地主要集中在城市周边地区，大部分为农用耕地。这种土地资源变成"土地资本"的做法，支撑起"经营城市"所需要的资金，但农田数量则在急剧减少。同时，在房地产开发过程中，开发商借用各种名义倒卖土地等"暗箱操作"行为仍然存在，特别是拆迁过程中的用地纠纷更是较为普遍。

2. 农村土地流转市场不健全

近年来，东三省农村土地流转现象逐年增加，然而由于农村土地市场发育不完善，相关的配套条件不完备，与全国其他先进省份相比，东三省在土地流转规模、速度、方式等方面仍然存在较大差距。东三省在农村土地流转过程中，土地流转规模小，流转对象单一，农民权益保障、土地流转服务不到位等现象依然存在。

3. 土地征用制度不完善

一是农用地无序征用现象日趋严重，特别是开发区征用土地

---

① 国家统计局：《中国统计年鉴 (2015)》，中国统计出版社 2015 年版。

闲置荒芜比例仍然很高。二是失地农民利益保障机制不健全，部分失地农民还不得不面对"种田无地、就业无岗、社保无份"的尴尬局面。三是征地工作实施困难，一方面，开发区建设大量圈地，导致农用地的无序转用和土地资源的闲置浪费；另一方面，征地难的问题开始凸显，征地已经成为地方政府一项非常重要的工作，经济建设急需的土地难以在短期内获得。

（三）完善东北老工业基地土地市场的制度安排

1. 改革和完善土地使用的管理体系

首先，政府要全面准确地掌握已有的和潜在的土地资源，并对申报土地的单位进行公正合理的审批。一是根据土壤条件确定其性质，规划其合理用途。对需要开发的用地，尤其是经营性用地，要采取招、拍、挂等形式予以公布。二是完善土地使用单位的申报制度。对其申报情况，应通过相关媒体或专业媒体进行有序发布，自觉接受公众的监督。三是对用地单位申报情况进行审批。在明确责权利的条件下，组织专业人员实地考察，再据此确定是否批准。在核批过程中，应严控建设用地、保护农田用地。四是要严于事中检查，即对用地单位的经营行为及时监督，防止"木已成舟"局面的出现，保证土地使用按原定计划进行。五是对违规用地者要会同相关部门就地、及时处理，给违规方以经济和法律上的惩处，增大其违规成本。

其次，政府要制定城市发展的中、长期用地规划。为改变"大城市化"症和开发区的"开而不发"现象，各地区不宜跟风应景搞攀比，要紧密联系当地实际，综合国内外的先进经验，科学论证中、长期人口规模和经济发展水平，按照城市、乡镇的经济社会承载能力对城市建设进行合理规划。

最后，为克服城市土地收益中的短期行为，可以建立土地收益基金制度，尽量做到专款专用。同时对每一时期的资金使用要有一定量的比例，确保城建资金的后续性和长期性。

2. 建立和完善农村土地市场

首先，创新农村土地流转方式，有效解决土地流转规模小，流转对象单一的问题。各地可根据发展特色主导产业和适度规模经营的需要，因地制宜选择土地承包经营权流转形式。一是鼓励农户之间自行协调，通过转包、租赁、互换等形式流转土地承包经营权。二是支持农户委托集体组织流转，在引进投资项目需要连片开发的地方，在征得农户同意的情况下，引导农户将土地承包经营权委托集体经济组织或其他土地流转服务组织集中流转给规模经营主体。三是推行土地股份合作社，农民以土地承包经营权入股入社，合作社统一经营土地，进而实现了土地的规模经营。然而作为一种新的土地流转模式，土地股份合作社仍然处于探索过程，需要在资金、政策、管理等方面给予扶持。四是建立土地互换制度，对连片开发项目，在部分农民要求土地承包经营权而导致难以集中时，可与其他农户的承包土地或村集体预留地进行互换。

其次，建立健全农村土地流转相关的法律法规。长期以来，法律对土地承包经营权债权或物权性质的规定不尽明确，从而导致了集体随意解除合同或者乱摊派、乱收费等现象，造成农民土地经营的不确定性和农业收入的下降，流转市场的培育和发展也无从谈起。这种情况下，在承包合同期限、内容、效力、变动、存续等方面加强界定和保护，赋予农户稳定和完整的土地使用权，给土地使用权的流转创造良好的前提条件，就构成了促进农村土地有序流转的重要前提。

再次，加强政府对土地流转的监管力度，完善土地流转法律法规。目前地方政府为了增加业绩，片面加快经济发展，不惜牺牲长远利益，只将土地卖出去，而对变相改变土地用途不闻不问。因此，其上级政府和国土资源管理局应该严密监视，加强监管，对违法违规行为从重处罚，净化土地市场环境，避免利用土地流转而变相改变农用地用途等现象的发生。

最后，完善土地承包经营权流转有形市场体系。应以区县（市）农经局（站）为载体成立土地流转服务中心，主要负责农村土地承包经营权流转的政策指导工作；以乡镇农经站为载体建立土地承包经营权流转有形市场，负责土地流转供求登记、项目推介、价格评估、中介协调、指导流转合同签订、建立流转台账和档案、跟踪服务和调解纠纷等工作；以行政村为单位设立土地流转信息服务站，村会计为信息员，负责土地流转信息收集，流转程序指导及相关任务。

四、东北老工业基地技术市场制度创新

（一）东北老工业基地技术市场的发展现状

广义的技术市场是指将技术成果作为商品交易对象，并使之变为直接生产力的交换关系和供求关系的总和，它包括从技术商品的开发到技术商品的流通和应用的全过程。技术市场是科技成果转化的主要渠道，它在科技资源的供求双方之间发挥着桥梁和纽带的作用。东北地区的技术市场产生于20世纪80年代初，经过多年的发展，东北技术市场的整体规模和水平都有了较大提高。

通过表7-3~表7-6可以看出，我国技术市场的发展无论是规模还是水平都呈现出逐年提高的趋势，东北老工业基地虽然技术市场自建立以来已经取得了较大发展，但近年来除了技术输出合同总金额逐年提高之外，技术输出合同总数、技术输入合同总数及技术输入合同总金额等指标均呈现逐年下降趋势。

表7-3　　　　　技术市场技术输出地域合同数　　　　单位：项

年份 地区	2005	2011	2012	2013	2014	2015
辽宁	13826	16796	14676	12819	11173	11878
吉林	3879	3072	2730	3252	2891	2420
黑龙江	2041	1918	2788	2578	2131	1857
东三省	19746	21786	20194	18649	16195	16155
全国	265010	256428	282242	294929	297037	307132

资料来源：国家统计局社会科技和文化产业统计司、科技部创新发展司：《中国科技厅统计年鉴（2016）》，中国统计出版社2017年版。

表7-4　　　　　技术市场技术输出地域合同金额　　　　单位：万元

年份 地区	2005	2011	2012	2013	2014	2015
辽宁	865167	1596633	2306648	1733775	2174648	2674927
吉林	122261	262614	251180	347167	285756	264697
黑龙江	142585	620682	1004473	1017747	1202776	1272637
东三省	1130013	2479929	3562301	3098689	3663180	4212261
全国	15513694	47635589	64370683	74691254	85771790	98357896

资料来源：同表7-3。

表7-5　　　　　技术市场技术流向地域合同数　　　　单位：项

年份 地区	2005	2011	2012	2013	2014	2015
辽宁	12677	14573	13769	12446	11377	10883
吉林	3655	3200	3226	3473	3537	3446
黑龙江	3315	2985	3610	3715	3312	3161
东三省	19647	20758	20605	19634	18226	17490
全国	265010	256428	282242	294929	297037	307132

表7-6　　　东三省技术市场技术流向地域合同金额　　　单位：万元

年份 地区	2005	2011	2012	2013	2014	2015
辽宁	855864	3966798	3978888	2482137	2504925	2312705
吉林	134995	337303	462966	469842	507987	545214
黑龙江	153920	644749	735468	840683	1085741	1076757
东三省	1144779	4948850	5177322	3792662	4098653	3934676
全国	15513694	47635589	64370683	74691254	85771790	98357896

（二）东北老工业基地技术市场存在的问题

1. 技术交易的市场化水平不高

技术商品有别于一般物质商品，技术市场是这种特殊商品供求关系的总和，是科技成果从科研领域转移到生产领域，并在生产领域发挥作用，转化为直接生产力的广泛、复杂、深入的过程。

从供给方面来看，东北地区科技成果的主要供应机构是各类科研院所、大专院校，因受传统的科研体制的影响，提供的多是实验型、技术型的成果，而不是提供企业需要的生产型、市场型的技术商品。这样尽管每年都有许多科技成果面世，但是商品化率不高，专利利用率低下。即使是在已转让的技术成果中，真正能够形成规模经济效益，明显改善经济质量的技术成果也仅占转让科技成果的很小一部分。从需求方面来看，东北老工业基地的经济结构决定了国有企业是各项科技成果需求的主要组成部分，对科技成果的需求比重较高。但由于国有企业科技创新动力不足，缺乏相应的激励机制，且许多企业以自我研发为主，因此在技术市场上买进技术的企业很少。

2. 技术中介组织尚处于初步发展阶段

技术中介机构主要从事科技成果在实践中的转化应用活动，它是以科学技术作为商品，推动技术转移、转化和开发为目的，在与之相关的不同利益群体之间发挥桥梁、纽带作用，面向社会开展技术扩散、信息交流、成果转化、科技鉴定、技术评估、创新资源配置、创新决策和管理咨询等专业化服务的机构和组织。其主要功能是在政府、高校、企业之间发挥科技中介、桥梁纽带作用，为科技创新、成果转化活动和产学研合作提供应用研究、技术、管理、信息、人才、金融、法律等服务。例如，一方面，企业需要最新技术，但他们往往并不知道到哪里找最适合他们的技术；另一方面，高校和科研机构主要是科技的产出主体，要使科技成果最终走向市场，并不是他们的强项。所以往往是一方面大量的科技成果被束之高阁，另一方面有多企业非常需要这些成果，而这正体现了技术中介存在的价值。[①]

东北地区目前的技术中介组织还属于初级发展阶段，很多中介主体从产生到运作都带有浓重的政府色彩，很难做到真正的市场化运作，其服务意识不强，服务水平低下的特点还较为明显：（1）从业人员的素质不高。在科技咨询、技术市场等中介机构中，尽管主要业务人员大多为技术人员出身，但却缺乏必要的市场经济知识和进行市场运作的能力。（2）设备和技术短缺。目前，东北地区建有专门数据库和专业网站的中介机构比例还很低，中介机构的基础条件较差。（3）与国际接轨的机制尚未全面建立。东北地区技术中介机构的业务大都面向国内市场，尚未形成类似上海国际企业孵化器（IBI）等面向国际市场的中介机构，大多数中介机构对国际惯例还不熟悉。

（三）完善东北老工业基地技术市场的制度安排

1. 运用多种手段促进技术交易

首先，应发挥东北地区自身的科技优势，引导大学、科研院

---

① 高汝熹、罗守贵、王永辉：《我国技术中介发展的问题与对策》，载于《研究与发展管理》2003年第3期。

所和企业研究中心等技术产出机构开发适应市场需要的先进技术，并不断扩大技术市场的交易量。其次，要加强对知识产权的保护，为技术交易创造良好的市场环境。再次，通过各种中介组织，有效制造和传播"正的"市场信息，降低"柠檬市场"的影响。最后，加强政府部门对技术市场的监管力度，充分发挥政府部门的职能。为减少技术产品交易中的信息不对称，提高技术市场中各方参与者的利益水平，相应政府部门可逐渐建立技术市场的准入制度和信用评级制度等。

2. 加快建立社会化的科技中介服务体系

应积极引导技术中介服务机构向规范化、规模化和专业化的方向发展。首先，鼓励民营企业及民营资本参股和进入技术市场中介服务机构。鼓励发展多种形式、面向社会的技术中介机构，为技术交易提供信息、场所、论证、经纪、评估、产权交易等服务。其次，引导技术市场中介服务机构通过兼并重组、优化整合、理顺产权等方式，大力推进技术中介组织的独立性与社会化转制进程，逐步实现技术中介服务的现代化、社会化和综合化的发展目标和模式。尤其是要建立一批具有示范效应的品牌技术中介机构，要把技术中介机构建成科技成果吸纳、增值、扩散和转移的中心。再次，要严格技术交易中介机构的准入，鼓励和支持技术市场各类同业协会开展自律管理与服务，逐步规范技术交易中介服务机构。最后，要大力培养高素质技术经纪人队伍。全面提高技术中介机构从业人员的业务素质和水平，造就一批懂技术、懂经营、懂管理、懂法律的复合型高素质的技术经纪人队伍。

3. 加强技术市场的法制化建设

第一，要建立健全系统配套的技术市场法律法规监管体系，提高司法和执法水平，严厉打击技术交易中的违法行为。

第二，要加强技术市场政策环境建设，进一步深化科技体制改革，增强科技机构活力，促进技术商品供给稳定增长。一是逐步转变政府职能,改善宏观管理,采取切实措施,构造平等环境,解除研究开发组织和科技人员对政府的行政依附,使其成为独立的商品生产者和经营者。二是逐步发展各类自筹资金、自主经营、自负盈亏的科技生产经营实体,使之成为我国新型研究与开发体系和科技产业的生力军。三是进一步完善科学基金制,使技术成果供给在广泛资助背景下不断增长。四是尽快制定出台符合本地区实际情况的风险性投资政策,有效加快高科技开发和应用进程。

第二节 规范发展商品市场

一、东北老工业基地商品市场发展现状

(一)商品市场主体数不断增加

近年来,东三省以大中型综合商场(店)、专业店、社区商业(便利店)、连锁店、农家店构成的批发零售业和餐饮住宿业为市场经营主体的商贸服务业不断发展,市场主体总体数量逐年增加。

通过表7-7可以看出,2009~2015年间,东三省批发和零售业企业单位数总体呈现逐年上升趋势。2015年东三省批发和零售业企业单位总数为9667个,比2009年增加了3589个,上升了37.13%。其中辽宁批发和零售业企业单位总数为6020个,比2009年增加了2063个,上升了34.27%,吉林批发和零售业企业单位总数为1714个,比2009年增加了869个,上升了50.70%,黑龙江批发和零售业企业总数为1933个,比2009年增加了657个,上升了33.99%。

表7-7　　　　　东三省批发和零售业企业单位数　　　　单位：个

地区	类别	2009年	2010年	2011年	2012年	2013年	2014年	2015年
辽宁	批发业法人企业单位数	2058	2352	2897	3321	3498	3376	2970
	零售业法人企业单位数	1899	2433	2625	2955	3290	3315	3050
吉林	批发业法人企业单位数	293	346	385	439	427	437	523
	零售业法人企业单位数	552	778	850	907	925	991	1191
黑龙江	批发业法人企业单位数	737	683	716	813	842	825	737
	零售业法人企业单位数	539	864	937	1126	1195	1234	1196

资料来源：国家统计局国家数据网站：http://data.stats.gov.cn/index.htm。

（二）商品市场营销规模日益增大

在东北老工业基地商品市场主体总体数量逐年增加的同时，商品市场营销规模也日益增大。

通过表7-8可以看出，2006~2015年期间，东三省社会消费品零售总额逐年增长，呈现较快的上升趋势。2015年东三省社会消费品零售总额达到了27079.3亿元，比2014年增加了2126.1亿元，增长了7.85%。其中辽宁12773.8亿元，比2014年增加了980.7亿元，增长了8.3%；吉林6646.5亿元，比2014年增加了565.6亿元，增长了9.3%；黑龙江7640.2亿元，比2014年增加了624.9亿元，增长了8.91%。按消费形态统计，2015年辽宁商品零售额为11272.9亿元，增长7.5%；餐饮收入额为1500.9亿元，增长9.8%；吉林商品零售额为5891.29亿元，增长9.0%；餐饮收入额为755.16亿元，增长11.4%；黑龙江批发零售额为6728.1亿元，增长8.4%，住宿和餐饮收入额为900.7亿元，增长11.3%。按城乡统计，2015年辽宁城镇零售额11575.2亿元，比上年增长7.2%；乡村零售额1198.6亿元，比上年增长13.4%；吉林城镇消费品零售额5870.17亿元，比上年增长9.0%；乡村消费品零售额776.29亿元，比上年增长

11.6%；黑龙江城镇消费品零售额6685.9亿元，比上年增长8.7%，乡村消费品零售额954.3亿元，比上年增长10.1%。

表7-8　　　　　东三省社会消费品零售总额　　　　　单位：亿元

年份 地区	2006	2007	2008	2009	2010	2011	2012	2013	2014	2015
辽宁	3434.6	4030.1	4917.5	5812.6	6809.6	8003.6	9256.6	10524.4	11793.1	12773.8
吉林	1675.8	1999.2	2484.3	2957.3	3504.9	4119.6	4772.9	5426.4	6080.9	6646.5
黑龙江	2029	2386.2	2928.3	3401.8	4039.2	4750.1	5491	6251.2	7015.3	7640.2

资料来源：《辽宁统计年鉴（2016）》《吉林统计年鉴（2016）》《黑龙江统计年鉴（2016）》。

（三）商品消费水平逐年提高

2015年，辽宁城镇居民人均消费支出21556.72元，比2014年增长了5.05%，农村居民人均消费支出8872.8元，比2014年增长了13.74%；吉林居民人均消费水平为14630元，比2014年增长了7.08%，其中城镇居民人均消费水平为19358元，比2014年增长了4.36%，农村居民人均消费水平为8837元，比2014年增长了13.15%；黑龙江居民人均消费支出13403元，比2014年增长了4.97%，其中城镇常住居民人均消费支出17152元，比2014年增长了4.16%，农村常住居民人均消费支出8391元，比2014年增长了7.16%。[①]

（四）商品期货市场影响力日益提高

商品流通不仅包括现货交易，还包括期货交易。东北期货市场主要有大连商品交易所和与其相伴发展起来的期货行业。大连商品交易所成立于1993年2月28日，是经国务院批准的四家期

---

① 国家统计局：《中国统计年鉴（2016）》，中国统计出版社2016年版。

货交易所之一，也是中国东北地区唯一一家期货交易所。经中国证监会批准，目前已上市的品种有玉米、玉米淀粉、黄大豆1号、黄大豆2号、豆粕、豆油、棕榈油、鸡蛋、纤维板、胶合板、线型低密度聚乙烯、聚氯乙烯、聚丙烯、焦炭、焦煤、铁矿石共计16个期货品种，并推出了棕榈油、豆粕、豆油、黄大豆1号、黄大豆2号、焦炭、焦煤和铁矿石等8个期货品种的夜盘交易。2017年3月31日，大商所上市了豆粕期权，同时推出了豆粕期权的夜盘交易。成立二十多年来，大商所规范运营、稳步发展，已经成为我国重要的期货交易中心。截至2016年末，拥有会员单位166家，指定交割库247个，投资者开户数273.70万个，其中法人客户8.21万个；2016年，大商所年成交量和成交额分别达到15.37亿手和61.41万亿元。根据美国期货业协会（FIA）公布的全球主要衍生品交易所成交量排名，2016年大商所在全球排名第8位。目前，大商所是全球最大的油脂、塑料、煤炭、铁矿石和农产品期货市场。①

二、东北老工业基地商品市场存在的问题

（一）商品市场中行业垄断现象仍然较多

行业垄断即是政府及其所属部门滥用行政权力，限制经营者的市场准入，排斥、限制或者妨碍市场竞争。这特别表现为一些集行政管理和生产经营于一体的行政性公司、承担着管理行业任务的大企业集团以及一些挂靠这个局、那个部享受优惠待遇的企业。这些企业凭借政府给予的特权，有着一般企业所不可能具有的竞争优势，在某些产品的生产、销售或者原材料的采购上处于人为的垄断地位，从而不公平地限制了竞争。这种现象也就是

---

① 大连商品交易所网站：http://www.dce.com.cn/dalianshangpin/gywm7/dssjj/index.html。

"权力经商"。由于垄断行业缺乏有效的市场竞争，行业内只手遮天，使其既不可能也无必要积极进行探索行业内的市场竞争，从而缺乏行业创新、发展和追求高服务质量的动力，导致垄断行业时常表现出服务价格高、服务态度差、工作效率低下等问题。而垄断行业又与城镇居民日常生活息息相关，其低服务水准已广泛地激起了居民的不满。

（二）城乡二元市场建设水平差距明显，农产品市场流通体系不够健全

首先，县城市场建设普遍落后于中心城市。乡镇的商业设施仍停留在计划经济年代，主要的商业网点仍然是那些挂着原供销社牌匾的但早已经与原供销社经营理念完全不同的个体经营业者，其网点数量、经营规模和服务功能仍然停留在计划经济时代。同时大中城市新型业态发展较快，现代化经营手段应用的相对广泛。而在县城几乎见不到新型商业业态，仍然是过去传统的经营方式。

其次，农产品交易缺乏高水平、全方面、大流通的市场体系和宽松的流通环境。东三省大部分地区农产品销售还以农村的小集贸市场为主，导致农产品流通成本极高。目前，交易量大、知名度高、辐射面积广的专业农产品批发市场数量不足，难以保证农产品在东北地区乃至全国范围内流通，也无法有力地吸引外地客商和企业，即使是现有的农产品市场也由于基础设施、管理水平、信息手段、报关功能等方面的不足而难以满足经营者的服务要求。

（三）生产资料市场布局不合理，交易方式落后

首先，东三省的生产资料市场布局和管理存在着一定的盲目性，仍然缺乏科学的规划和有效的协调。使得有些地区同一门类的市场过于集中，从而市场间出现过度竞争，造成了市场资源的

浪费和市场管理的失控。还有的市场不顾及地域条件和地区经济发展的约束，盲目追求市场规模，出现强建市场，建了市场又有场无市的情况。有些地区条块之间缺乏协调，争办市场，造成重复建设，严重浪费资源。

其次，生产资料的交易方式落后。一些市场仍满足于集市贸易式的摊位式交易，忙于出租市场的摊位，而缺乏发展现代商品流通意识。管理水平粗放、服务功能较少等弊端的存在，已经无法满足客户在仓储、运输、加工、配送、信息传递等方面全过程服务的要求。此外，生产资料的交易没有充分利用电子商务等新型营销的方式，没有广泛拓展高效快捷的网上交易平台，使得生产资料的交易仍显得比较滞后。

三、东北老工业基地商品市场存在问题的成因

（一）政府对垄断行业的规制改革滞缓

首先，一些垄断行业政企不分、职能错位。政府既是经营主体，又是执行监督主体，出现政府和企业职能错位，行业生产经营管理行政化、政府行业管理职能弱化等一系列问题，而政企不分导致极强的垄断势力，严重阻碍了竞争机制的引入和改革。其次，垄断行业的主管部门与垄断行业结成了利益共同体，阻碍了垄断行业的改革。所以行业垄断的改革必须调整既有利益的格局，使相应的垄断行业的主管部门成为真正中性的政府机构，才能提高政府管理和行业经济运行的整体效率。再次，一些垄断行业具有自然垄断的特征，即使主管部门在竞争环节引入新的竞争者，垄断行业仍可以凭借其垄断势力占有优势。最后，反垄断的法律法规尚不健全，政府主管部门对垄断行业还缺少具有约束力的管制。

(二) 农产品流通环节信息交流差，城乡二元经济体制导致商品市场发展失衡

由于农产品市场仍停留在初级阶段，发育很不完善，因而无法形成信息发布机制，在其流通中信息不对称现象在所难免。目前，尽管有多个农业信息网站，但真正能对农民发挥指导作用的信息不是很多。加之受客观条件限制，农民获取信息的成本较高，信息利用率明显不足。多年来农民种养殖跟风问题突出，表现在市场上经常出现某个品种产量多一年少一年的问题，加大了农业生产风险，严重制约了农村市场经济发展。

长期以来，因城乡二元经济模式主导，东北地区在市场建设中普遍形成了"重城市、轻农村"的局面，公共财政对农村市场建设基本没有投资，在农村工作中表现为"重生产、轻流通"，结果导致了城乡商品市场无论是在建设上还是运行效率上都存在着巨大差异，造成了城乡之间商品市场相对割裂，流通体系不健全，加大了大农业、小生产与大市场的矛盾。从而造成市场供需难以平衡，价格波动对农业生产的破坏力也比较突出。为了早日实现农业产业现代化，将小生产与大市场顺利对接，让广大农户顺利进入市场，把农产品尽快转变为商品、尽快变现，大力发展农村商品市场将是目前亟待解决的问题。

(三) 商品市场建设缺乏全局发展战略

长期以来，东北的市场建设都由各地政府负责，市场选点布局局限于行政区划，基本上是各自为战，缺乏对经济区域发展特点的考虑，商品的流向、流量和市场辐射范围等市场体系建设要素并未得到充分重视，因而缺少能够对某一区域经济发展发挥综合性统领作用的具有较大辐射力的商品批发市场。同时，城市与城市之间、区域与区域之间缺少协作理念，也制约了统一大市场的形成和城乡市场的协调发展。

四、完善东北老工业基地商品市场的制度安排

(一) 推进政府对垄断行业的规制

首先,要切实做到政企分开,使垄断行业的政府主管部门真正成为行业的监督者而不是经营者。只有使垄断行业同行政权力相脱离,使其不再成为利益共同体,才能给行业提供一个公平竞争的市场环境。其次,取消大部分垄断行业的进入限制,鼓励民间资本进入行业中参与竞争,从而形成多种所有制经济相互竞争和促进共同发展的新局面。再次,对于一些垄断行业的价格标准的确立,不能仅由垄断行业或是政府主管部门制定,应当建立消费者畅通有效的表达机制和监督机制,比如定期召开听证会等,使消费者能有表达自身意愿的合法渠道,对垄断行业起到监督作用。最后,逐步建立健全反垄断的法律法规,借鉴发达国家在反垄断方面良好的法律法规经验,使政府主管部门对垄断行业的管制能有一个有效的依托。

(二) 大力健全城乡商品市场一体化体系

首先,点线结合,搞好区域性市场布局。要以中心城市为结点,以多元化流通组织和规范化商品市场体系为纽带、以高效运行和现代化程度不断提升的物流系统为支撑,发挥其在区域经济发展中的先导性作用。在区域性结点上应重点建设一批年交易额10亿元、20亿元、50亿元、100亿元的大型中心市场(商品集散中心)和一定规模的专业批发市场,扶持一批物流、连锁配送和信息服务功能齐备、制度完善、现代化水平较高的市场主体,使其具备辐射整个区域的功能。其次,大力推进城乡市场对接。采取多种政策和措施,推进各中心城市流通主体向农村延伸经营网络,逐步以组织化、网络化的市场形式,加强对农村

市场的辐射力，促进农村消费终端市场建设，带动农村经济发展。同时，采取相应措施，有重点地选择一批区域性农产品交易与集散批发市场，鼓励和吸引其积极向中心城市大型市场靠拢，形成当地农产品汇集中心，促进产地农产品更快、更具规模效益地进入大中城市的市场。最后，继续完善农村市场体系和农产品流通渠道。继续推进"万村千乡"市场工程和"双百工程"。对具有优势资源和具有特色的大型农产品加工企业、批发市场进行升级改造，进一步增强企业的市场辐射力。大力推进"农超对接"经营模式，中心城市粮油、果菜、水产品批发市场与区域内产地农产品批发市场，要按照"农超对接"模式，组织农产品流通。全面建立从产地到超市的冷链系统和快速检测系统。

（三）合理规划生产资料市场建设

首先，有关部门对重点发展的生产资料市场应进行统一规划，重新布局。从地域特点、经济发展的实际水平和产业发展的特点出发，在整合现有资源的同时确保生产资料的市场建设与城市发展规划相一致，明确各生产资料市场发展的方向和重点。其次，进一步完善各生产资料市场的商品流通功能，积极运用新兴的交易形式。要充分利用计算机技术、网络技术等不断拓展生产资料市场信息交流的平台。积极发展电子商务，形成生产资料电子商务中心和信息发布中心。在订货、仓储、运输、结算等业务环节实行电子商务服务等，并逐步实现网上广告促销、网上销售、网上支付的完整网上生产资料流通过程。最后，规范生产资料的批发体系。根据不同商品的生产和消费特点，探索综合批发与专业批发、买断经营与代理代销，积极拓展仓储、物流以及融资等延伸服务，满足生产企业和零售商的需求。

第三节 积极培育市场中介组织

一、东北老工业基地市场中介组织发展现状

市场中介组织一般是指那些介于政府与企业之间、商品生产者与经营者之间、个人与单位之间，为市场主体提供信息咨询、培训、经纪、法律等各种服务，并且在各类市场主体，包括企业之间、政府与企业、个人与单位、国内与国外企业之间从事协调、评价、评估、检验、仲裁等活动的机构或组织。市场中介组织是介于政府与市场之间的"第三方"，发展市场中介组织有利于分化社会管理，延伸政府服务，增强社会自律，完善市场体制。

我国市场中介组织一般可分为四类：一是具有法律性质的服务监督机构，包括会计师事务所、审计事务所、律师事务所、公证处、仲裁机构、计量和质量检验认证机构等；二是为交易双方提供各种服务的机构，包括证券交易所、期货交易所、资产评估中心、技术成果交流中心、信誉评估中心、商务信息咨询机构等；三是自律管理和服务机构，包括各种行业协会、商会、消费者协会等；四是传递经济信息的新闻媒介机构，包括电影、电视、广播、报纸、杂志等。

随着改革开放的不断深化，市场经济体制进一步完善，尤其是东北老工业基地全面振兴战略的进一步推进，东三省市场中介组织得到快速发展，市场中介组织的职能得以充分发挥，并且其在东三省经济发展中的重要作用也逐渐显现出来。但从全国范围来看，东三省的市场中介组织发展还显得较为迟缓，尤其是与发达地区的差距还十分明显，有待进一步培育和发展。

以建筑业中的建设工程监理企业相关指标为例（见表7-9），

2015年东三省共有建设工程监理企业723个，比2006年增加了87个，增长了13.68%，共有从业人员66372人，比2006年增加了29062人，增长了77.89%。其中辽宁共有建设工程监理企业307个，比2006年增加了1个，从业人员为24180人，比2006年增加了7374人；吉林共有建设工程监理企业188个，比2006年增加了25个，从业人员为17437人，比2006年增加了8527人；黑龙江共有建设工程监理企业228个，比2006年增加了61个，从业人员为24755人，比2006年增加了13161人。近10年来，无论从建设工程监理企业的企业数量还是从业人数上看，东三省整体上均呈现上升趋势。

表7-9　2006~2015年东三省建设工程监理企业基本情况　　单位：个

地区	类别	2006	2007	2008	2009	2010	2011	2012	2013	2014	2015
辽宁	建设工程监理企业单位数	306	302	291	276	291	293	294	303	307	307
	建设工程监理企业从业人数	16806	17762	18596	18739	22021	25886	26801	28296	27632	24180
吉林	建设工程监理企业单位数	163	165	158	142	174	186	189	181	195	188
	建设工程监理企业从业人数	8910	9874	10442	11231	13373	15386	16682	16789	18210	17437
黑龙江	建设工程监理企业单位数	167	182	176	121	199	230	230	232	241	228
	建设工程监理企业从业人数	11594	11508	13202	11181	16644	22603	25384	25757	26370	24755

资料来源：《中国统计年鉴（2016）》。

二、东北老工业基地市场中介组织发展中存在的问题

（一）数量少、规模小且分布不均衡

当前，市场中介组织在我国的发展相比我国市场经济发展水平来看，还较为落后，市场中介组织数量较少、规模较小、分布不均衡是全国各地区普遍存在的问题。东三省市场中介组织的发展在全国范围内仅仅处于中等水平，其整体数量少、规模小的问题就更加突出。仍以建筑业中的建设工程监理企业相关指标为例，2015年辽宁建设工程监理企业及从业人员数量，分别在全国排名第9位和第17位，吉林分别在全国排名第17位和第20位，黑龙江均在全国排名第16位。东三省与排名第一的江苏省企业数705个、从业人数78356人相比还有较大差距，且东三省建设工程监理企业的平均从业人员数为91.8人，相比江苏省的111.1人差距也是显而易见的。

东三省市场中介组织不仅数量少、规模小，其分布不均衡也是比较突出的问题之一。市场中介组织的发展缺乏整体规划和明确目标，政府也未能及时有效的进行调控和引导，造成市场中介组织发展盲目、无序、分布不均衡。具体表现在热门行业的市场中介组织较多、普通行业或急需发展行业的市场中介组织较少；低层次的中介组织较多、高层次的技术资本类中介组织较少；小型作坊式的中介组织较多、大型的市场占有率高的社会化中介组织较少、政府举办的多、民办的少等问题一直存在。

（二）独立性较差，行政依附性强

市场中介组织的自身性质决定了其应是介于政府与市场之间的"第三方组织"，应具有独立的地位，能够独立运行并行使其职能。以为政府与企业、商品生产者与经营者、个人与单

位服务为宗旨。但由于政府各部门利益驱动等因素，东北老工业基地市场中介组织官办色彩依然过于浓厚，定位较为模糊，政府指定中介组织现象较为普遍，许多市场中介组织虽然在形式上已经与政府系统相分离，实际上仍然依附于政府有关部门。在从事业务活动时，并不按照市场规律凭借服务质量公平竞争，而是利用行政权威，甚至有些行业市场中介形成了市场垄断。

（三）管理体制尚不完善

当前，对市场中介组织还缺少统一规划、协调和管理的相关制度，政府部门和社会团体各自为政、自成体系、互不兼容。而且由于很多市场中介组织与政府行政机构还存在着一定的依附关系，甚至有些政府部门直接管理中介组织的人、财、物，其独立性和自主性受到了严重的限制，市场中介组织自身应有的作用难以有效发挥。

（四）行为不规范、人员素质不高

当前，东北老工业基地市场中介组织服务质量普遍较低、公信力普遍不高。由于大多数市场中介组织的规模较小，获取信息渠道有限，因此在提供中介服务时，往往出现提供信息不及时等现象，给被服务单位或个人造成一定损失的事情时有发生。另外，由于当前对市场中介组织的监管不力，市场中介组织非法执业、无照经营、乱收费、欺诈等现象也屡见报端。

市场中介组织人员素质不高现象也普遍存在。市场中介组织的从业人员绝大部分都需要具备较高水平的专业知识，需要精通专业业务及通晓相关行业法律法规，需要高素质的专业人才。但当前东北老工业基地许多市场中介组织人员尚未经过专业化培训，人员素质水平不高，急需专业人才。

三、培育市场中介组织的制度安排

(一) 建立健全市场中介组织法律法规

建立健全市场中介组织法律法规体系,对市场中介组织的发展至关重要。当前我国关于市场中介组织的法律法规体系尚不健全。应借鉴国外经验,并结合我国国情和行业特点,逐步制定和形成配套的、不同层次的法律法规体系,用法律形式明确中介组织的性质、宗旨、地位、组成方式、经费来源、权利和义务等,用法律法规合理规范市场中介组织,依据法律法规对其进行规范、引导和监督,使中介组织的运行和管理尽快走上法制化的轨道。

(二) 规划市场中介组织的发展

市场中介组织的形成和发展,要以社会经济发展的需要为前提。要合理规划市场中介组织的发展,建立健全相关规章制度,优化市场中介组织布局。应加大力度引导和扶持高技术和高资本市场中介组织的建立和发展,要优先、重点发展与市场经济发展关系较为密切的中介组织,如会计师事务所、审计事务所、律师事务所、职业介绍所、资产评估事务所等,要对低端市场中介组织设定合理的准入标准,规范经营行为,杜绝低素质、低水平市场中介组织设立。同时,从实际出发,对已存在的市场中介组织进行改造和优化,做到改造与新建并举。另外,为加速我国市场中介组织的发展,有计划地引进港澳及海外的某些中介组织到内地设立分部开展业务。这样,既有利于加快内地中介组织发展的步伐,又有利于我们借鉴境外市场中介组织的先进技术和管理经验。

(三) 明晰市场中介组织的地位

明晰市场中介组织"第三方"的独立地位，是充分发挥市场中介组织职能和作用的前提条件。通过建立健全相关法律法规，确保市场中介组织的正常经营活动不受其他组织或个人，尤其是政府及相关行政部门干预，保证市场中介组织的独立性不受侵害。转变政府职能，明确政府的服务和监管权限，正确区分市场监管和企业运营之间的界限，不能直接或间接的从事市场经营活动，不能从市场中介组织的经营活动中谋取自身具体利益。政府应实现由唱主角到当配角、由包办到协办的角色转换，政府应当担负维护良好的市场秩序，消除不正当竞争，建设统一、开放、竞争、有序的现代市场经济体系的责任。为中介组织的合理定位和独立运作创造良好的社会经济环境。政府要加强中介组织的监管，制定适合各类中介组织发展的政策和法规，并监督其执行，政府监管还应包括对中介组织及其构成人员的资格进行审核和确认等。

(四) 加强市场中介组织行业自律

强化市场中介组织的行业自律建设，充分发挥市场中介组织行业协会作用。中介机构中尚未建立行业协会的，要抓紧做好筹备工作，尽快成立行业协会，对经济上尚不能自立的协会，可以考虑由政府财政给予一定的资助，对虽有行业协会但其机构、人员、职能不全的，要抓紧调整充实。中介机构行业协会要严格按照相关法律、法规，结合本行业特点，健全行业规章制度，特别是要充实"惩戒条例"，对违规、违纪者进行相应处罚。设立行业协会监督机构，形成政府、社会、行业协会监督机构共同监管的监督机制。加强和完善从业人员的培训机制，坚持先培训、后上岗，提高专业人员和整个中介组织的素质，培养一批过硬的专家队伍，以保证提供优良的服务；在提高业务素质的同时，加强职业道德教育，提高整个队伍的政治思想素质，端正服务态度，切实纠正行业的不规范行为。逐步建立起中介组织内部的激励机制、竞争机制和约束机制，实行人才的合理流动，优胜劣汰。

(五) 完善市场中介组织内部管理制度

首先，完善市场中介组织的内部控制制度。形成业务人员、部门负责人员、机构负责人员共同参与的、多级别、多层次的有效控制制度。严格按照相关法律法规和行业准则的要求，进一步提高业务质量。其次，完善市场中介组织执业行为记录制度。中介服务机构及其从业人员对外提供的服务一般缺少物化的载体。如果市场中介组织不对服务行为进行必要的记录，将会使得外部人员事后对这些行为进行评价变得非常困难。特别是在违法违规案件的查处过程中，监管部门收集线索，调取证据几乎不太现实。在法律上要求市场中介组织建立健全执业行为记录制度，做好对每一项具体业务的全程记录，收集、整理和保存包括委托书、服务合同、收费凭据、工作底稿、工作报告在内的全部资料，一方面可以解决行政监管过程中的"取证难"问题，另一方面也可以实现行政执法成本的合理转移。①

---

① 陈速：《市场中介组织管理制度研究》，重庆大学，2008年。

第八章

以体制机制创新推动创新创业

　　2015年6月国务院颁发《关于大力推进大众创业万众创新若干政策措施的意见》,提出"大众创业、万众创新",培育和催生经济社会发展新动力。随后《关于加快构建大众创业万众创新支撑平台的指导意见》《关于建设大众创业万众创新示范基地的实施意见》《关于强化实施创新驱动发展战略进一步推进大众创业万众创新深入发展的意见》等各项具体文件出台,推进创新创业进一步深入发展。2017年10月,党的十九大提出,激发和保护企业家精神,鼓励更多社会主体投身创新创业。在全国推动创新创业发展的道路上,地区表现却十分不平衡。黑龙江省为创新创业的沉寂地区,吉林省为不活跃地区,相对发展较好的辽宁省也没有跻身于活跃省份行列[①]。东北地区创新创业发展相对滞后既有历史原因,也有现实原因,但根本因素在于强势政府与弱势市场的结合,在于体制机制的问题没有彻底解决。本章深入分析东北地区创新创业现状与问题,借鉴其他地区经验,以体制机制创新推动东北地区创新创业,实现东北老工业基地的再一次振兴。

---

　　① 宋冬林:《制约东北老工业基地创新创业的主要因素及建议》,载于《经济纵横》2015年第7期,第11~13页。

第八章 以体制机制创新推动创新创业

第一节 创新创业的理论分析

一、创新创业

创新与创业是相互作用的,创业活动依赖于创新,创新也依赖于创业活动繁荣经济①。若技术被当成"(有文化价值的)手工制品",那么他只能通过市场机制才能转化为创新②。这就意味着,单单一项技术没什么价值,只有通过企业家管理来满足市场需求,技术才能创造价值。熊彼特沿着同样的观点进行论证,强调创新并不是单独出现的,而是以群体或集群的形式存在。最初一个或几个企业家的出现,促进了其他企业家越来越多的涌现,最终形成创新集群③。创业具有促进创新并维持创新体系的潜力。在从事一项新的经济活动时,创业者以创新且有价值的方式重新组织资源,寻求变化。从系统的角度来看,创业是三种机会同时融合的结果,即市场、技术和制度④。但是,机会不仅仅造就企业家,相反是企业家创造机会与整合资源。企业家的努力唤醒其他经济主体,给他们提供机会,推动他们进行创新。总而言之,创业刺激创新并引导创新过程。创业被看作是一种嵌入式力量,能够激励学习,创造或增强构成创新系统支柱的联系。

---

① Drucker P. F. *Innovation and Entrepreneurship*: *Practice and Principle*. New York: Harper & Row, 1985.

② Vespagen B. The Economics of Technological Change. The Textbook of Engineering and Economics Students, Eindhoven: Eindhoven University of Technology, 2001.

③ Kiessling T. S. Entrepreneurship and innovation: Austrian School of economics to Schumpeter to Drucker to now. *Journal of Applied Management and Entrepreneurship*, 2004, 9 (1): pp. 80 – 91.

④ Radosevic S. National Systems of Innovation and Entrepreneurship: in Search of a Missing Link. Working Papers, 2007, 6 (1): pp. 31 – 40.

二、制度对创新创业的影响

(一) 制度创业观

创业者的行为受到多方面影响,列文(Lewin)对此构建了一个简化模型,即 B =(P, E)。其中 B 表示创业者的行为,P、E 分别表示个体因素与环境因素。列文认为,导致创业者水平或创业结果不同的因素都来源于创业者个体的差异与创业环境的差异。创业是一项体现个人意志的高度个人化行为,但是个人的行为深受教育和文化体制的影响。同时,创业的结果也受相关制度(环境)的制约,因为制度(环境)会改变资源的分配和市场的机会。因此,体制机制或者制度就是影响创新创业的根本性要素。布鲁顿、奥斯龙和李(Bruton、Ahlstrom and Li,2010)把制度观和创业观相结合,强调了制度创业观的重要作用[①]。制度观强调制度环境对于企业资源分配和战略决策等的影响,即制度对市场的作用;创业观强调人的主观能动性对企业建立的影响,即企业家精神的作用。制度创业观结合了二者的观点,同时认为制度和企业家精神会相互影响。当企业创建时,良好的制度支持会激发企业家精神,使其最大限度发挥,企业更易于产生创新精神,敢于承担风险,从而更好地开拓和把握市场;而良好的企业家精神,有利于企业利用制度条件把握机遇,甚至会改变一些制度约束,为企业更好地发展做出努力。因此,制度或体制机制会对创新创业产生深远影响,同时它们间的相互作用也会影响创新创业的结果。此外,从制度的范围上来看可以划分为国家制度与地方制度。其中,好的地方制度对创新创业的影响不但会直接作

[①] Bruton GD, Ahlstrom D, Li H. L. Institutional Theory and Entrepreneurship: Where are We Now and Where Do We Need to Move in the Future? . *Entrepreneurship Theory and Practice*, 2010, 34 (3): pp. 421 – 440.

用于本地创业者,激发创业活力,也会间接作用于其他地区,吸引其他地区的创业者,从而使地域之间的流通性加强,如图8-1所示。

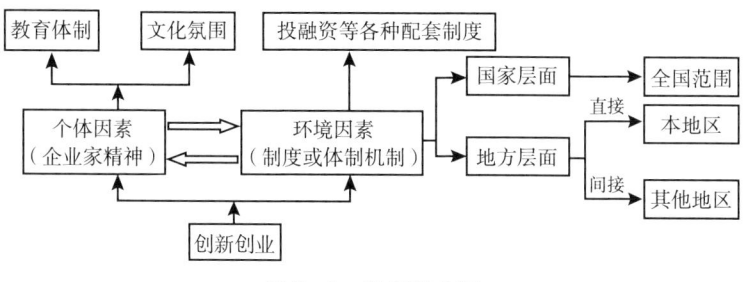

图 8-1 制度创业观

(二) 创业生态系统

生态系统这一概念由坦斯利(Tansley)首次提出,其定义为涵盖各种生物及其物理环境的集合。斯皮林(Spilling,1996)把生态学与创业学相结合,提出创业生态系统,以此对创业活动进行全面分析[1]。随后相关学者对创业生态系统进行了大量理论分析,认为系统中包含各种创业要素,如表 8-1 所示。2017年,全球创业观察组织(The Global Entrepreneurship Monitor,GEM)发布《全球创业观察 2016/2017 报告》,定义的创业生态系统框架条件包括创业融资、政府相关政策支持、政府税收与管理体制、政府创业计划、学校创业教育、离校后创业教育、研发转化、商业与法律基础、内部市场动态性、内部市场压力与准入管制、物理基础设施、社会与文化规范 12 部分,如表 8-2 所示。与亚太地区平均得分相比,我国在学校创业教育和商业与法律基础这两项上得分偏低。与 65 个经济体相比,我国还在政府

---

[1] Spilling R. The entrepreneurial system: On entrepreneur-ship in the context of a mega-event. *Journal of Business Research*, 1996, 36 (1): pp. 91-103.

创业计划上排名落后。由此可见，创业生态系统主体上包括企业、政府、学校等机构部门，内容上包括教育、文化、金融资本、人才等各个方面。因此，创新创业活动需要各种相关制度的完善，也需要各相关主体高效执行，这就离不开配套体制机制的落实。

表 8-1　　　　　　　　　　创业生态系统研究

研究者	要素	具体内容
科恩（Cohen, 2006）	7 要素	非正式网络、正式网络、大学、政府、专业与支持服务、资本服务、人才库
伊森伯格（Isenberg, 2011）	6 要素	政策法规、市场、金融资本、人才、文化、基础设施
伏戈尔（Vogel, 2013）	3 维度	基础因素（基础设施、市场等）、环境因素（投资、文化等）、个人因素
科尔泰（Koltai, 2013）	6+1 要素	政府、投资、学术机构、企业、基金会、非营利组织+各环节积极参与者
福斯特、清水（Foster、Shimizu, 2013）	8 要素	无障碍市场、人力资本、资金与财务、导师顾问支持系统、监管框架与基础设施、教育与培训、主要大学、文化支持

表 8-2　　　　　　　　　中国创业生态系统要素评分

要素	得分	排名
创业融资	5.52	4/65
政府相关政策支持	5.20	14/65
政府税收与管理体制	4.71	17/65
政府创业计划	4.40	32/65
学校创业教育	3.29	26/65
离校后创业教育	5.32	12/65

续表

要素	得分	排名
研发转化	4.08	26/65
商业与法律基础	4.21	58/65
内部市场动态性	6.98	3/65
内部市场压力与准入管制	4.43	23/65
物理基础设施	7.30	12/65
社会与文化规范	5.78	10/65

资料来源：GEM 2016/2017 Global Report. http：//www.gemconsortium.org/report/49812，2017-02-04。

三、中国式"体制内外"与创新创业

制度或体制机制的不同会带来不同的创新创业结果，但是中国式特有的"体制内"与"体制外"的区分，也会对创新创业产生巨大影响。改革开放以前，我国实行计划经济体制，国家对资源分配、生产消费等都统一计划，即指令型经济。这种"单位制度"使就业、养老等都由单位分配，因此，这一时期不存在"体制内外"的区分。改革开放后，伴随国企改革、民营经济涌入，开始出现"体制内外"的差异。党政机关、事业单位以及国有或集体企业构成"体制内"；民营、个体、外资等企业构成"体制外"。政府对资源分配的主导，以及在中国尤其在东北地区"先体制内、后体制外"的思想导致"体制内外"的人享有不同的待遇与权力。

对于正式制度而言，"体制内"群体拥有天然的制度优势与特殊利益，如高额贷款、快速行政审批等，造成资金等资源多流向大型国有企业。在东北地区，"体制外"人群创业可能会受到重重障碍，遭受非市场化不公平对待，被迫接受更高的条件。正

式制度成本的增加,会侵占创业资金、抑制个体的创业动机[①]。最终导致的结果是:一方面,到东北创新创业的市场经济主体越来越少;另一方面,现存的创业者为寻求资源,易出现权钱交易等腐败现象。为规避制度歧视,创业者需要花费大量的时间、精力和金钱与各类机构打交道、跑关系,因此,生意常常是在餐桌上而非会议室进行。"体制内外"差别如此之大的原因是政府干预过多,政府管制显著降低创业概率,其每增加1%,创业概率大约降低1.68%[②]。与"体制内"权力集中相比,"体制外"权力分散,获取资源多依靠市场优势。对于政府部门工作人员来说,"体制内"的特权使其工作效率低下,出现制度性交易。对于东北地区人民来说,"体制内"工作稳定、声望较高、权力较大,"体制外"资源缺乏、机会较少、风险较高,产生人人都想进入体制内,拥有"铁饭碗"的现象,使东北创新创业活力不足。因此,东北地区急需缩小"体制内"与"体制外"的差别,这就需要改革原有体制机制,以体制机制的创新带动创新创业蓬勃发展。

第二节 东北地区创新创业现状分析

2015年国家发展改革委颁布《关于促进东北老工业基地创新创业发展打造竞争新优势的实施意见》,提出要完善促进创新创业发展的体制机制,促进大众创业。纵向上看,东北地区的创新创业水平逐渐提高,创新创业环境得到改善。以辽宁省为例,2016年新登记各类市场主体48万户,增长12%;登记技术合同

---

① Aidis R., S. Estrin, T. M. Mickiewicz. Size Matters: Entrepreneurial Entry and Government. *Small Business Economics*, 2012 (39): pp. 119 – 139.
② 陈刚:《管制与创业——来自中国的微观证据》,载于《管理世界》2015年第5期,第89~99页。

成交额增长 16.7%；有效发明专利增长 21.8%。搭建产业技术创新平台 38 个，组建创新战略联盟 12 个，引进海内外高端人才 500 多人，备案众创空间 105 家，创业孵化基地吸纳企业 9500 多户，扶持很多创客走上正轨。《关于建设大众创业万众创新示范基地的实施意见》使辽宁省沈阳市浑南区成为首批大众创业万众创新示范基地。为了更好地分析东北地区创新创业现状，本节借鉴夏维力和丁佩琪（2017）创新创业环境评价指标体系[①]，考虑数据的可获得性，利用 2014 年的截面数据，构建经济基础、基础设施、市场环境、人文环境、创业水平、金融环境和创新能力七个一级指标，下设二级指标，系统分析全国地区中东三省创新创业的水平，如表 8-3 所示。

表 8-3　　　　　　　东北创新创业相关指标

	指标	辽宁省	吉林省	黑龙江省
经济基础	人均 GDP 水平（元）	65201 (7)	50160 (11)	39226 (20)
	地区 GDP 增长率（%）	5.8 (29)	6.5 (27)	5.6 (30)
	第三产业增加值占 GDP 的比例（%）	41.77 (18)	36.17 (30)	45.77 (10)
	城镇登记失业率（%）	3.38 (18)	3.40 (19)	4.47 (31)
基础设施	互联网上网人数（万人）	2580 (9)	1243 (22)	1599 (18)
	互联网普及率（%）	58.8 (7)	45.2 (19)	41.7 (21)

[①] 夏维力、丁珮琪：《中国省域创新创业环境评价指标体系的构建研究》，载于《统计与信息论坛》2017 年第 4 期，第 63~72 页。

续表

	指标	辽宁省	吉林省	黑龙江省
市场环境	居民消费水平（元）	22260 (7)	13663 (18)	15215 (13)
	进出口总额占 GDP 比重（%）	26.91 (11)	12.03 (20)	12.02 (21)
人文环境	教育经费支出占 GDP 比例（%）	3.25 (29)	3.97 (20)	3.99 (18)
	教育经费支出增长率（%）	11.96 (28)	14.91 (23)	11.14 (30)
创业水平	科技企业孵化器数量（个）	65 (9)	37 (15)	34 (16)
	科技企业孵化器增长率（%）	54.76 (4)	32.14 (8)	9.68 (15)
	高技术企业数占规模以上工业企业数比重（%）	4.37 (24)	7.40 (11)	4.23 (25)
	高技术企业数增长率（%）	0.39 (30)	3.45 (25)	10.43 (17)
金融环境	科技企业孵化器当年风险投资强度（万元/项）	131.62 (21)	93.17 (26)	711.34 (2)
	规模以上工业企业研发经费内部支出额中平均获得金融机构贷款额（万元/个）	1.01 (27)	1.69 (19)	2.16 (14)
	平均每个科技企业孵化器孵化基金额（万元/个）	639.25 (21)	649.08 (19)	701.89 (18)
创新能力	每亿元研发经费内部支出产生的发明专利授权数（件/亿元）	9.13 (24)	10.97 (18)	15.21 (7)
	规模以上工业企业就业中研发人员比重（%）	2.70 (20)	2.10 (25)	3.75 (9)
	规模以上工业企业中有研发机构的企业占总企业数的比例（%）	3.27 (29)	2.99 (31)	5.39 (26)
	规模以上工业企业平均国内技术成交金额（万元/项）	3.09 (19)	2.73 (22)	1.09 (29)

注：括号内为全国排名。
资料来源：笔者根据《中国区域创新能力评价报告（2016）》《中国统计年鉴（2015）》相关数据整理得到。

在经济基础方面，除黑龙江省外，其他两省人均GDP靠前，能够为创新创业发展提供经济支撑。但是，东北地区GDP增速全国靠后，第三产业发展相对滞后，较高的失业率急需创新创业来带动就业。在基础设施和市场环境方面，吉林省和黑龙江省与辽宁省有较大差距，需要不断加快基础设施建设与改善市场环境。东北地区在人文环境排名上十分靠后。即使经济发展较好的辽宁，在教育经费的支出上也是全国倒数，教育体制机制亟待改革创新。东北地区科技企业孵化器数量和增长率在全国排名中上，说明创新创业有一定进展。科技企业孵化器是指培育和扶植高新技术中小企业的服务机构，为新创办的企业提供一系列服务支持，降低创业者的风险，提高成功率。沈阳国家高新区内，已经拥有沈阳动漫研发与软件外包孵化器、沈阳浑南电子商务孵化器、沈阳高新技术产业开发区科技创业服务中心与锦联新经济产业园产学研孵化基地四家国家级孵化器，为新区输送企业。但高技术企业数的比重及增长率却相对落后，与科技企业孵化器相关指标差距较大，这说明东北地区培育创新创业的机构早已发展，但在执行机制上不如其他地区，导致培育的高技术企业相对较少。此外，东北地区的金融环境不容乐观，风险投资强度、可获得的贷款额与基金额较少。东北地区的融资途径主要是银行贷款，间接融资占比远高于直接融资。同时金融机构的数量与服务创新的模式很少，导致创新创业企业获得资金较少，一定程度上阻碍了创新创业的发展。在创新能力上，东北地区在两方面落后。一方面是研发人员与研发机构的比重较少，另一方面是成果转化力差。这两方面问题暴露了东北人才紧缺，人才质量差的缺陷，也说明了企业对创新创业的执行力度不够，缺乏企业家精神，即文化氛围不浓重。

通过分析以上数据发现，制约东北地区创新创业的主要障碍是体制机制，尤其是机制的运行。人才体制机制不健全，导致东北地区人才流失；教育体制机制落后，导致创新创业人才紧缺；金融体制机制不完善，导致企业投融资困难。同时产权、税收等配套制度的滞后，导致创新创业环境进一步恶劣。此外，非正式制度即文化的影响也不容忽视。正是"等靠要"的惯性造成企业家精神的缺失，导致创新创业各个环节执行机制不能良好运行，效率低下。在东北内部，创新创业基础差异较大，发展不平衡，因此区域合作协作的体制机制应进一步加强。

第三节 浙江创新创业经验与启示

浙江省原本是一个没有资源优势与国家扶持的省份，但改革开放以来，经济发展迅速，1978~2016年全省GDP总值由全国第12位上升到第4位，成为经济大省，被称为"浙江现象"。《2017中国创新创业报告》发布"2017中国大陆最宜创业城市排行榜50强"，其中浙江省有4个城市入榜，这与浙江省一直倡导和支持大众创业、万众创新密不可分，与"东北现象"或"新东北现象"形成强烈对比。本节以东北地区创新创业发展相对较好的辽宁省为例，进行与浙江省的对比分析，学习先进经验，找到问题所在。

一、创新创业政策文件

浙江省与辽宁省有关"大众创业、万众创新"的地方文件不相上下，都包括创新创业教育、科技成果转化、促进就业和发展众创空间等内容，如表8-4和表8-5所示。因此，就顶层设计来看，两个省份政策并无太大差别，造成创新创业结果不同的只能是政策落实或运行的体制机制差异。

表 8-4　　　　　　　　　浙江省双创政策文件

时间	地方文件	内容
2015年6月1日	《关于印发浙江省"小微企业三年成长计划"（2015－2017年）的通知》	构建有效工作机制和平台、建立健全准入机制、实行政策扶持
2015年6月23日	《关于进一步促进全省经济平稳发展创新发展的若干意见》	激发创业创新活力、促进科技成果产业化、推进创新平台建设
2015年7月2日	《关于加快发展众创空间促进创业创新的实施意见》	发展市场化、专业化、集成化、网络化的众创空间
2015年7月21日	《关于支持大众创业促进就业的意见》	积极推进大众创业、鼓励企业吸纳就业
2015年9月14日	《关于进一步加强技术市场体系建设促进科技成果转化和产业化的意见》	完善技术市场体系，破除影响科技成果转化和产业化的体制机制障碍
2015年11月11日	《关于创新重点领域投融资机制鼓励社会投资的实施意见》	加大对社会投资的支持、创新融资机制和渠道
2015年11月30日	《关于大力推进大众创业万众创新的实施意见》	建成以民营经济和"互联网＋"为特色的创业创新生态体系
2015年12月12日	《关于加快科技服务业发展的实施意见》	提升科技服务对大众创业、万众创新的有效支撑能力
2015年12月30日	《关于大力发展电子商务加快培育经济新动力的实施意见》	加强电子商务创业创新和人才培养
2016年1月14日	《关于印发浙江省"互联网＋"行动计划的通知》	"互联网＋"创业创新、产业融合、益民服务等
2016年1月14日	《关于推进高等学校创新创业教育的实施意见》	推进创新创业人才培养体系建设

表8-5　　　　　　　　　辽宁省双创政策文件

时间	地方文件	内容
2015年6月19日	《关于进一步做好新形势下就业创业工作的实施意见》	积极推动创业带动就业、加强就业创业服务和职业培训
2015年8月3日	《辽宁省深化普通高等学校创新创业教育改革实施方案》	全面深化高校创新创业教育改革、建立创新创业教育体系
2015年8月3日	《关于印发辽宁省科技创新驱动发展实施方案的通知》	培育新技术、新产品、新业态和新商业模式,形成新的经济增长点
2015年8月3日	《关于印发辽宁省市场驱动发展战略实施方案的通知》	进一步提高市场主体准入便利化,激发大众创业的热情
2015年9月29日	《关于大力推进中小微企业创业基地建设的指导意见》	创新创业基地创建模式,打造辽宁老工业基地振兴发展新引擎
2015年11月11日	《关于支持大中专学生和复员转业退伍军人创业创新的若干意见》	加强创业创新前的教育培训、加强创业创新中的扶持力度
2015年11月11日	《关于发展众创空间推进大众创新创业的实施意见》	构建市场主导、政府支持的以众创空间为代表的创新创业服务体系
2015年11月11日	《关于支持农民工等人员返乡创业的实施意见》	激发农民工等人员返乡创业热情,增添大众创业、万众创新新动能
2015年11月11日	《关于进一步促进科技成果转化和技术转移的意见》	激发广大科技人员投身创新创业的活力,加快推进科技成果转化
2016年1月20日	《加快构建大众创业万众创新支撑平台的实施意见》	加快构建四众等大众创业万众创新支撑平台,推进平台健康发展

二、文化氛围

浙江省由于资源缺乏,人口众多,导致剩余劳动力频繁流动。为摆脱贫困谋求生存发展,浙江人练就了外出打拼的各项技艺,不等不靠,白手起家,形成了"千辛万苦、千山万水、千方百计、千言万语"的四千精神,艰苦创业,勇于创新。为了改变贫穷落后,什么苦都能吃,什么脏活累活都能干,秉持"不找市长找市场"的精神,形成了有市场的地方就有浙江人,有浙江人的地方就有市场的局面,创造了"浙江现象"。"能当老板能睡地板"的精神孕育了浙江省以个体为主的"群众性创业文化"。每一个人都是市场经济活跃的主体,个个想当老板;大钱要赚,小钱也要赚;不安于现状,追求创新发展。因此,浙商中不都是拥有高学历的知识分子,还有学历不高、甚至打铁的、卖菜的普通老百姓,这些人中有的已成为知名企业家。他们虽然基础素质低,但"干中学"思想浓厚,在创业中积累经验,抓住一切学习机会接受在职教育。

东北地区拥有丰富的资源与物产,地广人稀,从战争年代到建设新中国时期,形成了"集体主义创业文化",如大庆精神。但是长期受计划经济与国有经济制约,东北地区人民沉浸在分配体制中,创业精神逐渐减弱。特别是在改革开放后,不能抓住市场机遇,产生封闭保守、追求安稳、缺乏冒险精神的心态,"等靠要"思想加重。在下岗失业后,寄托于政府想办法,单位再安排。找关系靠人脉观念强于公平公开竞争理念,正当创造财富并不会得到所有人尊重,当公务员追逐权力寻求安稳才是大家竞相追求的目标,企业家精神严重缺失。农民的土地情结与市民的单位情节,使个体没有真正成为市场经济主体,全民创新创业局面尚未形成。同时,东北地区重视学历教育,学生以高学历为唯一目标。一旦取得学历,继续学习、终身学习观念薄弱。对国有成分、稳定成分的偏爱,使一些高学历者创新创业被认为"不正经",即使凭借自己双手获取财富,也被认为这种工作不体面,因此东北对创新创业者的尊重远不及浙江,如表8-6所示。

表 8-6　　　　　　　　文化氛围形成条件对比

地区	基础条件	创业文化	文化发展	解决问题	学历态度	创业态度	职业规划
浙江省	资源缺乏人口众多	群众性创业文化	摆脱贫困艰苦创业	不找市长找市场	唯能力论不断学习	尊重敬佩	个个想当老板赚钱
辽宁省（东北）	资源丰富地广人稀	集体主义创业文化	国有经济分配体制	政府想办法单位再安排	唯学历论止步不前	不体面不正经	公务员等安稳职业

三、人才体制机制

浙江省在人才教育与人才吸引方面起步较早，体系较完善，形成了四大创新创业新军，即高校类、阿里类、海归类与浙商类。近年来，浙江部分高校与政府、企业进行合作，搭建平台，开展各种类型的创新创业教育、培训与实践活动。普遍建立创业学院，并选择若干院校进行专科"2+1"、本科"3+1"和专业硕士"4+2"的培养模式，即有一年或两年集中到创业学院学习，以此方式进行创新创业骨干人才培养。同时在大学生创新创业基金方面给予支持。2015 年浙江省设立 5000 万元"天使基金"资助大学生创业团队，提供发展的第一桶金①。在创新创业实践平台方面，不断加大建设力度，如每年投入 200 万元进行 10 项学科性科技竞赛和 10 项技能大赛；在孵化器基地方面，进一步整合与完善浙江省内的大学生创新创业孵化基地，布局梦想小镇、云栖小镇等省级特色小镇；在师资力量方面，除校内理论教师外，还依托创业实践基地建立创业导师库，通过企业家创业大讲坛、总裁说等平台，实施"大学生创业导师计划"，聘请知名企业家、投资人等担任校外创业导师。浙江省在注重人才培养的同时，实施人才吸引政策。国企引人投入纳入考核利润，充分调

---

① 尚启庄、张晶：《浙江财政出资 5000 万元为创业梦想买单》，载于《中华工商时报》2015 年 8 月 7 日。

动用人单位引进人才积极性，实行市场化引才机制。为留住人才，采取一系列措施，如减少引进人才居留落户条件。

辽宁省已经出台高校创新创业教育改革实施方案，提出一系列在2020年应实现的目标。但就目前情况来看，创新创业教育学科建设相对滞后。创新创业只作为选修课，而没有纳入必修课课程体系，一些高校只注重理论学习，而应用性特点不突出，与市场需求脱节。人才培养模式单一，与创新创业相关的实践模式和与第三方机构合作培养模式较少。同时，教师队伍中实践型教师严重缺乏。在培养人才方面，相关投资较少，导致创新创业教育发展缓慢。人才吸引机制有待完善，尤其在工资、福利等方面与浙江省有较大差距。2017年秋季求职期平均薪酬城市分布中，37个主要城市大连排名第29位，沈阳排名第36位，而杭州排名第4位。一些高端人才被南方企业重金挖走，导致东北地区人才流失严重。

四、投融资体制机制

浙江省2017年2月发布《关于促进浙江省创业投资持续健康发展的实施意见》，指出到2018年底引导带动一批创业投资资本，资本规模达1000亿元。建立创业投资企业与各类金融机构长期性、市场化合作机制，推动发展投贷联动、投保联动、投债联动、投担联动等新模式，逐渐加强对创业投资企业的投融资支持力度。同时优化监管环境，引导创业投资企业实现以实体投资、价值投资与长期投资为导向的合理的投资估值机制。浙江省注重建立创新创业生态群落，实现"拎包入住"模式。只要创业者有好想法、好点子，他就可以毫无顾忌地来，后续的一切问题都会提供支持帮助解决。例如，入驻梦想小镇的互联网创业项目，政府强化政策供给，弱化审批管理。三年内办公场地无偿使用，给予最高100万元的信贷资金支持；把小镇作为商事制度改革试验区，推出多项改革措施，如两个工作日内三证联办、下放登记权限与冠名审批权限。项目由市场进行筛选，政府只负责配置资金。例如滨江区政府只负责把资金投给创投公司，由创投公司筛选项目，政府不参与决策也不从中谋利，只在三年后收回本金。通过此方式，使政府与市场的关系明确，政府不过多干涉，而是把扶持资金交给专业机构处理。

在投融资方面，辽宁省面临三大问题，即"不愿投"、"投不出"及"没有钱"。在辽宁沈阳，多家创投基金反映，沈阳要求创投基金必须有政府引导基金参股，60%的资金必须投在本地。这一举措的目的是引导资金投身当地发展，但结果却造成更多资金不愿意投到沈阳。"投不出"主要反映服务性问题，部门间协调困难。在创新创业发展较好地区，第三方机构会将项目资料整理好并送上门，投资人可以在家里看项目，但在辽宁甚至整个东北地区，缺乏第三方服务，投资人必须每一个项目都寻找走访，效率低下。虽然对特殊人才有一次性补贴，但需要跑上很多次，最终导致大量人才对这笔钱已没有兴趣。而在浙江，政府会帮忙把手续办好，钱很快到位。"没有钱"主要反映融资困难，政府扶持资金、金融贷款等多倾向于国有企业，民营企业难以得到急需资金。《2016中国创新创业报告》显示，全国六大区域中东北地区创业融资金额倒数第二，仅高于西北地区。全国创业融资金额排名前35名的城市中，东北只有哈尔滨入选。

第四节 体制机制创新对策

2016年《东北振兴"十三五"规划》提出，把创新摆在发展全局的核心位置，深入推进大众创业万众创新，使创新成为培育东北老工业基地内生发展动力的主要生成点。东北地区相关政策文件早已下发，但创新创业效果却不理想，这与政策的落实缓慢不无关系。因此必须创新相关体制机制，提高政策运行效率，从而增强东北地区创新创业能力。

一、创新文化体制机制

历史由两条经纬线构成,即观念与热情[①]。东北地区独有的历史经济环境,造成资源与体制机制的路径依赖,更重要的是造成区域文化的锁定。东北地区虽然人力资源素质较高,但没有适于创新创业的文化环境,导致创新创业精神不足、热情不高。文化这种非正式制度,不但影响个人的企业家精神,也会影响其他体制机制各个环节的落实效率。因此要推动东北地区创新创业,必先重塑东北文化,改变文化的缺陷与不足。既要弘扬"集体主义文化",提炼大庆精神的创业精髓,又要弘扬"群众性创业文化",形成全民创新创业氛围。文化的体制机制,不应局限于政府文件政策的出台,而应利用一切现代化手段积极创新。

首先,转变政府必须主导一切的观念,营造宽松的环境,减少干预意识,塑造公平透明的办公文化,自上而下断绝人情之路。东北部分地区创新创业政策停留在"以文件落实文件"层面,甚至一些被认为是"锁在抽屉里的",因此必须规范公职人员的行为,避免"关门打狗"、"吃、拿、卡、要"等现象。一方面,加强政府部门自律意识;另一方面,加强群众等社会力量的监督。开放政府数据平台,将创新创业的各个环节公之于众,接受社会各界的监督。其次,营造有利于全民创新创业的舆论环境。政府利用网站、微博等媒体平台大力宣传创新创业文化,尤其宣传不依赖政府、自强自立、敢于拼搏的创新创业者。通过政府牵头,使创新创业者得到尊重,使唯能力论成为普遍共识。最后,创建学习型文化机制。其他地区人民到东北创业,带来了新的文化基因,浙商的白手起家、粤商的敢闯敢试、晋商的诚信为

[①] 黑格尔:《历史哲学》,三联书店1958年版,第62页。

本、沪商的遵守规则等都可以给东北文化带来新的改变[①]。通过建立学习型文化机制，使差异性融合成为重塑东北文化的重要手段。

二、创新人才体制机制

在人才培养方面，创新教育体制机制。避免使创新创业教育等同于就业指导或科技发明创造，把就业率或科技发明创造实物形式当作创新创业教育的"产出"效果，而忽视创新思维和创业意识等人文素质的养成。在课程设置上，既要注重"全覆盖"又要注重分类指导。创新创业教育不再作为大四学生的专属，而应该覆盖到全体学生，将其与专业教育有机结合。对全体学生而言，着重培养创新创业素质与创造能力；对于有创业意向的学生，重点培养创业技巧与运营能力。利用"慕课"等形式，使创新创业教育突破地域与学校的限制，使社会各界都能进行相关学习。在实践方面，加强平台建设，整合社会资源。在教师队伍上，完善系统化师资培训机制。把"走出去"与"请进来"模式相结合，提高教师的技能与业务能力，组建多元化师资队伍。在人才吸引方面，注重用人机制与人才流动机制。提高人才待遇水平，实施激励性政策，用更"活"的机制吸引人才，更"优"的环境留住人才。成立专项基金，实现高层次人才分类认定，在股权激励与分红奖励上创新突破。

三、创新投融资体制机制

为创业投资营造良好的外部环境，降低创投风险。避免政府全权管理，把资金全部引入大型国有企业，而要学习浙江省的经验，让市场筛选项目，形成市场主导、政府支持、企业运作的经

[①] 林琳：《东北移民创业文化的历史变迁与当代价值》，载于《东北师大学报》2012年第2期，第190~193页。

济发展模式。政府要厘清企业与政府的权责利关系，不进行越位管理。完善征信体系，树立良好的契约精神，使投融资体制健康发展。建立健全创业投资引导基金服务机制，优化各项资金投入比重，引进优秀创投机构。利用市场化的滚动运作，发挥资金杠杆作用，引导社会、金融资本为创新创业提供投融资服务。同时，在"互联网+"时代，创新融资机制，利用股权众筹推动创新创业发展，利用PPP模式实现公与私的共享发展。以此方式提高直接融资比重，分散创新创业风险。为进一步鼓励创新创业，税收制度、产权管理等配套政策应进一步完善。为防止"投不出"现象再次发生，软环境的建设也不可或缺。影响创新创业软环境因素很多，并且细小，但是正是这些细节对政策的效果产生很大影响，因此必须提升政府的服务意识。例如，开设创新创业审批一站式服务，避免各种审批手续要跑多个部门多个窗口。

四、创新合作体制机制

合作体制机制包含两个方面，即区域间合作与部门间合作。一方面，在东北地区内部，各省市创新创业资源与能力差异较大，因此应发挥各地比较优势，进行协同合作。发展较好的地区，在发挥集聚效应的同时，增强辐射带动效应，避免差距过大的两极分化。在全国范围内，积极与浙江省等地进行创新创业交流，学习先进经验。另一方面，创新创业各个环节并不是相互独立的，而是相互贯穿、环环相扣的。因此要求各个相关主体通力合作，协同发展。在创新创业中，逐步将"产学研"合作模式转化为"政产学研"模式，最终实现"政产学研用"五位一体协同创新创业。在创新创业中企业追求最大化利润，高校追求教育成果，政府追求社会福利，科研机构追求科研成果，用户代表市场追求效用最大化。这种目标的差异性影响各方对合作利益的判断，因此必须找到利益平衡点，构建合作体制机制，形成信任的合作关系。在进行多方协同体制机制创新上，最根本的就是形成利益共享机制。以科研成果为纽带,把各方的利益、责任等紧密联系在一起,发挥政府引导者与推动者而非全权掌控者的功能,实现产业链、资金链、技术链、人才链的顺利衔接。"一个斯坦福能带出一个硅谷",资源整合、协同合作是如今东北地区创新创业的关键所在。打造东北地区的创新创业生态系统,每一个创新创业者与服务者要扮演好自己的角色合作共生,而生态系统的生成与演化离不开政府,因为政府是整个系统的设计者和维护者。因此,政府应该率先设计合作、相容的体制机制,明确各项政策如何落实,各个环节如何衔接。利用用户的市场导向作用,其他主体发挥各自比较优势,最终形成大众创业、万众创新,推动东北老工业基地再一次振兴。

参考文献

中文文献

1. 阿维纳什·迪克西特：《法律缺失与经济学：可供选择的经济治理方式》，郑江淮等译，中国人民大学出版社 2007 年版。

2. 布罗姆利：《经济利益与经济制度——公共政策的理论基础》，陈郁、郭宇峰、汪春译，上海三联书店、上海人民出版社 2007 年版。

3. 蔡雪雄、陈元勇：《转换城乡二元经济结构的路径选择和制度创新》，载于《东南学术》2009 年第 5 期。

4. 常健：《东北现象的根源是缺少创新机制》，载于《经济研究参考》2016 年第 4 期。

5. 陈丰：《论非正式制度对制度成本的影响》，载于《当代经济研究》2009 年第 10 期。

6. 陈柳、于明超、刘志彪：《长三角的区域文化融合与经济一体化》，载于《中国软科学》2009 年第 11 期。

7. 陈世海：《基于科技创新的辽宁经济结构战略性调整对策》，载于《科技进步与对策》2011 年第 2 期。

8. 陈速：《市场中介组织管理制度研究》，重庆大学，2008 年。

9. 陈晓红、王慧民：《我国不同地区的创业特征比较研究》，载于《中国软科学》2009 年第 7 期。

10. 陈晓娜：《基于制度视角下我国农村土地流转市场的发展》，厦门大学，2009 年。

11. 陈秀山、徐瑛：《东北地区与长三角地区经济效率和经济结构的比较研究》，载于《当代经济研究》2006年第3期。

12. 崔丹：《推动大东北文化产业集群发展的对策建议》，载于《哈尔滨市委党校学报》2014年第6期。

13. 道格拉斯·诺思：《经济史中的结构与变迁》，陈郁、罗华平等译，上海三联书店、上海人民出版社1994年版。

14. 道格拉斯·诺思：《理解经济变迁过程》，钟正生、刑华等译，中国人民大学出版社2008年版。

15. 道格拉斯·诺思：《制度、制度变迁与经济绩效》，杭行译，韦森译审，格致出版社、上海三联出版社、上海人民出版社2008年版。

16. 道格拉斯·诺思：《制度、制度变迁与经济绩效》，刘守英等译，上海三联书店、上海人民出版社1994年版。

17. 丁孝智：《基于岭南文化特质的粤商现代企业文化建设思考》，载于《广州大学学报（社会科学版）》2013年第5期。

18. 董楚平：《近代的吴越文化》，载于《杭州师范学院学报（人文社会科学版）》2001年第3期。

19. 杜威漩：《农业可持续发展的非正式制度制约及创新》，载于《社会科学家》2009年第1期。

20. 杜威漩：《市场化进程中的非正式制度障碍及其克服》，载于《社会科学家》2007年第8期。

21. 樊杰等：《东北现象再解析和东北振兴预判研究——对影响国土空间开发保护格局变化稳定因素的初探》，载于《地理科学》2016年第10期。

22. 冯先宁、文峰、胡树林：《从制度创新空间视角看二元经济结构转换》，载于《探索》2004年第1期。

23. 高晶：《制度创新是振兴东北老工业基地的关键》，载于《哈尔滨商业大学学报》2004年第6期。

24. 高元录、钱智勇：《东北地区民营经济发展的制度分析》，载于《东北亚论坛》2007年第1期。

25. 郭长义:《基于制度创新的辽宁装备制造产业竞争力提升——以沈阳市铁西区装备制造业改造过程中的政府制度创新为例》,载于《辽宁大学学报(哲学社会科学版)》2012年第3期。

26. 郭艳文:《东北工业化历史中的文化及其嬗变》,载于《黑龙江社会科学》2009年第4期。

27. 国家统计局:《中国工业统计年鉴》,中国统计出版社1990~2016年版。

28. 国家统计局:《中国统计年鉴》,中国统计出版社1990~2016年版。

29. 国家统计局、科学技术部:《中国科技统计年鉴》,中国统计出版社1991~2015年版。

30. 何军东:《非正式制度对民营经济发展的影响研究》,载于《商业时代》2009年第6期。

31. 洪银兴:《论市场对资源配置起决定性作用后的政府作用》,载于《经济研究》2014年第1期。

32. 胡庆祝:《论伪满时期日本在东北实行的奴化教育》,东北师范大学,2006年。

33. 黄群慧:《东北振兴:困局与突破》,载于《学习与探索》2016年第7期。

34. 黄群慧、石颖:《东三省工业经济下行的原因分析及对策建议》,载于《学习与探索》2016年第7期。

35. 黄泰岩、郑江淮:《企业家行为的制度分析》,载于《中国工业经济》1998年第2期。

36. 黄英婷、孙雪峰:《东北老工业基地的制度创新》,载于《黑龙江社会科学》2005年第3期。

37. 贾康、苏京春:《"混合所有制"辨析:改革中影响深远的创新突破》,载于《全球化》2014年第11期。

38. 贾彦宁:《地域文化对区域经济发展的影响——以旅游业为例》,山东财经大学,2015年。

39. 姜国强:《我国经济发展方式转变的制度障碍及其跨越》,载于《社会科学家》2012年第5期。

40. 姜国强、邵婧博:《东北地区经济发展方式转变的非正式制度障碍与创新》,载于《中小企业发展》2012年第3期。

41. 姜威:《中国东北工业重振:历史镜鉴与对策探讨》,载于《东北亚经济研究》2017年第6期。

42. 蒋寒迪、陈华:《从制度变迁看东北振兴的路径依赖与路径选择》,载于《企业经济》2005年第3期。

43. 蒋万胜:《中国市场经济秩序型构的非正式制度分析》,西北大学2007年版。

44. 康芒斯:《制度经济学》,于树生译,商务印书馆1981年版。

45. 柯丽敏、蔡海榕:《当代长三角科技创新模式及其文化底蕴分析》,载于《科技管理研究》2009年第10期。

46. 克劳德·梅纳尔:《制度、契约与组织》,刘冈等译,经济科学出版社1999年版。

47. 兰晓红:《推进农村土地承包经营权流转的对策研究》,载于《改革与战略》2011年第1期。

48. 蓝蔚青:《"浙江现象"与中国特色社会主义》,载于《中国特色社会主义研究》2007年第5期。

49. 雷丽平:《浅析企业文化及其对日本经济发展的作用》,载于《现代日本经济》2002年第6期。

50. 李春苗:《东北政府治理的文化特色治理现代化是重拾东北辉煌的基石》,载于《人民论坛》2015年第24期。

51. 李春艳、孟凡田:《东北老工业基地体制机制创新与层级型制度的建立》,载于《学术交流》2005年第1期。

52. 李男:《非正式制度与我国经济发展的关系研究》,吉林大学,2010年。

53. 李维安:《深化国企改革与发展混合所有制》,载于《南开管理评论》2014年第3期。

54. 李小兰：《服务型政府建设中的非正式制度研究》，福建师范大学，2009年。

55. 李兴山：《从浙江发展看大众创业、万众创新》，载于《理论视野》2015年第5期。

56. 李政：《当前东北地区经济增长问题成因与创新转型对策》，载于《经济纵横》2015年第7期。

57. 李中：《我国经济发展方式转变中的制度创新》，中共中央党校，2012年。

58. 林广正：《民营经济发展中正式制度与非正式制度的融合》，山西财经大学，2008年。

59. 林木西：《东北老工业基地制度创新》，辽宁大学出版社2009年版。

60. 林木西、和军：《东北振兴的新制度经济学分析》，载于《求是学刊》2006年第6期。

61. 刘瑞明、石磊：《国有企业的双重效率损失与经济增长》，载于《经济研究》2010年第1期。

62. 刘若昕：《我国区域经济差异的制度分析》，吉林大学，2013年。

63. 刘伟、李绍荣：《所有制变化与经济增长和要素效率提升》，载于《经济研究》2001年第1期。

64. 刘小玄：《中国转轨过程中的产权和市场——关于市场、产权、行为和绩效的分析》，上海三联书店2003年版。

65. 刘晓光、时英：《东北应走出"单一经济结构困局"》，载于《宏观经济管理》2016年第6期。

66. 刘艳军、李诚固：《东北地区产业结构演变的城市化响应机理与调控》，载于《地理学报》2009年第2期。

67. 刘益：《岭南文化的特点及其形成的地理因素》，载于《人文地理》1997年第1期。

68. 刘远航：《东北老工业基地经济结构调整的障碍及对策分析》，载于《当代经济研究》2003 年第 12 期。

69. 陆冰然：《非正式制度，社会资本与契约选择——基于我国行业协会发展的综合分析》，南开大学，2010 年。

70. 吕方：《经济文化一体化中的长三角区域文化产业》，载于《南通大学学报（社会科学版）》2006 年第 5 期。

71. 马克思·韦伯：《经济与社会》，林荣远译，商务印书馆 1998 年版。

72. 马克斯·韦伯著，黄晓京、彭强译：《新教伦理与资本主义精神》，三联书店 1987 年版。

73. 穆怀中、闫琳琳：《东北地区产业结构与就业结构协调度实证研究》，载于《西北人口》2009 年第 2 期。

74. 诺思：《经济史中的结构与变迁》，上海三联书店 1994 年版。

75. 乔刚、马建堂等：《中国市场经济导论》，改革出版社 1996 年版。

76. 乔榛：《东北经济增长的内生动力》，载于《学术交流》2016 年第 9 期。

77. 青木昌彦：《比较制度分析》，周黎安译，上海远东出版社 2006 年版。

78. 森岛通夫著：《胡国成译．日本为什么"成功"——西方的技术和日本的民族精神》，四川人民出版社 1986 年版。

79. 宋冬林：《制约东北老工业基地创新创业的主要因素及建议》，载于《经济纵横》2015 年第 7 期。

80. 宋晓巍、金兆怀：《东北地区出口商品结构与经济增长关系的实证研究》，载于《东北师大学报（哲学社会科学版）》2011 年第 3 期。

81. 宋玉祥、满强：《东北地区资源型城市经济结构转型研究》，载于《世界地理研究》2008 年第 12 期。

82. 隋琳：《地域文化建设与地方经济发展》，载于《中国石油大学学报（社会科学版）》2006 年第 3 期。

83. 孙天琦、刘崴：《西部开发与东北振兴：两大区域经济结构的比较与支持政策的思考》，载于《河南金融管理干部学院学报》2004 年第 6 期。

84. 孙雪：《基于地域文化的区域特色经济发展研究——以潍坊市为例》，山东师范大学，2014 年。

85. 孙瑜：《论伪满洲国工业史研究的意义》，载于《黑龙江史志》2013 年第 12 期。

86. 唐向红：《日本文化与日本经济发展关系研究》，东北财经大学，2012 年。

87. 唐要家：《东北地区经济结构演进的绩效与挑战》，载于《经济纵横》2001 年第 6 期。

88. 田丰、夏辉：《改革开放新阶段广东提升文化软实力的理论与路径》，载于《中山大学学报》2008 年第 5 期。

89. 佟岩：《产业结构变革中的辽宁经济结构调整升级研究》，载于《社会科学辑刊》2008 年第 4 期。

90. 涂永式：《制度结构创新论纲——建设与完善中国市场体系的制度经济学思考》，上海三联书店 2001 年版。

91. 魏旭：《东北老工业基地体制机制变迁中的路径依赖与锁定效应分析》，载于《商业研究》2006 年第 23 期。

92. 温铁军、谢欣、高俊：《地方政府制度创新与产业转型升级——苏州工业园区结构升级案例研究》，载于《学术研究》2016 年第 2 期。

93. 夏维力、丁珮琪：《中国省域创新创业环境评价指标体系的构建研究》，载于《统计与信息论坛》2017 年第 4 期。

94. 邢艳霞、张德红：《二元经济结构理论与现实的悖论——中国与东北经济"二元结构"的特例分析》，载于《当代经济研究》2005 年第 11 期。

95. 熊彼特：《经济发展理论》，商务印书馆 1990 年版。

96. 熊必军、肖坤斌：《论民营经济发展的制度障碍》，载于《湖南工程学院报》2003 年第 3 期。

97. 徐充、张志元：《东北地区制造业发展模式转型及路径研究》，载于《吉林大学社会科学学报》2011 年第 3 期。

98. 徐李全：《地域文化与区域经济发展》，载于《江西财经大学学报》2005 年第 2 期。

99. 徐索菲等：《提升东北地区优势产业自主创新能力的思考》，载于《当代经济管理》2014 年第 5 期。

100. 徐卓顺：《东北地区产业投资结构优化问题研究》，载于《经济纵横》2015 年第 4 期。

101. 亚当·斯密：《国民财富的性质和原因的研究》（下册），商务印书馆 1974 年版。

102. 杨瑞龙：《以混合经济为突破口推进国有企业改革》，载于《改革》2014 年第 5 期。

103. 杨晓：《试析东北沦陷时期伪满教育方针的殖民文化特征》，载于《教育科学》2012 年第 5 期。

104. 殷晓峰：《地域文化对区域经济发展的作用机理与效应评价——以东北地区为例》，东北师范大学，2011 年。

105. 殷晓峰、李诚固、王颖：《东北地域文化对区域经济发展的影响研究》，载于《东北师大学报（哲学社会科学版）》2010 年第 6 期。

106. 于波、赫亚红：《东北地域文化创新与区域经济发展》，载于《吉林省教育学院学报》2016 年第 8 期。

107. 于婷婷、宋玉祥、浩飞龙：《东北地区人口结构对经济增长的影响》，载于《经济地理》2016 年第 10 期。

108. 于潇：《我国区域经济发展与结构变迁——东北地区经济结构调整过程中的自主创新之路》，载于《吉林大学社会科学学报》2006 年第 11 期。

109. 于晓琳等：《制约东北创业创新体制机制问题研究——以辽宁为例》，载于《地方财政研究》2017年第2期。

110. 袁雪：《社会中介组织发展中的问题与治理研究——以滨州市为例》，山东师范大学，2015年。

111. 约翰·穆勒：《政治经济学原理》，商务印书馆1974年版。

112. 翟翠霞、田莹：《基于地区经济结构的东北地区工业经济发展轨迹研究》，载于《煤炭经济研究》2010年第12期。

113. 张桂文、徐世江：《东北老工业基地制度创新体系研究》，经济科学出版社2011年。

114. 张国勇等：《论东北老工业基地全面振兴中的软环境建设与优化策略》，载于《当代经济管理》2016年第11期。

115. 张海燕：《我国民营经济发展的非正式制度分析》，首都师范大学，2008年。

116. 张嘉昕、郭静：《东北老工业基地煤炭城市经济结构调整研究》，载于《当代经济管理》2006年第8期。

117. 张可云：《东北老工业基地振兴的难点与重构新思路》，载于《中国发展观察》2016年第2期。

118. 张维迎：《企业理论与中国企业改革》，上海人民出版社2015年版。

119. 张伟东：《东北老工业基地制度分析：路径依赖与制度创新》，载于《开发研究》2005年第5期。

120. 张文魁：《混合所有制的股权结构与公司治理》，载于《新视野》2017年第4期。

121. 张妍妍、吕婧：《基于产品空间结构重构的东北老工业基地产业升级研究》，载于《工业技术经济》2014年第4期。

122. 张羽：《论国有企业改革中"正式制度"与"非正式制度"的协调发展》，东北师范大学，2007年。

123. 张卓元：《积极推进国有企业混合所有制改革》，载于

《中国浦东干部学院学报》2015年第2期。

124. 张宗新：《经济结构优化：基于融资制度创新的一种分析》，载于《经济评论》2002年第5期。

125. 赵昌文：《对"新东北现象"的认识与东北增长新动力培育研究》，载于《经济纵横》2015年第7期。

126. 赵东霞、王成：《美国企业文化对我国民营企业文化建设的启示》，载于《文化学刊》2014年第4期。

127. 周放生：《国有企业改革的难点及变革思路》，载于《中国人力资源开发》2014年第8期。

128. 周宏春：《"东北现象"与振兴之策》，载于《经济纵横》2017年第1期。

129. 周小亮：《论经济结构调整与制度创新中的对称与互补》，载于《经济评论》2001年第3期。

130. 左杨：《金融效率与金融发展、经济结构相关性研究——基于东北地区面板数据实证研究》，载于《吉林金融研究》2015年第6期。

外文文献

1. Alain Fayolle, Benoit Gailly. Assessing the Impact of Entrepreneurship Education Programmes: A New Methodology. *European Industrial Training*, 2006, (30): pp. 701 - 720.

2. Arrow K. J. The economic implications of Learning by Doing. *Review of Economic Studies*, 1962, (29): pp. 154 - 174.

3. Baumol, W J. Entrepreneurship: Productive, Unproductive, and Destructive. *Journal of Political Economy*, 1990, 98 (5), pp. 893 - 921.

4. Boston B. MIT: The impact of innovation. A BankBoston Economics Department Special Report. Boston, 1997.

5. Busenitz L. W., West P., Shepherd D., et al., Entrepre-

neurship Research in Emergence: Past Trends and Future Directions. *Journal of Management*, 2003 (29): pp. 285 – 308.

6. Castagnetti, C. and Rosti, L. Who Skims the Cream of the Italian Graduate Crop Wage Employment Versus Self-employment. *Small Bus Econ*, 2011, 36 (2): pp. 223 – 234.

7. Cohen B. Sustainable valley entrepreneurial ecosystems. *Business Strategy and the Environment*, 2006, 15 (1): 1 – 14.

8. C. Freeman. *Technology Policy and Economic Performance*; Lessonss from Japan, London Printer, 1987.

9. Donald R. Kuratok. The Emergence of Entrepreneurship Education: Development, Trends, and Challenges. *Entrepreneurship Theory and Practice*, 2005, 29 (5): pp. 577 – 598.

10. Etzkowitz, H., Webster, A., & Gebhardt, C. The Future of the University and the University of the Future: Evolution of Ivory Tower to Entrepreneurial Paradigm, *Research Policy*, 2000, 29 (2), pp. 313 – 330.

11. Foster G., Shimizu C. Entrepreneurial Ecosystems around the Globe and Company Growth Dynamics. Geneva: World Economic Forum, 2013.

12. Fritsch, M. and Wyrwich, M.. The Effect of Regional Entrepreneurship Culture on Economic Development – Evidence for Germany. *Jena Economic Research Papers ISSN*, 2014: 1864 – 7057.

13. Garter, W. B.. A Conceptual Framework for Describing the Phenomenon of New Venture Creation. *Academy of Management Review*, 1985 (4): pp. 696 – 706.

14. Georgine Fogel. An Analysis of Entrepreneurial Environment and Enterprise Development in Hungary. *Journal of Small Management*, 2001, 30 (1): pp. 103 – 109.

15. Gittelman M. National Institutions, Public-private Knowledge

Flows, and Innovation Performance: A Comparative Study of the Biotechnology Industry in the US and France. *Research Policy*, 2006, 35 (7): pp. 1052 – 1068.

16. Hackler Darrene, Mayer Heike, Diversity, Entrepreneurship, and the Urban Enviromeng. *Journal of Urban Affairs*, 2008. 30: pp. 273 – 307.

17. Henrekson, M. 2005. Entrepreneurship: A Weak Link in the Welfare State. *Industrial and Corporate Change*, 14 (3): pp. 437 – 467.

18. Henry Etzkowitz. Andrew Webster. *Universities and The Global Knowledge Economy*. Rout Ledge Press, 1995: P. 128.

19. Isenberg D. The entrepreneurship Ecosystem Strategy as a New Paradigm for Economic Policy: Principles for Cultivating Entrepreneurship. Dublin: Institute of International European Affairs, 2011.

20. Jean – Pierre Bechard, Dechard, Denis Gregoire. Entrepreneurship Education Research Revisitied: The Case of Higer Education. *Academy of Management Learning and Education*, 2005, 4 (1): pp. 22 – 43.

21. Koltai R. Ghana Entrepreneurial Ecosystem Analysis. London: Prepared for the United Kingdom's Department for International Development, 2013.

22. Kwan L. Y. Y. , Chiu C. Country variations in different innovation outputs: The interactive effect of institutional support and human capital. *Journal of Organizational Behavior*, 2015, 36 (7): pp. 1050 – 1070.

23. Lee, R. , Wills, J. . *Geographies of Economies*. London: Arnold, 1997.

24. Lewis, A. , *The Theory of Economic Growth*. London: Allen

& Unwin, 1955.

25. Lucas, R. E. . On the Mechanics of Economic Development. *Journal of Monetary Economics*, 1988, 22 (5): pp. 3 – 42.

26. Mowery, D. C. , NelsonR. R. , Sampat, B. N. , et al. The Growth of Patenting and Licensing by US Universities: An Assessment of the Bayh – Dole Act of 1980. *Research Policy*, 2001, 30 (1): pp. 99 – 119.

27. Nathan, M. and Lee, N. . Cultural Diversity, Innovation, and Entrepreneurship: Firm-level Evidence form London. *Economic Geography*, 2013, 89 (4): pp. 367 – 394.

28. Owen – Smith J. From Separate Systems to a Hybrid Order: Accumulative Advantage Across Public and Private Science at Research one Universities. *Research Policy*, 2003, 32 (6): pp. 1081 – 1104.

29. Porter, M. . *The Dynamics of Industrial Clustering*. Oxford: Oxford University Press, 1998.

30. Romer, P. M. . Endogenous Technological Change. *Journal of Political Economy*, 1990, (5): pp. 75 – 102.

31. Romer, P. . Increasing Returns and Long Run Growth. *Journal of Political Economy*, 1986, 94 (3): pp. 1002 – 1037.

32. R. R. Nelson. *National Systems of Innovation: A Comparative Study*, Oxford: Oxford University Press, 1993.

33. Shane S. Prior Knowledge and the Discovery of Entreprenurial Opportunities. *Organization Science*, 2000 (11): pp. 448 – 469.

34. Shinkle, G. A. , Mc Cann, B. T. . New Product Deployment: The Moderating Influence of Economic Institutional Context. *Strategic Management Journal*, 2014, 35 (7): pp. 1090 – 1101.

35. Stevenson, H. H. , Jarillo, J. C. . A Paradigm of Entrepre-

neurship: Entrepreneurial Management. *Strategic Management Journal*, 1990 (1): pp. 17 – 27.

36. Storper, M.. *Regional Worlds.* London: The Guilford Press, 1997.

37. Teresa V. Menzies, Joseph C. Paradi. Entrepreneurship Education and Engineering Student – Career Path and Business Performance. *The International Journal of Entrepreneurship and Innovation*, 2003, 4 (2): pp. 121 – 133.

38. Tian, G.. On Deep – Rooted Problems in China's Economy, *Frontiers of Economics in China.* 2011, 6 (3), pp. 345 – 358.

39. Vogel P. The employment outlook for youth: Building entrepreneurial ecosystems as a way forward. St. Petersburg: Conference Paper for the G20 Youth Forum, 2013.

后　　记

本书是国家出版基金 2017 年资助项目《东北老工业基地新一轮全面振兴系列丛书》的其中一部，也是国家"双一流"建设学科"辽宁大学应用经济学"、国家社科基金重大项目"振兴东北老工业基地重大体制机制问题及对策研究"的阶段性成果。

辽宁大学长期致力于东北经济社会发展问题研究，积极搭建学术平台、加强团队建设、凝练学术方向、注重协同创新。2005 年，成立全省第一批人文社科重点研究基地"辽宁大学东北振兴研究中心"，2017 年入选中国智库索引（CTTI）成为国家级智库；2009 年，成立全省第一批辽宁经济社会发展研究基地"辽宁区域经济发展研究基地"，绩效考核名列全省第一名；2014 年，牵头成立了辽宁省 2011 协同创新中心"东北地区面向东北亚区域开放协同创新中心"，通过上述平台积极开展学术交流，加强与政府实务部门、校外科研机构、重要行业（企业）的联系与合作，开展高效率、高质量的研究，取得了一系列研究成果。完成了国家重点图书出版物出版规划项目《东北老工业基地全面振兴系列丛书》（共 10 部）；《东北老工业基地振兴制度创新》和《东北老工业基地振兴与区域经济创新》两本著作获得教育部高等学校科学研究优秀成果三等奖（人文社会科学）、辽宁省哲学社会科学成果一等奖。发表了一系列相关学术论文，多篇咨询建议获得党和国家领导人及省部级领导批示，同时通过新华社《国内动态清样》《辽宁今日重要信息》等途径上报中办、国办及相关部委、有关部门咨询建议数篇。

本书由我负责确定研究总体框架、组织研究力量和撰写人员，并在北京组织了《东北老工业基地新一轮全面振兴系列丛书》开题报告会、中期论证会和出版审稿会，吸收了中国社会科学院、北京大学、中央民族大学、中国人民大学、山东大学、北京工商大学、《光明日报》、经济科学出版社等单位专家学者的合理化建议。全书共分九个部分，各章写作分工如下：绪论（林木西、和军）；第一章（赵德起、沈秋彤）；第二章、第三章（和军）；第四章（赵德起、郭涛）；第五章（马俊杰）；第六章（张紫薇、和军）；第七章（梁颜鹏）；第八章（谢思）。博士研究生靳永辉、本科生张依参与了资料、数据收集，部分图表制作及书稿校对。全书由和军教授负责统稿和编排，最后由我修改和定稿。

本书的出版得到了经济科学出版社党委书记、社长吕萍及其同事们给予的热情帮助。本书编写过程中引用了有关专家学者的相关研究成果，在此一并表示衷心的感谢！书中不足之处，希望得到各位专家的不吝赐教。

林木西
2017 年 12 月